语言与认同建构研究的

分野与融合

YUYAN YU RENTONG JIANGOU YANJIU DE
FENYE YU RONGHE

沈一凡◎著

中国广播影视出版社

图书在版编目（ＣＩＰ）数据

语言与认同建构研究的分野与融合 / 沈一凡著 . --
北京：中国广播影视出版社，2024.2
ISBN 978-7-5043-9229-9

Ⅰ. ①语… Ⅱ. ①沈… Ⅲ. ①语言学 Ⅳ. ①H0

中国国家版本馆 CIP 数据核字（2024）第 095600 号

语言与认同建构研究的分野与融合
沈一凡　著

责任编辑　王　波
责任校对　张　哲
装帧设计　中北传媒

出版发行　中国广播影视出版社
电　　话　010-86093580　010-86093583
社　　址　北京市西城区真武庙二条 9 号
邮政编码　100045
网　　址　www.crtp.com.cn
电子邮箱　crtp8@sina.com

经　　销　全国各地新华书店
印　　刷　廊坊市海涛印刷有限公司

开　　本　710 毫米 × 1000 毫米　　1/16
字　　数　208（千）字
印　　张　15.75
版　　次　2024 年 6 月第 1 版　　2024 年 6 月第 1 次印刷

书　　号　978-7-5043-9229-9
定　　价　98.00 元

前　言

语言与认同是一个非常有魅力的研究话题。我们每天都在说的话语与我们是谁密切相关，不仅密切相关，而且它们相互依赖、相互影响，你中有我，我中有你。

在我读研究生时，第一个接触到的语言与认同的研究是社会语言学的语言变异与身份认同建构的研究。我被语言的活力和塑造能力深深折服，同时也被身份认同的流变性和可塑性深深吸引。于是，我一头扎进语言变体与认同建构的研究中。

然而，随着阅读面越来越广泛，我发现语言与认同的研究由于其极富阐释力，已经成为被广泛引入的研究视角，除了语言学的各个分支领域，还出现在社会学、心理学、人类学、修辞学、政治学等人文社会科学领域。但是，我的关注点还是在语言学的范畴之内。认同建构研究主要集中在社会语言学、语用学和教育语言学这三个领域。它们之间在理论渊源、研究视角和研究方法上，时而显得泾渭分明各有侧重，时而显得纵横交错难分你我。那么，社会语言学、语用学和教育语言学在语言与认同建构研究上到底有哪些相似和相异之处，以及它们之间是否存在某种联系呢？我相信不少研究者也许都曾因此而困惑过。这也是我撰写这本书的初衷。希望这本书能帮助对语言与认同建构研究感兴趣的科研新手系统地厘清和掌握语言与认同在语言学领域的理论和方法的脉络。

接下来介绍本书的整体框架。本书有五章。第一章先从哲学的角度介绍了社会建构主义的主要思想。认同研究有静态结构和动态建构两种认知视角。认同的动态建构视角是随着社会建构主义哲学思潮的发展而发展的。而本书的关注重点在认同的建构，因此在第一章先介绍其背后的哲学观和世界观；在第二章、第三章和第四章，本书尝试厘清社会语言学、语用学和教育语言学在各自领域中语言与认同建构研究的发展脉络和研究现状。在此基础上，第五章对三个研究领域的语言与认同建构研究的分野与融合进行探讨。第五章既介绍了三个领域不同的发展渊源以及在语言与认同建构研究上展现出的不同的发展趋势，也探索了三个领域从学科发展之初就存在的共同之处以及在语言与认同建构研究上理论和方法的融合和相互借鉴。

身份认同建构的研究，源于建构主义的哲学理念，这是我们看世界的态度，是我们思考问题的维度。这是一个特别有魅力的话题，是一个可以揭示很多现象背后的本质的研究话题。这个话题的魅力之处最根本的在于它让我们感受到语言对人类自身和社会的塑造作用，使人类能深切感知自身的力量和能动性。

本书从分野与融合两个视角分别探讨。分野是可溯源的，但是相对固化，融合是发展的，动态向前。本书谈分野，分研究方向来谈，目的是厘清发展脉络，也是为了让读者在构建学科知识体系的基础上能够跨越学科界限的窠臼。研究的理论、视野、范式、方法应根据我们的研究对象、研究问题、研究目的来自由地进行组合搭配，甚至创新性地运用。同时，语言与认同建构研究之所以会出现跨学科的大融合趋势，正是我们所处的全球化，跨文化，跨民族，多语和网络化扁平世界导致的。实践共同体（包括想象的实践共同体）、语用身份、语言变体（语码转用）成为社会语言、语用交际和语言教育共同关注点，是可以引导发掘问题本质的重要抓手。希望本书能为对此话题感兴趣的读者提供借鉴和启发。

　　由于本书涉及多个语言学研究领域，内容纵横交错，作者水平有限，书中难免有不足之处，敬请读者批评指正。

沈一凡

2023 年 8 月

目　录

绪 论

社会建构主义思潮发端于 20 世纪 60 年代，经历了从认识论到本体论的转变。社会建构主义认为世界是被建构的，而不是被发现的。社会建构主义的语言观认为，语言及其规则的习得是社会互动建构的，社会历史文化甚至科学是人类通过语言建构的。这一思潮深刻地影响了语言学界。基于此，近半个世纪以来，语言学家和语言教育家们开展了一系列语言与认同建构的研究，主要集中在社会语言学、语用学和教育语言学这三个领域以及它们之间的交叉领域。这些研究精彩纷呈，引人入胜，却没有学者对它们进行系统梳理，因此造成有些误会、有些片面的认识和有些僵化的观念。例如，有人误以为身份认同研究是社会语言学特有的研究内容，甚至将其与语言变体研究画等号；有人片面地认为教育语言学中的认同建构研究只存在于对学习者个人叙事的研究中；还有人僵化地认为语言与认同建构研究在不同研究领域中是泾渭分明的，各自为政，互不相干。基于以上观察，笔者希望打破这些成见，为语言与认同建构研究织一张纵横交错的网。通过查阅大量的理论书籍和研究论文，笔者先纵向地梳理了语言与认同建构研究在社会语言学、语用学和教育语言学中各自的发展渊源和发展脉络。在此基础上，笔者进行了横向对比，探讨了三个研究领域在语言与认同建构研究上的相异之处和共享的理论渊源。最后，笔者系统地阐述了社会语言学、语用学和教育语言学在近 20 年的语言与认同建构研究中发展出的相互融合和借鉴的趋势。

以上研究思路通过五个章节呈现。下面简要介绍每一章的主要观点。

第一章　社会建构主义。社会建构主义的世界观已经涉及人类知识的方方面面。它认为这个实在的世界是被建构的，不是被发现的。社会建构主义眼中的语言及其规则的习得是社会互动建构的，同时，社会历史文化甚至科学是人类通过语言建构的。社会建构主义将"自我"视为"对话中的人"。从历时的维度，人类的对话互动集体建构了人类的社会、历史和文化；从共时的维度，每个个体身处特定社会、历史、文化和权力关系中，通过语言和超语言"对话"形成"关系的自我""过程的自我"和"建构的自我"。性别是"自我"的一个组成部分，具有与"自我"一样的对话性和建构性。社会建构主义观照下的心理发展认为没有独立于主体的客体，主体客体永远是结合在一起的。作为"对话中的人"的心理现象，是在一定社会文化历史因素下，通过社会话语体系的中介，对外部客观世界作出的理解和解释。因此，既不存在一个与人的主观世界无关的客观世界，也不存在一个脱离话语而独立存在的"心理实体"。心理现象，包括心理发展，应该被看成是主体在社会生活的人际互动中的话语建构的产物。社会建构主义认为学习是知识建构的过程，相应的，教育就是要帮助学习者实现知识的建构。社会建构主义从一种思潮发展成知识论，最后到本体论，它的影响力已经波及几乎各个人类学科领域，深刻地改变了人们看世界和看自我的理念，包括本书关注的身份认同。

社会建构主义认同观认为：身份认同不是既定的，而是一个过程的产物；交际互动过程中共同生产的身份认同是多元的、流动的，而非单一的、固化的；身份认同既不是简单来自社会范畴，也不是直接来自个体认知的，而是来自磋商的过程和语境化的互动，身份认同需要通过"话语工作"来实现；身份认同不只是社会互动中意义建构过程的结果，更重要的是，同时也是意义建构过程中所能调用的"工具"和资源。

第二章　社会语言学与认同建构。本章首先介绍了社会语言学的诞生背景和发展历程，指出社会语言学是对传统结构主义、本质主义语言学的批判和发展，关注语言在社会生活中的异质有序性。社会语言学因反对语言本质主义和语言结构主义而带有社会建构主义的色彩，但其发展前期，在具体理论和分析视角上基本上体现的是社会结构主义的思想。例如，在拉波夫（Labov）创立的语言变异研究中，他们对语言变体与社会阶层、性别、年龄等既定社会因素之间的关系进行统计分析，探讨语言与社会身份的关系。这里的社会身份明显不是社会建构主义的，而是固有的社会结构。但是随着互动社会语言学、实践社区理论这些社会语言学重要领域和理论的发展，社会语言学的变异研究、性别研究、认同研究等带有越来越多的温和社会建构主义的认识论和研究范式。

社会语言学的语言变异研究经过半个多世纪的发展，至今已经形成三个经典研究模式，分别是：20世纪60年代，拉波夫的社会阶层语言变异研究模式；20世纪80年代，米尔罗伊（Milroy）的社会网络语言变异研究模式；20世纪90年代，埃克特（Eckert）和麦康奈尔－格奈特（McConnell-Ginet）的实践共同体语言变异研究模式。这三个研究模式的先后问世，使语言变异研究在社会建构主义连续体上，沿着从结构主义向温和的社会建构主义的方向移动。而社会语言学中的语言与身份认同研究也逐渐从一个隐性的课题发展为一个显性的研究领域。

互动社会语言学与认同建构是社会语言学的一个重要研究方向，它探讨了语言如何在交际过程中反映、影响和建构不同层面的身份认同，如个人认同、群体认同、文化认同等。互动社会语言学与认同建构的研究主要有以下几个特点：它强调语言使用者在特定的交际场合和环境中，通过选择不同的语音、词汇、句法等语言资源，来表达和塑造自己或他人的身份特征；它认为身份认同不是固定或单一的，而是多元和动态的，可以随着交际目标、话题、对象等因素而变化；它关注身份认同在交际中的协商和谈判，以及可能产生的冲突和危机；它借鉴了交际民族志学和会话分析学等相关理论和方法，对日常对话、故事叙述、媒体文本等不同类型的言语材料进行细致和深入的分析。

结合言语社区这个分析单位，交际民族志学的研究目标可以简单归结为：在某一特定言语社区中，说话者需要了解哪些文化和社会规则才能进行有效的交际，以及如何学习这些规则。语言人类学家海姆斯（Hymes）将这种知识和使用知识的各种技巧概括为"交际能力"。因此，交际民族志学框架下的身份认同研究就是：在特定言语社区的具体交际事件中，表达身份认同的会话元素如何体现该言语社区的文化和社会规约，以及它们如何帮助说话者实施交际能力和实现有效的交际。

会话分析（conversation analysis）旨在研究自然发生的会话的结构规律。会话分析学的核心概念——话轮转换（turn-taking）和相邻语对（adjacency pair），它们都是日常会话的基本结构单位。话轮转换和相邻语对关系到会话中说话者和听话者之间是否能顺利完成一轮会话，进行有效的交际。同时，这样的会话结构也可以帮助我们分析个体构建身份的方式。文中以一个电话会话为例，说明了听话人如何通过插入话轮和重复说话人的词语来表达赞同和立场一致，并建构自己和说话人的身份认同。

互动社会语言学汲取交际民族志学和会话分析学的长处，对会话交际过程做细致深入的探索——这是以往的理论分析框架无法充分揭示的交际互动过程。互动社会语言学关注交际策略，特别是语境化提示，揭示了语言通过高度文化性的身份认同的建构可以很巧妙地表达隐性的交际意图。同时，互动交际过程中的身份认同构建是动态和多元的。文中举了一位黑人学生的例子。他构建的身份认同并不是与固化的社会范畴对应的阶级、种族、性别、年龄等，而是在符合白人主流社会规则的黑人和忠于黑人传统价值观的黑人之间自由切换。因此，互动社会语言学研究框架下的身份认同研究是极富社会建构主义色彩的。

最后，本章介绍了社会语言学视角下的语言与性别研究的发展历程和主要特点。社会语言学框架下的语言与性别研究有三个阶段：第一阶段是探索男女在语音、词汇、句法等方面的差异，以生理性别为划分标准，受到莱考夫（Robin Lakoff）《语言与妇女的地位》（*Language and Women's Place*）一书的影响；第二阶段是从交际会话层面考察男女在互动中的差异，关注语境、权力、文化等因素，但仍然没有摆脱结构主义和本质主义的思想；第三阶段是受到社会建构主义性别观的启发，将性别身份认同视为社会实践建构的产物，在社会建构主义认识论下开展语言与性别研究。文章探讨了多维动态建构视野下的语言与性别研究，指出了传统的语言与性别研究存在的问题，如将性别看作无差别的整体和唯一变量，忽略了性别的社会建构特性和说话者的语言能力。文章以有色人种女性言语行为为例，展示了如何考虑不同社会实践、文化意识和交际目的对语言与性别关系的影响。文章认为，身份是可获得、可变化、可建构的实践产物，而不是由类属范畴预先赋予的。

第三章　语用学与认同建构。语用学的哲学渊源使得它一开始主要以研究和总结基本规律、原则为主，后来在会话分析研究范式的影响下开展大量的自然会话案例研究，在具体语境中研究话语意义的表达和理解，进而发展出了社会语用学、语用身份理论等。而正是在语用学研究的这个侧面，前期会话原则研究中零星涉及的身份认同因素才逐渐得到凸显和重视。因为在自然会话案例研究中，语境会随着具体会话的改变而改变，呈现一种动态性，这必然对话语意义的生成和效果产生影响。同时，话语意义的生产者和理解者，即说话人和听话人的社会和认知属性也是必须考虑的因素，而其中非常关键的就是他们的身份认同。

文章细察了语用学经典理论中蕴含的认同建构研究的基础，包括语境、指示语、言语行为、会话含义。

在语用学早期和近期的语境研究中，交际者身份作为交际语境中的一个构成要素被逐渐细化和凸显。但是并没有受到特别的重视,没有进行专门的讨论。但是很明显,语用学的语境观和语境观中蕴含的语言观,与社会建构主义的语言观非常贴合。语境的研究清晰地展示了社会建构主义视野下语言与社会的微观、中观和宏观环境的互动关系。所以,语用学中对语境的探讨虽然只把身份认同当作一个静态的社会属性,是语境的一个既定组成部分,但是整个语境理论所蕴含的对社会建构主义的认识论,揭示的语言与社会文化历史各层次的互动关系,为语用学中发展认同建构研究奠定了坚实基础。不过,此时语境理论中语境和语言的互动是单向的,主要讨论语境对语言的制约,还缺少社会建构主义强调的人的能动性,即语言实践对周围环境的影响。

人称指示和社交指示的研究经历是从共性规律的总结到个性案例的分析的过程,而言语交际、社会心理和社会文化是个性化自然言语研究时期的三个研究视角。在其研究前期,多关注人称指示和社交指示的语用策略功能和它们蕴含的社会文化和民族特征。此类研究具有比较明显的结构主义认识论的特征。后来,越来越多研究者开始探讨人称指示和社交指示对身份认同的标记和构建,而且逐渐成为语用学研究中的一个热门话题。这些研究或多或少地采用了社会建构主义认同观,处于社会建构主义从温和派到激进派连续体中的不同位置。

言语行为理论的提出开创了从行为角度解读语言使用的新思路。大多数时候说话人都在以言行事。这为语言实践构建身份认同的中间环节补上了富有阐释力的能动性的一环。以往的分析都是把特定语素与对应的社会和文化人群挂钩,然后就得出该语素构建了特定身份认同。这种分析过程给人一种语素自然而然就能完成认同建构的感觉。而说话者的能动建构过程显得模糊不清。言语行为理论框架下,大多数话语可以被视为各种不同类型的施事行为,这就揭示了说话者说每句话时的直接和间接行为动机,或断言,或表态,或承诺,或构建身份。因此,说话者通过语言构建身份的能动性就得到了凸显。

合作原则是会话含义理论研究的核心内容。随着研究的深入，许多学者对格莱斯（Herbert Paul Grice）的合作原则不断质疑和修正。其中有一派观点是，只凭对"合作原则"的遵守和违反并不能完满解释人们在言语交际中出现的各种复杂现象。要解开这个疑问，需要考虑涉及交际参与者的身份地位和交际语境的礼貌和得体等问题。因此，许多学者纷纷提出礼貌原则（politeness principle）和得体原则（tactness principle）。礼貌原则也好，得体原则也好，它们对合作原则的完善和补充，实质上是在会话含义理论中突出了交际者和语境的因素。其中，一旦涉及交际者，身份认同是绕不开的重要话题。随着研究的发展，很多学者从身份认同的视角探讨言语交际中的面子和礼貌问题，成了语用学在会话含义研究领域的一个热门话题。戈夫曼（Erving Goffman）的面子理论将面子和身份认同联系起来，通过面子构建的论述，我们看到面子是需要不断地共同维护的，因此，交际中的特定身份认同也是需要持续构建和维护的动态结果。戈夫曼的面子理论和面子构建，从交际者的社会心理需求角度，为身份认同的动态建构性提供了新的富有启发性的解读视角。

在探讨了语用学经典理论发展与认同建构的关系之后，文章讨论了会话分析、语言顺应和语用身份。

会话分析，或称会话结构分析（conversational structure analysis），在社会语言学和语用学中都是重要的研究内容，也是两个研究领域共享的一个研究内容。会话分析为人们解析会话的各种结构提供了理论依据，为身份认同的建构研究提供了从会话结构角度进行分析的视角。大多数情况下，研究者关注的是具体话语（discourse）对身份认同的建构。而有的学者的研究则把身份认同建构与会话总体结构联系起来，揭示了身份认同在会话的不同结构阶段的动态变化。

陈新仁在语言顺应论（linguistic adaptation theory）的宏观框架内建构语

用身份论,将语用身份的选择与构建看作一种语言顺应行为。语用身份是特定的社会身份在语言交际语境中的实际体现、运用甚至虚构。陈新仁(2018:25)认为语用身份具体包括三种情形:第一,说话人发出或听话人理解特定话语时所采取的身份,这种语用身份源于传统研究中对立场、角色等的理解;第二,说话人发出特定话语时给自己或对方所构建的身份,这种语用身份源于传统研究中对形象、自我特征、身份诉求(identity claims)、叙事性身份(narrative identity)的理解;第三,说话人发出特定话语中所"提及""利用"的第三方身份。语用身份的提出为从语用学视角进行身份认同的话语建构研究提供了富有阐释力的理论工具,启发很多学者做了相关研究。语用身份理论的提出,正是在社会建构主义视角下构建了服务于语用学研究,服务于"交际"研究焦点的身份认同理论。

第四章　教育语言学与认同建构。教育语言学,它聚焦语言教育研究,旨在解决教育中各类与语言相关的问题和语言教育中的各类问题;并且,它是一门语言学和教育学交叉学科,同时广泛借鉴和采用其他社会学科的研究方法,如人类学、心理学、社会学等,研究教育中的语言问题。教育语言学的学科特性是以现实问题为导向,以实践作为研究的出发点。它的研究范式具有明显的多学科(multidisciplinary)甚至超学科(transdisciplinary)特性。教育语言学的研究之所以聚焦且广博跟它所持的语言观和教育观是分不开的。语言作为社会符号参与到教育的整个过程和各个层面,教育是一种以社会(语言)符号为中介的过程。这明显体现了社会建构主义的教育观和语言观。教育语言学的研究话题围绕个体发展和系统发生这两个视角,涉及语言和教育互动的不同层面。从个体发展的视角,主要的研究话题有语言学习者的认知和人类高级心理发展,以及关注教育互动中的符号中介。从系统发生的视角,聚焦教育内容、教育话语,教育实践的过程和教育实践的执行者,即教师,以及关注影响教育机制发挥作用的宏观语境和语言生态。身份认同几乎出现在个人发展和系统发生视角的各个层面中，身份认同是教育语言学十分重要的研究话题。从个体发展视角，研究者关注语言读写教育中的身份认同，二语／外语学习与身份认同；从系统发生视角，研究者关注语言教师的身份认同，语言（教育）政策与身份认同。

20世纪80年代，写作研究开始了社会转向，人们认为文本意义的产生，并不是简单地把作者的想法和观点翻译成文字，而是作者和读者以文本为媒介的一种社会构建。不仅于此，写作活动总是发生于某一个特定的话语社区，每个话语社区都有不同的价值标准、知识体系与交流方式等，因此，从某种意义上说，写作过程就是写作中个人与社会身份的构建过程。身份认同研究有助于强化语言学习者的语言敏感度和意识，提升语言使用能力，写作者身份（writer/authorial identity）的建构过程在写作研究领域得到关注。总的来说，目前写作者身份及认同建构的研究有两种范式，一种是实证调查，另一种是语篇分析。以实证调查为范式的研究多关注写作者身份信念和态度，写作者身份的协商过程，以及写作者身份建构模型的设计等。以语篇分析为主要范式的研究有以下几个关注点：写作者身份自称语，元话语标记语，文化传统和学科差异因素等。现有的大多数写作教育与认同建构的研究把焦点放在了大学生写作者和学术写作语篇上。对于这类写作者群体和写作语篇，身份认同是非常重要的一个问题。这是因为，在学术研究和高等教育领域，文本生成学术语篇是学术界成员协商互动关系以及获取和建构学术身份认同的核心。语篇实践和对话是身份建构中不可或缺的组成部分，同时也是一种表现过程。同时，由于学科在学术中的重要性，身份认同通常是根据具体学科团体实践的规则来建构的。新成员为了融入学科团体，需要遵守特定的规则及满足把关人员的要求。

二语／外语学习与身份认同的研究将语言学习与整体的"人"联系起来。根据研究侧重点的不同，二语／外语学习者的身份认同在具体研究中有不同的表述，如"语言学习自我概念""二语文化认同""自我认同""二语动机自我""认同"等。研究主要有社会心理和社会文化两种研究范式。早期的社会心理学派对语言认同和学习动机的研究具有比较明显的"结构主义"色彩。附加性文化认同、削减性文化认同、民族语言认同对标的是相对固定的社会结构因素，如民族、目的语国家和人群等。并且，这些研究将学习动机视为稳定的个人心理特征。自 20 世纪 90 年代开始，以多叶尼（Zoltan Dörnyei）为代表的社会心理学家发展了加德纳（Robert C. Gardner）等学者的经典社会心理模式，以"全人"的视角统合了动机和认同，把二语学习动机视为"自我系统"的一部分。他提出了一个"学生动机的过程模式"（Process Model of Student Motivation），在不同的情境下，随着二语学习经历的改变，动机具有动态性和时间变异性（多叶尼，2005：83）。对二语学习动机的动态解读自然使得"二语动机自我"，即受二语动机影响的学习者认同，也被赋予了变化性和建构性。至此，社会心理范式下的二语 / 外语学习者认同研究具有了比较明显的"建构主义"色彩。

充分体现社会建构主义研究范式的是从社会文化视角所做的研究。社会建构主义的认识论和教育观对二语 / 外语学习者身份认同研究的影响是，使其逐渐摆脱单纯从静态的心理机制角度看待问题，而更多探讨社会文化和情境因素对语言学习者的影响，以及语言学习者在其中的主观能动作用。二语 / 外语学习者认同的社会文化范式研究的第一个代表人物是加拿大语言教育学家诺顿（Bonny Norton）。诺顿的理论和思想来源是布迪厄（Bourdieu）的"资本理论"和莱夫（Jean Lave）和温格（Etienne Wenger）的"实践共同体"（community of practice）与"想象共同体"（imagined community）理论。诺顿将"想象共同体"引入二语学习的研究，作为"投资"的目标。在实证研究中，诺顿用投资和想象共同体的概念来解释二语学习者对于目的语共同体有着不同的投资，投资最大的是能够代表学习者本人的想象共同体，或者为其进入想象共同体提供可能性的活动和人。这种对想象共同体的投资影响认同的建构和对学习的投入。由兰托夫（James P. Lantolf）为代表的"新维果茨基学派"在维特根斯坦经典理论的基础上发展形成了认知发展的"社会文化理论"（Sociocultural Theory），并用于解释二语 / 外语学习者认同，通过许多实证研究，揭示二语学习者的"自我建构"过程。与诺顿为代表的社会文化范式侧重点不同，兰托夫一派的理论架构中社会文化因素对学习者的影响是间接的，是通过语言符号中介影响二语 / 外语学习者的微观认知发展和自我建构。前者明显具有社会学属性，后者具有认知心理学属性。

　　语言教师的身份认同研究主要围绕二语 / 外语教师展开。研究焦点相对集中：教学经验上主要关注职前和新手二语 / 外语教师；教学层次上主要关注大学二语 / 外语教师；社会文化语境下跨国 / 跨文化与本国二语 / 外语教师都是研究热点；教师母语上，非本族语者二语 / 外语教师是研究重点。二语 / 外语教师身份认同的三个研究方向：影响因素、转变过程、话语建构和对教学的影响。文章首先回顾了影响二语 / 外语教师身份认同的多种因素，包括社会、文化、政治、经济、教育等方面，并指出不同的研究方法和视角可能导致不同的研究结果；其次分析了二语 / 外语教师身份认同的转变过程，强调了时间和经历对于教师身份认同的重要性，并举例说明了职前教育、入职后培训和跨文化学习等情境中教师身份认同的变化；再次探讨了二语 / 外语教师身份认同的话语建构，展示了如何运用会话分析、话语分析、叙事分析等方法来揭示教师在交际会话实践和书面文本中如何呈现自己的身份认同；最后讨论了二语 / 外语教师身份认同对语言教学的影响的两种情况：第一种是身份认同塑造了教学实践，第二种是将身份认同本身作为一种教学实践。文章举例说明了不同的身份认同如何影响教师在课堂上的行为和策略，以及如何促进学生的语言学习和自我发展。同时，二语 / 外语教师身份认同的不同侧面在不同的理论和研究语境的关照下得到凸显。二语 / 外语教师身份认同的不同侧面包括专业身份认同、文化身份认同、母语者 / 非母语者身份认同、社会实践中的身份认同、自我认定的身份（即自我认同），等等。

语言政策（language policy）经常与语言规划（language planning）一起被提及，都是指人类有意识地影响和改变语言的发展和使用的活动。自 20 世纪 80 年代开始，随着经济全球化的推进和后现代主义思潮的发展，人们对语言多样性和文化多元性有了全新的认识。经济全球化加速了人员的全球流动，大量移民人群的出现使得许多国家和社区中语言和文化的多样性问题日益凸显。不仅是跨境移民的语言和文化，而且境内多民族的语言和文化都成了语言规划和语言政策制定的重要内容。这一时期，社会建构主义逐渐成为主导的认识论，语言规划和语言政策与语言使用者的身份认同建构的互动关系成了政策制定者和研究者非常关心的一个问题。语言规划、语言政策与身份认同建构的相关研究，首先划分跨境和境内两个大语境，在这两大语境中根据研究切入点的主体的不同再分为国家主体、社区主体、学校主体、家庭主体和个人主体。

境内语境下以国家为主体的语言政策与身份认同研究有两种类型。占主导地位的是对语言政策与国家、民族身份认同的关系的理论探讨。这类研究多聚焦国家通用语、语言变体、方言与相对稳定的群体认同的对应关系，是属于偏结构主义认识论的研究。个别研究对语言政策文件文本进行语篇分析，突出政策文件语篇如何建构语言认同、文化认同和国民认同，具有一定的社会建构主义色彩。境内语境下以地区为主体的语言政策研究有一些共同点，就是作为研究切入点的地区具有比较强的行政自主权，以及具有影响深远的历史、文化、民族或宗教传统。文章介绍了两项以地区为主体的语言政策研究。第一项研究探讨了以色列犹太教极端正统派（ultra-Orthodox）社区的语言教育政策和语言态度，发现该社区将英语作为传教工具，并根据自身认同修改英语教材。第二项研究对比了西班牙加泰罗尼亚地区和巴斯克地区的双语教育政策对居民身份认同的影响，发现前者强制使用加泰罗尼亚语增强民族认同，后者允许自由选择，教育语言受家庭影响。境内语境下以家庭为主体的研究关注的是家庭语言政策，体现了一个家庭主要成员的语言态度和家庭语言实践，经常与国家和地方的语言政策相互交织，也深受社会文化语境的影响，对家庭成员，特别是年轻一代的语言认同、族群认同，甚至国家认同的构建产生影响。例如，伊朗大不里士市的一个女学生，她在家里使用波斯语而不是当地语言阿塞拜疆语，导致她在成长过程中出现了身份认同冲突。境内语境下以个人为主体的研究，往往是从个人的语言认同和身份认同建构出发，反思国家语言政策的合理性。例如，桑德伯格（Sundberg，2013）研究瑞典的年轻一代，发现他们大量运用跨民族和跨国别的多种语言变体来进行身份认同的构建。他们所持的多语言认同和多元文化认同明显与现有的瑞典官方语言政策存在很大出入。

　　跨境语境下，文章讨论了语言政策与身份认同研究的三种主体：国家、学校和家庭。首先，以国家为主体，笔者分别介绍了欧洲和拉丁美洲的语言政策和身份认同问题，并运用批评话语分析和历史回溯的方法进行了比较。笔者发现，欧盟通过语言政策构建了欧洲人的身份，从而排斥非欧洲移民；拉丁美洲国家通过西班牙语政策试图构建统一的国家认同，但引发了土著民族的反抗；同时，在全球化的影响下，拉丁美洲国家又通过西班牙语建立了地区超国家认同。其次，笔者探讨了以学校为主体的跨境语境下的语言（教育）政策与身份认同研究，以中国孔子学院和在英国学习汉语的学生为例。最后，本文探讨了跨境语境下多语言家庭的家庭语言政策、语言意识形态和认同建构的关系。作者以三个英国华裔移民家庭为例，展示了他们在不同移民背景、代际差异和个体差异下，如何根据"必要性""有机会""归属感""想象"等因素，选择学习、保持和使用不同的语言，并影响他们的身份认同。

第五章 语言与认同建构研究的分野与融合。社会语言学、语用学和教育语言学在身份认同建构研究上存在的分野和融合有三个基本特点：第一，从发展渊源看社会语言学与语用学有较多差异，但发展中期在理论和方法上出现了一部分的深度融合，在身份认同建构的研究上研究目的和切入点有很大差异，但是在研究方法上存在很多相互借鉴的空间。第二，教育语言学在发展之初深受社会语言学的影响，大量从中汲取理论和研究方法，却与语用学没有直接的借鉴关系。但是在发展中后期，由于突出的问题解决性和话题导向性，教育语言学成了极具融合能力的学科，从自身的研究的目的和研究视角出发，大量灵活地运用社会语言学和语用学的理论和方法开展身份认同建构研究。第三，在融合的渊源部分，三个学科之间是不平衡的，但是在融合的发展部分，三个学科相互之间实现了充分的相互借鉴和相互成就。

本章对社会语言学、语用学和教育语言学在认同建构研究上的分野溯源和分野发展进行横向的比较论述，接着探讨它们融合的学科和理论基础（融合溯源）以及近20年融合的最新发展。

文章讨论了社会语言学、语用学和教育语言学在学科发端、理论基础和研究目的上的分野。社会语言学发端于语言学，是对形式语言，本质主义语言观的批判。社会语言学的发展从人类学、社会学、语用学中汲取理论养分。语用学发端于哲学和逻辑学，源于这些领域对语言句法，语义和语用的划分。因此，社会语言学似乎没有太多纯理论，理论多是分析和应用型的，多涉及研究视角、路径和分析方法，例如，言语社区，实践共同体，互动社会语言学方法，变异研究等。相比之下，语用学有很多系统自足的理论。因为语用学的创立是基于哲学和语言哲学对自然语言中的表意的、一般性共性规律的经验总结上，其高度概括性有利于构造一定程度上系统自足的理论。

"寻找话语意义得以恰当表达和准确理解的基本原则和准则"是语用学研究的重要目的。这与社会语言学的研究目的是有明显区别的。社会语言学多关心语言与社会的互动关系。在这样的区别下，两个学科在论及会话的"上下文"时，内涵是完全不同的。互动社会语言学关注会话的"上下文"，既包括广义的情景上下文，也包括狭义的上下文，即语言上下文。语用学研究一般指着眼狭义的上下文，即语言上下文，包括语用身份研究也是这样。教育语言学脱胎于对"应用语言学"的反思和批判，呈现出交叉学科的特点，以问题为导向，旁征博引，广泛借鉴，从社会语言学、心理语言学、教育学、人类学、生态学、民族志等视角开展研究。同样是引入了很多研究视角，但无论是从心理的、社会的、民族的，还是交际的视角出发，社会语言学关注社会中的人，其身份认同的相关研究是用于解释社会现象或阐释语言社会化过程的；而教育语言学关注教育环境中的人，探讨身份认同与语言教育的相互影响。

传统语用学从一开始就关注社会中的交际语言，关注语言使用者如何用语言。虽然语言使用者是语言学理论中的重要一环，但是身份认同并不是语用学的传统研究话题。语言使用者及其身份认同在语用学的研究传统中如背景信息一般的存在，研究者似乎处处在讨论，却无法找到任何具体的论述。社会语言学研究从早期开始，从它的研究传统开始就广泛涉及身份认同这个论题。只是当时的研究，大部分是将各种身份作为静态的变量，发现它们与语言变体的关系。与二者不同的是，身份认同在教育语言学学科建立之初就已经是一个显性的研究话题了。只是，早期研究中身份认同还不具备动态性和建构性。

三个领域的身份认同研究得到发展后，相互之间出现了一些主要区别。首先，对身份认同的界定的侧重点不同。社会语言学的身份认同研究往往既承认言语互动的建构作用，也承认既定社会认同的客观性。语用学的语用身份论认为从交际出发，结合交际动机来考虑身份的分类，无须区分静态还是动态。语用身份作为一种交际资源，不仅指说话人自己的身份建构，还包括说话人对交际对方或交际第三方建构的身份。建构性特别强的教育语言学研究则很少对身份认同做社会范畴的划分，而是完全把它当作一个动态建构的产物，是人们探索、追求和确认自己身份的建构过程。其次，三个学科的研究目的往往不尽相同。语用学的语用身份研究关注的是交际中意义的表达，所以一切都框定在交际语言和交际语境中进行探讨，关注交际者为何选择与建构特定身份、如何将身份选择与建构作为实现交际目标的手段。社会语言学中的身份建构研究，目的是映射社会现象和社会问题，研究范式具有辐射性和外向性。教育语言学中的认同建构研究往往将语言教学与整体的"人"联系起来，所以揭示语言教学与教师 / 学生作为"人"的发展的某些方面的相互关系是其主要的研究目的。再次，从建构性连续体来看不同研究中体现的建构特性，言语交际民族志和互动社会语言学的研究还只是部分建构，基于实践共同体的社会语言学具有比较强的建构性，语用身份研究和自下而上的语言学习者和教育者认同建构研究则具有最强的建构性。最后，在研究范式上，社会语言学既关注宏大的社会结构也关注微观的语言实践，通过语言反映宏观和中观层面的社会结构变化；语用学关注交际本身，多属于微观研究，用社会结构来解释交际的微观过程；由于在学习者身份认同和教师身份认同建构上采取的是"全人"视角，叙事研究成了教育语言学对微观的历时建构过程进行分析描摹的绝佳选择。

　　社会语言学、语用学和教育语言学在认同建构研究上的融合具有深厚基础。社会语言学和语用学在发展过程中在两个理论架构上出现了融合，一是会话分析理论，二是互动社会语言学。会话分析是对会话实践的微观探索，并且从一开始就注重"互动建构"，强调交际者的能动性，在社会语言学和语用学中都是重要的研究内容。推动互动社会语言学发展的学者戈夫曼和约翰·甘柏兹（John Gumpez）同时也为语用学的理论发展作出了贡献。因此，这些学者的理论思想同时成为社会语言学和语用学的重要理论来源，为两个学科的交叉和融合奠定了基础。随着西方的社会理论中出现了"语言学转向"，话语实践被视为社会实践的一种形式，并且能够干预社会和经济秩序；它是积极建构社会的力量，包括建构社会"客体"和社会"主体"，即人的身份认同。至此，社会语言学和语用学都沿着会话分析和互动社会语言学的研究路径开始聚焦身份认同的话语建构问题。

社会语言学与教育语言学的认同建构研究在研究主题、理论和研究方法上都具有融合的基础。博纳德·斯波斯基（Bernard Spolsky）对社会语言学的研究和思考，极大地影响了他的教育语言学中的社会语言学思想。他将双语/多语问题、语言教育与社会的关系、言语社区与学校的关系、社会条件下的二语学习和语言习得问题等列为教育语言学研究的基本主题。其中的双语/多语问题同时也是社会语言学的重大研究课题。社会语言学对语言、教育和认同相关议题的关注源于社会语言学对双语/多语现象、语言接触和语言规划的探索。多民族国家、少数族裔和移民的双语/多语和语言教育问题，语言教育规划如何处理这些问题，很自然地成了社会语言学与教育语言学共同关注的研究主题。在这些议题中，语言认同、民族和族群认同、国家和个人认同问题都很突出，进而延伸出二语/外语教学和学习中的认同建构话题，以及语言规划和语言教育政策中的认同建构研究。在教育语言学的发展历程中，社会语言学是它的基础理论来源之一。教育语言学向社会语言学借鉴了大量的理论，用于从社会语言学和社会学角度探讨二语/多语现象和二语教育的问题，包括但不限于：言语社区理论、语言接触、语码转换、实践共同体理论等。教育语言学向社会语言学的借鉴还体现在研究方法上。其中较突出的共享研究方法有叙事研究和会话分析法。叙事研究对个人成长经历的关注催生了二语习得领域对语言学习者和教学者身份认同建构过程的细致考察。

从学科发展渊源上看，教育语言学很多时候是通过社会语言学与语用学产生联系。教育语言学从社会语言学中借鉴的理论和方法很多都包含了其与语用学共享的部分，最突出的就是会话分析理论和互动社会语言学理论，在研究中关注在微观层面的会话互动实践。教育语言学与语用学二者直接地融合源于社会科学的语言学转向，引发了教育研究者对语言潜能在教育中价值的关注。越来越多教育语言学学者借鉴语用学的研究方法，对语言学习者的个人叙事、写作语篇，对语言教育者的个人叙事，对语言政策文件的文本等进行语篇分析，或者对语言教育情境下的会话进行语用分析。其中涉及的写作者身份、叙事者身份和语用身份都是在语篇和话语中建构的身份认同，天生带有社会建构属性。

本书的最后是对近 20 年社会语言学、语用学和教育语言学在认同建构研究上出现的融合的最新发展的探讨。融合发展主要体现在两个方面，一方面是理论上的相互借鉴、共享和融合，另一方面是研究方法上的相互转借和研究范式的共享。

社会语言学与语用学认同建构研究的融合发展体现在：身份认同的界定出现融合、理论的借鉴和研究范式的转借。在建构主义思潮影响下，社会语言学家对互动建构的身份认同的认识与"语用身份"在内涵上出现了高度重合。在越来越多的社会语言学认同建构研究中，虽然没有直接使用"语用身份"的术语，但是从探讨和分析的过程中可以看到，身份认同建构的语用功能成为讨论的焦点。在理论的借鉴方面，有一批学者借鉴了被社会语言学广泛运用的实践共同体理论，在实践共同体视角下对传统语用学的研究话题"（不）礼貌"进行重新审视，并做了许多实证研究进行探讨。研究者达成比较一致的观点是，对礼貌的解读不能脱离说话者和受话者所在的实践共同体和由此形成的身份认同，因为这决定了人们如何理解某句话以及这句话是否礼貌。在研究范式的转借上，在考察语用身份时引入社会语言学语言变异的研究范式；在语码转换研究中引入会话分析模式。研究者从会话参与者的视角，对会话结构和序列的发展脉络进行微观分析，语码转换被赋予了新的互动意义，加深了人们对语码转换的动因、动态变化过程及其如何实现会话结构对社会结构和身份认同的建构的理解。

教育语言学与社会语言学认同建构研究的融合发展体现在：理论框架的相互借鉴和研究范式的融合。在理论框架的相互借鉴上，出现两个新的发展。一是交际民族志视角下的语言政策研究。交际民族志重视人的社会行为及其文化内涵，研究语言交际行为与社会文化之间的关系。因此，当有学者希望了解语言政策如何影响人们的交际模式及其背后的社会意图时，在研究中引入语言政策的交际民族志视角是极有洞见的。同时，语言政策的交际民族志视角可以进一步揭示语言政策如何影响人们相互的社会认同建构，语言政策被视为一种通过社会互动实现的"意义建构活动"。二是"投资模型"（Model of Investment）下的性别认同研究。达文（Darvin）和诺顿（2015）在全球化的数字时代提出来的新"投资模型"特别关注意识形态的交锋以及不同象征权力的文化资本的竞争。因此，该模型能够为以语言学习为切入点的性别认同研究提供富有阐释力的分析框架。性别研究往往涉及社会权力关系的博弈，特别是女性如何在主流意识形态中或压抑，或挣扎，或有所突破。但以往的性别认同研究一直缺乏一个逻辑结构较完备的理论框架，将社会、性别、权力关系、意识形态和象征资本这些要素进行有机整合，而达文和诺顿的新"投资模型"完美地实现了这种整合。

教育语言学与社会语言学认同建构研究范式上的融合有两个新的发展。一是语言变体研究与二语 / 外语教师认同建构。虽然斯波斯基谈了很多教师和教育系统对语言变体的选择的问题，但是研究的关切点是学生是否会因此遭遇语言障碍和个体社会化阻碍，对教师个人发展的影响几乎没有涉及。语言变体的研究范式引发的语言教师对认同发展问题的关注是社会语言学与教育语言学融合发展的新尝试。社会文化和政治情境的改变可能导致承载着跨文化属性的外语／二语教师身份的合法性，甚至教师身份的合法性遭受严重质疑和挑战。教师可以通过语言变体的实践，为实现特定社会情境下外语／二语教师身份的合法性而做出大胆尝试和努力。二是跨语言实践（translanguaging）视角下的多语研究。跨语言实践是一个从教育语言学研究中发展起来的概念，它向外语／二语教学中第一语言的角色和功能的传统观点提出了挑战。在其启发下，以李嵬（Li Wei）为代表的学者从跨语言实践的视角重新审视和解读传统社会语言学关注的多语现象，将其视为在个人语源的基础上实践的"个人语言方式"（idiolect）；它不受语言的社会政治标签的束缚，跨越了语言的地域、社会、阶层、年龄或者性别变体。这在具有不同社会文化和语言背景的人们的相互沟通中起到关键作用，为他们跨越不同的文化预期和价值观而重新协商相互的关系和身份认同提供了可能。

语用学与教育语言学认同建构研究的融合发展在于：理论视角的引入和研究方法的交叉运用。在理论视角的引入方面有两个新的融合发展。一是语言教育者的语用身份研究。语用身份论将身份视为交际者的资源，可以运用于各类交际情境中。而教育情境是一种非常重要的交际情境，教师如何在课堂以及与学生互动时建构特定的语用身份，将会影响教学效果和师生人际关系的发展。二是二语／外语习得中的语用习得研究。跨文化语用学的发展让二语习得研究者认识到第二语言的学习不能忽视语言的语用层面。语言学习最重要的是培养学习者的交际能力，而决定交际能力的重要一环就是跨文化的语用能力。因此，二语习得研究越来越关注二语语用的习得问题。有学者从二语学习者语用策略使用和身份认同建构的关系出发，探讨了二语语用习得中存在的两难问题。

语用学与教育语言学认同建构研究的融合发展还体现在研究方法的交叉运用上：叙事研究的话语分析方法。叙事研究为二语习得认同建构研究提供了深入了解研究对象认同心理变化的媒介。但传统的做法是，对叙事的解读是基于研究者对叙事内容的分析和提炼。这个过程多少加入了研究者的主观认知因素，这点多引发质疑。李战子（2007）和谷明樾（Gu Mingyue，2009，2010）等研究者尝试在叙事研究中引入话语分析方法，将叙事文本作为话语分析的对象。这样学习者认同直接从话语分析中提炼，而不是跨越分析过程的研究者直接陈述。这在保持叙事研究优势的同时尽量弱化研究者主观因素的干扰。通过话语分析细化叙事文本，能敏锐洞察学习者认同建构的动态过程，避免结构主义的静态视角。这是研究方法交叉运用的绝佳尝试。

第一章　社会建构主义

社会建构主义（social constructivism）虽然有不同的流派和形式，但可以达成共识的是：这个世界很多领域的知识是"我们的社会实践和社会制度建构的，或者相关的社会群体通过互动和协商共建的"。[①]

第一节　社会建构主义如何看世界

社会建构主义思潮的发展经历了从认识论到本体论的转变。20世纪60年代，在美国社会学家彼得·L. 伯格（Peter L. Berger）和德国社会学家托马斯·卢克曼（Thomas Luckman）合著的《现实的社会建构》（*The Social Constuction of Reality*）（1966）中首次明确提出"社会建构"。社会建构主义作为一种认识世界的新的哲学视野深刻地影响着人们对世界的解读。这个实在的世界是被建构的，不是被发现的。人们用社会建构解释越来越多的现象，从与人的观念和社会互动密切相关的，如人文知识、社会知识、社会制度、国际关系等，到传统认知中属于客观物质世界的领域，如种族、性别、自然科学技术等。最后，社会建构主义已经被泛化为一种本体论的世界观，从社会实在到自然实在都是社会建构的。

[①]　Robert，Audi（edited），*The Cambridge Dictionary of Philosophy*（New York：Cambridge University Press，1999），p. 855.

社会建构主义认为知识是在由人组成的社会中，人与人组成的共同体的互动和协商中建构的。因此，知识的意义建构要受到社会文化情境的制约。例如，传统心理学对"人格"的研究，认为人格是人的本质的存在状态，是个人的稳定的内在特质，研究者只能通过一定的方法去发现它。但是，在建构主义者看来，任何"知识"都是动态的、多元的，会受到历史、文化和社会因素制约，并随着地域、情境和个人经历等因素的变化而变化。因此，"人格"也好，心理学家对"人格"的发现也好，都是不同的社会建构过程和结果。"人格"并不是固定不变的。一个人在不同的场合经常通过不同的行为表现出不同的"人格"特征。某一场合，一个人可能表现得自信、大方、健谈，但在另外的场合可能会怯懦、腼腆、不敢开口。这说明行为所反映的"人格"是同情景相联系，而不是内部稳定的本质。所谓"内在的人格"仅仅是心理学家的幻影。①

另外，社会建构主义还动摇了传统的自然科学知识的客观性和实证性。建构主义者认为自然科学知识也受社会因素的影响，具有社会建构的特点。各种社会因素，如社会结构、文化传统、社会利益、政治意识形态等，在科学知识的形成中都具有重要作用。科学是一项解释性的事业，科学知识并非由科学家"发现"的客观事实组成，而是由科学家通过实验室研究等"建构"出来的，负荷着科学家的价值、知识、利益等各种社会性因素。② 以被誉为确定性知识的最后堡垒的"数学"为例，我们进行连续"+2"的运算时，在首先说了 2 之后，会自然而然地往下算出 4，6，8，10，12……但为什么 2 加 2 等于 4，4 加 2 等于 6 呢？为什么不是别的数字呢？你也许会说这是数学规则，那么数学规则是什么呢？这时你往往就回答不上来了。反思一下，其实人们的加法运算能力并不是一种逻辑演绎的能力，而是从小被训练出来的一种机

---

① 叶浩生：《第二次认知革命与社会建构论的产生》，《心理科学进展》2003 年第 1 期。

② 刘保、肖峰：《社会建构主义：一种新的哲学范式》，中国社会科学出版社，2011，第 52 页。

械计算能力，是通过教育和训练灌输给每个人的。这与学习骑自行车和语言训练类似，都是社会建构的。①

　　人文社会领域和自然科学领域在社会建构主义的影响下逐渐建立起"确定性知识绝不可能存在"这样的思潮。② 当知识是建构的，知识获取的过程也被认为是社会建构的，强调在学习和教学过程中知识是在个人与他人、社会、文化、历史的动态互动过程中形成的。

　　据此，社会建构主义眼中的世界是什么样子的呢？它将科学发现、技术创造、人本分析、心理现象、性别角色、国际关系等统统纳入了社会建构的视野，形成了与传统哲学视野不同的本体论和世界观。它反对绝对的客观主义、本质主义。社会建构主义在各学科领域获得很多认可的同时，也有不少质疑的声音。社会建构主义分为温和派和激进派。温和的社会建构主义认为社会要素形成了世界的解释。激进的社会建构主义则将其从作为一种对世界的说明方式推向了一种世界的存在方式，坚持认为世界或它的某些重要部分，在某种程度上是理论、实践和制度的建构。③ 正是这种大包大揽地试图用社会建构解释一切——包括客观物质世界和科学实践活动中的客体力量——遭到了一些诟病。但是，不得不承认，社会建构主义在作为一种侧重分析知识或人文社会现象时具有极强的阐释力。正如吉登斯（Giddens）评价的，可以把社会建构主义当作"社会学方法新规则"：社会不是一个预先给定的客观现实，而是由社会成员的行动创造的。社会建构主义进一步解放了人的心智，颠覆了人对自我和对所处的社会历史环境的被动认知。它让人们以一种更加能动的、动态的和多维的视角来看待自我和世界。

---

① 巴里·巴恩斯：《科学知识与社会学理论》，鲁旭东译，东方出版社，2001，第116页。

② 保罗·恩内斯特：《数学教育哲学》，齐建华、张松枝译，上海教育出版社，1998，第108页。

③ Robert, Audi, *The Cambridge Dictionary of Philosophy*（New York: Cambridge University Press, 1999）, p. 855.

本节对社会建构主义这一哲学思潮作总括性的介绍。由于社会建构主义发展至今已经涉及人类知识的方方面面，下面第二节至第六节只针对性地选取社会建构主义思想体系中对语言学领域的认同建构研究产生直接影响的内容进行介绍。

第二节　社会建构主义如何看语言

探讨社会建构主义如何看语言，需要从维特根斯坦（Wittgenstein）的哲学思想谈起，因为维特根斯坦的"语言游戏""生活形式"等思想，为社会建构主义奠定了哲学基础。[①]

在维特根斯坦理论中，"语言游戏"最初是指"孩子刚开始使用语词时的语言方式"，是"语言的原始形式"。语言的原始形式是和人类其他活动编织在一起的，每个人都在具体场景中学会说话，在具体场景中理解语句的意思，在此基础上语言逐步产生特定的规则。"语言游戏"暗示了语言从习得之初就受到特定规则的约束，正如任何游戏都要遵循一定的游戏规则一样，而这些规则的习得是在社会互动场景中发生的。

"语言游戏"又进一步促使"语言共同体"的形成。在"语言游戏"中人们学习了最初的语言规则，因循着这些规则参与到更多的社会实践互动中，学习到更多的规则。这些语言规则实际上是人们在不断的语言实践互动中形成的共同约定。遵守着相同的一套规则约定的人们构成了"语言共同体"。[②]这些共享的语言规则可以规约不同的语种，也可以规约不同的语言使用情境。当人们遵循"语言共同体"的规则，人们才能相互理解。例如，在语种层面，

---

① 成素梅：《科学知识社会学的宣言——与哈里·柯林斯的访谈录》，《哲学动态》2005年第10期。
② 江怡：《维特根斯坦：一种后哲学的文化》，社会科学文献出版社，1998，第76页。

共享了语音、语法、词汇、句篇等规则的人们才能相互交流；在语境层面，只有遵循了学术论文的语篇和逻辑结构规范的论文才能获得进入学术界与他人交流的入场券，被接纳为具有学术性的成果。

在维特根斯坦后期思想中，"语言游戏"与"生活形式"是紧密联系、不可分离的。维特根斯坦的"生活形式"是指以风俗、习惯、制度、传统等为基础的人们思维方式和行为方式的总体或局部，而这些是在特定的历史背景条件下形成的并以特定方式继承下来的。[①]"生活形式"包含思维和行为两个维度，也就是一切人类活动的两个维度。"语言游戏"作为人类最重要的一种活动，既是述说的行为，也体现了特定的思维方式。"语言游戏"构成"生活形式"最重要的一个部分。[②] 由于人类的大多数"生活形式"都以"语言游戏"这种特定"生活形式"作为中介，因此我们也可以反过来说，"语言游戏"在各种"生活形式"载体上进行，"生活形式"借助各种"语言游戏"而具体化。在维特根斯坦看来，所有的实在都是在一定的"生活形式"中的"语言游戏"的建构，不仅包括社会实在，还包括科学实在，科学对实在的建构本身就是在"语言共同体"中的一种"语言游戏"。在科学研究的进程中，任何在特定社会历史文化条件下得到普遍认可的科学思想或发现，都可能通过"语言游戏"被固化为真理，从此人们便可以说他们遵循什么真理。这些科学信念就像其他任何知识一样渐渐根植于我们认识世界意义的习惯方式之中，成为"科学实在"。[③] 因此，像其他任何知识一样，科学与科学知识也受到社会文化因素的影响。"事实是被集体界定的；任何知识体系必

---

① 刘保、肖峰：《社会建构主义：一种新的哲学范式》，中国社会科学出版社，2011，第69页。

② 维特根斯坦：《哲学研究》，李步楼译，商务印书馆，1996，第17页。

③ 郭俊立：《科学的文化建构论》，科学出版社，2008，第25页。

然包含集体认可的陈述"。①

至此，我们可以回答社会建构主义如何看语言这个问题。社会建构主义的语言观有两个层面：一是，语言及其规则的习得是社会互动建构的；二是，社会历史文化甚至科学是人类通过语言建构的。

第三节　社会建构主义如何看"自我"和性别

"自我"（self）回答我是谁，我是什么样的人的问题，是与身份认同非常相近的一个概念，也是哲学、心理学研究的传统话题。性别有生理和社会两个层面，一种是性生理的类别，另一种是社会性别，即作为社会范畴的性别。社会性别包含特定社会文化中人们普遍的性别意识，也包含每个个体的自我性别意识，相当于性别认同。因为"自我"和性别都涉及身份认同的问题，所以本节把它们放在一起讨论。

在社会建构主义框架下回答我是谁，我是什么样的人的问题，首先要了解社会建构论关于"人"的基本观点是什么。它的思想养分主要来自巴赫金（Bakhtin）、伽达默尔（Gadamer）等关于"对话中的人"的哲学观点。

人是社会中的人，人不可能脱离社会而存在，人类主体是在各种各样的社会活动中彼此互动形成的。语言和超语言的"对话"和互动贯穿于人类生存的方方面面。甚至可以说人类的所有活动都是对话的具体表现形式。巴赫金认为，"生活的本质是对话，思维的本质是对话，语言的本质是对话，艺术的本质是对话"，每个个体总是在与他人的对话和互动中建构知识、建构自我、建构世界。②伽达默尔将对话进一步拓展到对文献、对历史、对艺术、对

---

① 巴里·巴恩斯：《科学知识与社会学理论》，鲁旭东译，东方出版社，2001，第24页。
② 巴赫金：《巴赫金全集》（第四卷），钱中文译，河北教育出版社，1998，第6页。

世界的理解。[①] 这是一种间接的对话。人就是在直接和间接的对话中，通过语言（包括超语言符号）中介建构起自己的意义世界。这对每个人而言就是世界的实在。那么，反过来想，在社会建构主义框架下，人是怎样的实在呢？作为社会性存在的人，只有在与他者的各种对话关系中才能在世界的实在中找到自己的位置。正如巴赫金所说，"我存在于他人的形式中，或他人存在于我的形式中"，"我离不开他人，离开他人我不能称其为我；我应先在自己身上找到他人，再在他人身上发现自己"。[②] 因此，社会建构主义认为，对话对于人来说具有本体论的意义：对话是人生存和发展的基本方式，没有对话就没有"人"。人就是"对话中的人"。[③]

那么"对话中的人"如何理解"自我"，如何回答我是谁，我是什么样的人的问题呢？在社会建构主义之前，西方心理学不同流派的学者都对"自我"做了研究和阐释。对"自我"（self）的探讨始于美国心理学家威廉·詹姆斯（William James）。他将"自我"区分为"经验自我"和"纯粹自我"。精神分析学家弗洛伊德（Freud）认为人格由"本我"（id）、"自我"（ego）和"超我"（superego）组成。人本主义心理学家马斯洛（Maslow）认为"自我"建立在"自我实现"的基础上，"自我实现"是人类内在的最高级需要。在社会建构主义看来，这些"自我"的理论都基于一个共同的假设，那就是"自我"或一部分的"自我"是人的内在世界中一个稳定的、自在的结构。它是存在于人的行为背后的一个精神实体，可以经由研究、实验等手段来发现、描述、解读甚至控制。因此，传统心理学的"自我"具有本质主义的特征，是一种"内生的自我"。社会建构主义否定了"内生的自我"的存在，而认为"自我"和一切社会和自然实在一样，是"对话中的人"在参与各种社会活动和社会

---

① 徐朝旭：《从建构到对话中的建构：认识本质的重新审视》，《厦门大学学报（哲学社会科学版）》2003 年第 4 期。

② 巴赫金：《巴赫金全集》（第四卷），钱中文译，河北教育出版社，1998，第 304 页。

③ 刘保、肖峰：《社会建构主义：一种新的哲学范式》，中国社会科学出版社，2011，第 167 页。

关系中建构起来的，是在特定社会历史文化下经由语言（超语言）的社会互动形成的。所以，社会建构主义认为"自我"不是本质的、内在的，而是"关系的自我""过程的自我"和"建构的自我"。

如何理解"关系的自我"？个人在各种社会关系互动中塑造自我。个人生活中重要的人际关系，如父母子女，教师学生，伴侣，上司下属等，对个人"自我"概念的形成具有很强的塑造作用。例如，只有有了孩子或者有生孩子的念头，你才能生发出为人父母的"自我"；当一个孩子从父母那里获得较多的鼓励、赞许、宽容和爱护，就会产生正向积极的"自我"。[①] 因此，在各种关系中的相处方式，互动中积累的经验，获得的反馈和评价等都深刻影响个人对"自我"的认识。

如何理解"过程的自我"？ "自我"不是一成不变的，而是一个不断确立"自我"统一性的过程。这个过程包括：自我寻找、自我发现、自我形象的产生、自我描述、自我评价、自我沉思；自我价值的认识、社会性自我的确立、群体自我形成、自我控制与自我完善、自我实现。[②] 随着过程中"自我"信息越来越精细、丰富和完善，个人就能将其进行整合，逐渐形成一个更加概括、相对稳定、具有一定内在一贯性的"自我"观念。[③]

如何理解"建构的自我"？ "自我"是在历史、文化、权力、利益的影响下通过语言中介建构的。实证主义科学观影响下的心理学试图寻求超越历史和文化的、具有一般普遍性的心理规律。而社会建构主义认为不存在绝对的、孤立的"自我"。"自我"一定反映了特定文化与历史的内容和要求。举例来说，如何看待"自我"存在东西方文化差异。西方人强调独立的"自我"，东方人强调"自我"与集体的联系。我们认识"自我"时所运用的概念

---

① 申继亮：《当代儿童青少年心理学的进展》，浙江教育出版社，1993，第295—296页。

② 余潇枫：《自我与人格》，《浙江大学学报》1995年第3期。

③ 伊·谢·科恩：《自我论》，生活·读书·新知三联书店，1987，第272页。

和范畴，描绘"自我"体验时所能运用的术语和语言，都是文化的、历史的，都反映了社会文化的要求，是文化历史的产物。[①]例如，中国古代文人会用"鄙人"自称，展现了符合古代社会礼教的谦卑的"自我"。正如伯格和卢克曼总结的："人之为人是由社会、文化的形式决定的，并有其各自的风貌。因此，与其说人有本质，不如说人建构了自身的性质，更直接地说，便是人创造了自己……人集体地创造了一个人类环境，并拥有自己的社会、文化以及人的心理。"[②]

除了历史和文化因素，"自我"也是权力、利益建构的产物。以历史上的奴隶社会为例，这个问题显而易见。奴隶主和奴隶的"自我"，由于其悬殊的权力差距而有着巨大的差别。20世纪60年代兴起的女权主义也揭示了：在父权制社会中，由于不同的性别权力和利益，男子被建构成独立的、进取的、理性的、有成就动机的"男性自我"，而女子则被建构成文弱的、依赖的、情绪化的、善于照顾家庭的"女性自我"。这里同时涉及了社会建构主义如何看性别。

长期以来，性别问题上占主导地位的是生理决定论，又被称为生理本质主义（physicology essentialism）。该观点认为性别是由生理因素决定，是自然的选择，是先天的分类；而且，由此决定的社会性别是持久稳定的个人特质，与社会历史政治情景等外在因素没有关系。进而，该观点认为，性别差异是男性和女性的内在本质，男性就应具有男性化特质，女性就应具有女性化特质。[③]社会建构主义对这种性别生理决定论进行了彻底的批判。

社会建构主义将性别区分为自然性别和社会性别。温和的社会建构论观点认为，性别是以生理性别为基础的社会建构，个人生而为男为女，但婴儿

---

① 刘保、肖峰：《社会建构主义：一种新的哲学范式》，中国社会科学出版社，2011，第173页。

② 伯格、卢克曼：《知识社会学—社会实体的建构》，邹理民译，台湾巨流印行，1991，第65—68页。

③ 郭爱妹：《社会性别：从本质论到社会建构论》，《南京师范大学学报（社会科学版）》2003年第1期。

并没有天生的性别认同。他们是在成长过程中，经由社会建构才获得性别认同的。而极端的社会建构论则认为，生理性别和社会性别都是社会建构的，都不是自然的分类。20世纪重要的思想家之一米歇尔·福柯（Michel Foucault）被认为是颠覆生理性别和社会性别关系的代表人物。福柯认为，性别的结构与权力结构共存，权力在两分的、表面上看是本质主义的性别区别中是因不是果。他认为，生理性别，无论是男性气质还是女性气质，都是随历史的演变而变化的，是话语的产物，它是在性实践和性别实践中形成的。目前，被当作天经地义的性别差异，其实是长期的男权社会中男性权力与女性权力的差异生产出来的。① 社会建构主义认为，社会性别（甚至包括生理性别）绝不是生理本质主义的，不是固化的身份标识，而是在特定社会、文化和历史背景下由特定的话语体系建构的。

至此，我们可以回答社会建构主义如何看"自我"和性别。人是"对话中的人"。从历时的维度来看，人类的对话互动集体建构了人类的社会、历史和文化；从共时的维度来看，个体身处特定社会、历史、文化和权力关系中，通过语言和超语言"对话"形成"关系的自我""过程的自我"和"建构的自我"。性别是"自我"的一个组成部分，具有与"自我"一样的对话性和建构性。

第四节　社会建构主义如何看心理发展

社会建构主义心理学的思想基础和理论基础源自利维·维果茨基（Lev Semenovich Vygotsky）的"高级心理机能发展的社会文化历史发展理论"。学界通常简称为维果茨基的"社会文化理论"。这不是一个关于社会与文化

---

① 李银河：《性、性别与社会建构论》，转引自朱迪斯·巴特勒《性别麻烦：女性主义与身份的颠覆》，宋素凤译，上海三联书店，2009，第1页。

的理论，而是一个关于心理发展的心理学理论。在维果茨基看来，人类所有高级心理机能都起源于社会相互作用。这是心理发展的外部阶段。任何一种高级心理机能在起初都是社会的机能，接下来通过社会关系的内化完成从社会的向心理的转化。从儿童心理的发生发展来看，个体高级心理机能是社会关系的内化："儿童文化发展中的一切机能都是两次登台的，都表现在两个方面，即起初是社会方面，是人们之间的属于心际的范畴，后来才是心理方面，是儿童内部的属于心内的范畴。这一原理无论是对随意注意、逻辑记忆、概念的形成还是意义的发展都是同样适用的。"① 维果茨基认为："心理的发展，应当从历史的观点，而不是抽象的观点，不是在社会环境之外，而是在同它们的作用的不可控分割的联系中，加以理解。"②

维果茨基的社会文化理论还把语言等"符号"置于心理发展的关键工具的地位。他认为，符号是个体认识和思考世界的工具，也是社会性知识共享和传递的主要媒介，个体在运用符号的同时，也接受了一种文化，进行着社会协商和互动。"符号是用来掌握并指导高级心理机能的基本工具。中介的符号被结合进高级心理机能的结构中去。"因此，通过承载着社会文化历史的语言等"符号"，社会的、文化的、历史的因素参与到人的心理发展过程中。这使得维果茨基的心理学理论成为社会文化历史视野中的心理学。

在具体微观层面，维果茨基用"最近发展区"来描绘儿童通过社会互动学习促进心理发展的过程。"最近发展区"概念是维果茨基社会文化理论的核心概念之一。它是指："儿童的实际发展水平与潜在发展水平之间的差距。前者由儿童独立解决问题的能力而定，后者则是指在成人的指导下或是与能力

---

① 维果茨基：《维果茨基儿童心理与教育论著选》，龚浩然等译，杭州大学出版社，1999，第182页。
② 维果茨基：《思维与语言》，李维译，浙江教育出版社，1999，第2页。

较强的同伴合作时，儿童表现出来的解决问题的能力。"[①] 通过"最近发展区"维果茨基揭示了心理发展过程发生在人与人的互动中。儿童在别人的帮助下做到了比他独立能够做到的更多，实现了心理和智力的发展。"最近发展区"是维果茨基理论体系中社会建构思想的集中体现。它涵盖了对教师观（积极的促进者）、学生观（积极的参与者）、教学观（教学促进发展）、发展观（在与他人互动中发展）的阐述。[②] 所以，维果茨基的社会文化理论对社会建构主义如何看学习和教育也产生了深远的影响，此内容将在本章第五节做进一步论述。

综上所述，社会建构主义如何看心理发展。社会建构主义反对传统心理学将心理界定为人脑对客观现实的主观反映，反对这种主体客体的二元对立。没有独立于主体的客体。正如休谟（Hume）所说，一切知识源于经验又不超出经验，在经验之外，人无法确定任何客观实在的存在。因此，主体客体永远是结合在一起的。[③] 作为"对话中的人"的心理现象，是在一定社会文化历史因素下，通过社会话语体系的中介，对外部客观世界作出的解释。因此，既不存在一个与人的主观世界无关的客观世界，也不存在一个脱离话语而独立存在的"心理实体"。心理现象，包括心理发展，应该被看成是主体在社会生活的人际互动中的话语建构的产物。

第五节　社会建构主义如何看学习和教育

本章第一节在回答社会建构主义如何看世界时，我们已经谈及社会建构主义的知识观：知识不仅是认知主体对客观世界的意义建构，而且是在由人

---

① Vygotsky L S，Thinking and speech. In Rieber R W，Carton A S，*The Collected Works of L.S.Vygotsky.*（New York and London：Plenum Press，1987），pp.375—383.

② 麻彦坤：《社会建构论心理学对维果茨基思想的继承和发展》，《心理科学进展》2006 年第 1 期。

③ Gergen K J，*The Saturated Self：Dilemmas of Identity in Contemporary Life*（New York：Basic Books，1991），p8.

组成的社会中，在人与人组成的共同体的互动和协商中建构的；任何"知识"都是动态的、多元的，会受到历史、文化和社会因素制约，并随着地域、情境和个人经历等因素的变化而变化。社会建构主义的学习观和教育观是建立在这样的知识观基础上的。

知识的建构性意味着学习是学习者主动建构知识的过程，强调学习者的主体作用和主观能动性。学习意义的获得，需要学习者以自己原有的知识经验为基础，对新信息、新知识等重新编码，建构起自己的理解。由于每个学习者拥有不同的心理世界和经验世界，同时他们所处的社会环境各不相同，他们对知识的建构具有多元性。例如，在一个国际语言课堂上，教师教授一个美语发音，一个中国学生会把它当作一个标准语音进行学习，而一个非裔美国学生可能会把它当作对其非裔美国英语发音的歧视性纠正而拒绝学习。同时，社会建构主义强调学习的社会性。学习者总是处于一定的学习共同体中，可以是小组、班级、学校，也包括家庭。具体的个人学习过程与整个人类和社会的知识建构是类似的过程，是在互动中形成的。因此，社会建构主义认为，应该充分调动学习共同体中的互动与沟通。每个学习者都有自己独有的知识经验背景，对某一问题有着不一样的假设和看法。所以，教师与学生、学生与学生之间的多项交流、讨论和合作，更有助于知识的有效建构。[①]

学习是知识建构的过程，相应的，教育就是要帮助学习者实现知识的建构。社会建构主义认为，教学过程是教师和学生对世界的意义进行合作性建构的过程，而不能看成是简单的知识传递过程。冯·格拉塞斯菲尔德（Von Glaserfeld）表示："我们应该把知识与能力看作个人建构自己经验的产物，教师的作用将不再是讲授'事实'，而是帮助和指导学生在特定领域中建构自己

---

① 刘保、肖峰：《社会建构主义：一种新的哲学范式》，中国社会科学出版社，2011，第 227 页。

的经验。"①

教师无法将自己的知识单向地、直接地传授给学生。如果缺乏学生一方积极主动的知识建构过程,教育的目标是无法实现的。因此,在社会建构主义教育观下,教学活动的中心和主体是学生,教师的作用是学习的引导者、合作者和建构知识的支持者。教学过程中,教师不只是关注如何呈现、讲解、演示信息,更重要的是要创设有利于学生学习的环境,促进学生自己主动建构知识的意义,时刻关注、了解、探知学生头脑中对知识意义的建构过程,并适时提供适当的鼓励、辅导、提示、点拨、帮助、支持,进一步促进学生的建构活动。②

社会建构主义从一种思潮发展成知识论最后到本体论,它的影响力已经几乎波及各个人类学科领域,深刻地改变了人们看世界和看自我的理念。社会建构主义的内核,笔者认为可以用两个关键词来概括:社会互动和语言建构。人类在社会性互动中集体构建了世界和自我,科学知识和人文知识,历史和文化。其中,语言(包括超语言符号)是关键一环,是人类互动建构过程中无法绕开的中介物。所以可以说,语言(包括超语言符号)促成了人类的社会互动,我们的世界、自我、社会、历史和文化是语言建构的。这也许就是维特根斯坦所说的"哲学的语言学转向"。对纷繁芜杂的学科和知识的探求似乎都能在社会建构主义的观照下归结为最微观和具体的语言如何在社会文化历史的影响下在互动对话中进行建构这一个问题。这使得在人类长期的历史中一直处于边缘位置的语言和语言研究突然被放到了最中心的位置加以审度。当然,社会建构主义的凡事归结为社会互动和语言建构也受到很多学界的质疑,但是它带来了由看问题的新视角所产生的启发性远胜于它遭受的诟病。几乎各学科领域在社会建构主义的理论框架下开展了研究,取得了富

---

① 徐斌艳:《极端建构主义意义下的数学教育》,《外国教育资料》2000 年第 3 期。

② 刘儒德:《建构主义:知识观、学习观、教学观》,《人民教育》2005 年第 17 期。

有开创性的新成果。其中就包括语言学领域的研究。

现代语言学由索绪尔（Saussure）于 20 世纪初确立。在 20 世纪 60 年代之前，主要致力于语言结构的研究，把语言的社会因素完全排除在外。20 世纪中叶，开始有越来越多有影响力的语言学者认为应该更多地关注语言的社会性和人际互动性，探索并开创了社会语言学、言语交际民族志学，互动社会语言学，语言社会学，语用学，社会语言学，社会教育学（语言习得方向）等新的研究关注和研究路径。这些研究的共同点是认为语言是社会的语言，脱离交际互动中的语言使用的语言研究是违背语言的本质属性的。语言学领域的这种由本质主义、结构主义到功能主义、建构主义的转向与社会建构主义的兴起（哲学领域一种从本质主义到建构主义的转向）不得不说出现了思想的谐振。这是不是一种微妙的巧合？笔者认为不是。笔者觉得这是人类思想发展至 20 世纪中叶，对人本，对人的能动性的重视发展到了一定高度，共同催生的一类思潮。在这样的思想发展大背景下，语言学研究大量地从社会建构主义中汲取思想养分，启发新的研究思路，开始用社会建构的视角探究语言现象就成了水到渠成的事情。

"社会建构"这一术语由伯格和卢克曼于 20 世纪 60 年代明确提出。但不是说之前就不存在社会建构的思想。从前文的论述可知，社会建构的思想早已有之，许多社会建构主义的思想源自 19 世纪和 20 世纪初的伟大的思想家，如 20 世纪初苏联心理学家维果茨基，20 世纪上半叶奥地利哲学家维特根斯坦。社会建构主义作为一种哲学思想也不是均质统一体。在对大多数问题的看法上，学者们持有温和的和激进的观点之分。例如，温和的社会建构主义认为性别是以生理性别为基础的社会建构，极端的社会建构主义认为生理性别、社会性别和身体都是社会建构，都不是自然的分类。因此，本文将社会建构主义视为一个从温和的建构到极端的建构的连续体。只要是具有社会建构主义思想内核的语言学研究都可以被纳入讨论范围。

第六节　社会建构主义认同观

"认同"（identity）原本在汉语里是一个动词，表示"承认、认可"，例如，"我认同你的看法"。英文的 identity 在汉语中也被翻译为"身份"。当汉语中的"认同"开始被用作名词时，可以理解为"对个人或群体身份的认同"，这是一个包含了动作意义的名词。所以在很多文章中也会看到"身份认同"这样的表述。总结来说，"认同"在大多数语境中含义基本等同于"身份"，只是其中自带的动作意蕴同时传递出行为主体对该个人身份或群体身份的认可，即"我认为我是谁，我认为我是某个群体中的一员"这一层含义。比较一下性别认同和性别身份，国家认同和国家身份。在这两对词中前者用到"认同"，给人一种更加强调认知过程和主体能动性的感觉，后者用到"身份"，给人一种是站在客体视角的静态描述的感觉。除去这样的差别，"认同""身份"和"身份认同"这几个词在不同领域的认同／身份建构研究中都被广泛使用，在此不做特别区分。但是，考虑到本书采用的是社会建构主义的哲学视角，在论述行为主体对自我的动态建构时，会优先选择使用"认同"和"身份认同"。而在涉及前人的研究时则会完全尊重不同领域学者的用词选择，忠实还原他们的论述。

笔者认为，虽然英文一直用的都是"identity"，汉语翻译上从"身份"到"认同"正体现了人们对身份认同这个问题的探究经历了研究领域、研究视角和研究路径的转变。

最早对身份认同的研究出现在社会学领域。身份作为一个社会学概念，被用于指称个体或群体在一定社会关系中的位置或地位，即一个人或作为群体的一员在社会中所扮演的角色。[1] 例如，指示社会中的生理分类的性别身份、年龄身份等，指示所处地域的国别身份、民族身份等，指示社会职业分工的教师、医生、农民、局长、办事员等，指示社会团体身份的少先队员、工会小组成员等。因此，社会学中的身份具有社会属性，是外在的社会身份。

身份的心理属性受到社会心理学家的关注，从认知层面对身份做了定义。布霍尔茨（Bucholtz）和霍尔（Hall）认为，身份是一个人"对他人和自我的社会定位（positioning）"。[2] 泰弗尔（Tajfel）和特纳（Turner）认为身份是一种对群体的认同倾向，社会中的个体一旦倾向于认同一个特定群体，就会保持自己作为该群体成员的高度自尊。[3] 社会心理学家揭示了身份除了社会属性还有心理属性，二者是交织在一起的。至此，"身份"已经带上了"认同"的色彩。身份的社会属性就像是被动贴上的标签，但这不是故事的全部。人们对这些标签认可与否并通过行动作出选择是身份的心理属性。人之于身份可以是能动的，这就是"认同"。

西蒙（Simon）的身份认同理论更进一步，更加微观和具体。他将一个人关于自身特征和特性的各种看法也纳入身份认同分析的框架内，如个性特征、外貌特征、能力和行为特征、意识形态等。西蒙认为，身份认同分析需要考虑微观、中观和宏观三个层面。微观层面考察个体对自身特性的观感，即感知、情感、思想、动机等；中观层面考察具体社会交往时的情景因素；宏观层面考察社会结构，即身份的社会属性分类。[4] 这个分析框架有两个特点：第一，它体现了社会学、心理学和社会认知途径的结合；第二，它明确了身份

---

[1] Stryker S, *Symbolic Interactionism：A Social Structural Version*（New Jersey：Blackburn Press, 1980）.

[2] Bucholtz M, Hall K, "Identity and Interaction: A sociocultural Linguistic Approach," *Discourse Studies* 7, no. 4-5（2005）：585—614.

[3] Tajfel H, "The Social Identity Theory of Intergroup Behavior," *Psychology of Intergroup Relations* 13, no.3（1986）：7—24.

[4] Simon B, *Identity in Modern Society：A Social Psychological Perspective*（Oxford：Blackwell, 2004）.

认同分析需要被放在一定的交际情景中，这是微观的心理状态与宏观的社会结构得以交汇并使认知过程得以发生的途径。

虽然当身份认同的心理属性受到关注后，研究已经具有一定的建构性，但是他们探讨的前提还是把身份当作预先存在、稳定不变的属性。一些后现代主义学者（包括哲学、社会学、社会心理学、传播学、会话分析等领域）开始挑战这种身份观。[①] 他们认为身份应该是流动的，甚至是不完整的（fragmented），是一种建构认同的过程。他们的研究和论述逐渐丰富和完善了社会建构主义的认同观。

社会建构主义是一种对本质主义、结构主义的反对。社会建构主义认同观也是如此。传统的身份观认为身份是根本性的、持久的自我，是人的本质属性之一。传统的身份观把身份看作人对社会固有结构的简单反映，是先设的、不变的。例如，伯克（Burke）和塔利（Tully）的角色身份理论（role identity theory）将身份看作不同社会角色的自我分类。[②] 泰弗尔和特纳（1986）的社会身份理论（social identity theory）凸显身份的认知性，认为身份是个体对群体的认同倾向。这里群体也是社会结构性的，并没有摆脱身份的社会结构论和决定论。随着社会建构主义思潮的发展，身份观经历了从本质主义到社会建构主义的转变。社会建构主义认同观沿袭该哲学流派的核心思想。社会建构主义认为：人是"对话中的人"；自我是在特定社会文化历史和权力关系中通过"对话"形成的"关系的自我""过程的自我"和"建构的自我"；心理现象包括心理发展是行为主体在社会的人际互动中话语建构的产物。可以看到，社会建构主义的核心思想把语言推到了一个特别明显的位置，其语言观有两个层面：一是语言及其规则的习得是社会互动建构的，二是社会历史文化、科学是人类通过语言建构的。综上所述，社会建构主义认为身份认

---

① Antaki C, Widdicombe S, *Identities in Talk* (London: Sage, 1998), p.204.

② Burke P J, Tully J C, "The Measurement of Role Identity," *Social Forces* 55, no.4. (1977): 881—897.

同是人们在社会互动中通过语言（包括超语言符号）对于"一个人或一个群体是谁"的动态建构。据此，社会建构主义认同观强调身份认同具有语境敏感性、流动性和复杂性，在不同的社会互动中会呈现多重认同而非单一的身份。传统的身份观与社会建构主义的认同观体现了一系列的对立观点：核心自我／多元或杂糅自我；身份的连续性／认同的流动性和变动性；社会结构决定论／认同建构中的创造性和能动性。①

　　社会建构主义认同观使得原来静态反映社会类属的身份问题变成了极富动态阐释力语言与认同建构的问题。这启发了很多领域在此理论视角下开展新的研究探索。身份认同已经成了社会科学和人文科学领域的一个核心概念和热门话题。哲学、社会学、社会心理学、人类学和语言学为身份认同研究提供了不同的路径、定义和研究工具。这些路径有着不同的研究问题，所聚焦考察的身份认同的维度和层次各不相同，对身份认同的建构过程的看法也不尽相同。但是，它们对社会建构主义认同观在以下问题上基本达成共识。

　　第一，身份认同不是既定的，而是一个过程的产物。身份认同是在社会互动中、在言语行为主体之间产生的一种"成果"（achievement）。② 身份认同在会话中被调用并被共同生产，嵌于社会行为和互动中。研究者不事先假定身份认同的相关性，而是考察会话者是如何定位身份认同的。③

　　第二，交际互动过程中共同生产的身份认同是多元的、流动的，而非单一的、固化的。社会建构主义反对本质主义的自我观，认为不存在自我的核心本质，认为自我是在社会文化历史权力关系影响下随着社会互动而建构的"关系的自我"和"过程的自我"。因此，一个人在历时和共时维度可以呈现多种身份认同。

---

① Grad H，Rojo L M，Identities in Discourse. In Dolón R，Todolí J，*Analyzing Identities in Discourse*（Amsterdam：John Benjamins Publishing Company，2008），pp.3—28.

② Antaki C，Widdicombe S，*Identities in Talk*（London：Sage，1998），p.1.

③ 陈新仁：《语用身份论——如何用身份话语做事》，北京师范大学出版社，2018，第 22 页。

第三，身份认同既不是简单来自社会范畴，也不是直接来自个体认知的，而是来自磋商的过程和语境化的互动，身份认同需要通过"话语工作"来实现。① 社会建构主义强调在社会互动中话语（包括超语言符号）所能产生的积极效用及其对社会现实潜在的建构作用。认同建构往往与自我和他人的协商有关，与一些典型的活动和程序有关。身份认同不再仅被看作在话语中再现的，而且被认为是在话语中通过各种语言或非语言手段实施、执行、体现的。由此，社会建构主义视域中的身份认同已经从个人认知与经历的"私人"领域重置到话语及其他符号系统的"公共"领域。②

第四，身份认同不只是社会互动中意义建构过程的结果，更重要的是，也是意义建构过程中所能调用的"工具"和资源。社会建构主义将身份认同看成一种"工具"，考察"身份认同如何在谈话中被加以利用"。它们关注身份认同如何在特定情景下被凸显或被建构而建立某种相关性，以及如何对相关互动和说话人的交际目标产生影响。③ 例如，身份认同被说话者用作行事的资源，它们通过构建特定的身份认同，用以推广商业活动、分配任务、指控或辩护、调用其他身份等。

在对身份认同的定义和社会建构主义认同观的核心观点有了基本了解之后，我们将进入语言学的世界。无论是社会建构主义还是其认同观都把社会互动中的"语言"实践放在了中心位置。那么将"语言"作为研究对象的语言学如何回应这一场思想的大变革呢？笔者想无论是一般的读者还是学者一定都觉得这是一个值得探讨的问题。在语言学世界有三个研究领域受社会建

---

① Zimmerman D H, Wieder D L, Ethnomethodology and the Problem of Order: Comment on Denzin. In Douglas J D, *Understanding Everyday Life: Toward the Reconstruction of Sociological Knowledge* (Chicago: Aldine Publishing, 1970), pp.285—298.

② Benwell B, Stokoe E, *Discourse and Identity* (Edinburgh: Edinburgh University Press, 2006), p4.

③ Widdicombe S, Identity as an Analyst's and a Participant's Resource, In Antaki C, Widdicombe S, *Identities in Talk* (London: Sage, 1998), pp. 191—206.

构主义思潮的影响最深，那就是社会语言学、语用学和语言（外语）教育。这是有其理论和研究范式上的渊源的。本书第二、第三和第四章将聚焦认同建构这个话题，分别梳理社会语言学、语用学和语言（外语）教育与社会建构主义认同研究的渊源。

第二章　社会语言学与认同建构

第一节　社会语言学的诞生

社会语言学的学科名从构词角度看是社会和语言学的组合。因此，也许会有很多人认为社会语言学是社会学与语言学的跨学科，或者认为社会语言学是发端于社会学或语言社会学的一门学科。这种理解不是没有道理，但是当追溯了社会语言学诞生的背景，会发现这里存在一些误解。

社会语言学是 20 世纪 60 年代诞生于美国的一门交叉学科。1964 年首次社会语言学研讨会在洛杉矶加利福尼亚州州立大学举行。不久，在美国语言协会夏季讲习班社会语言学研讨会上，来自不同领域的专家一致赞同为这一新兴研究领域正式命名为"社会语言学"。同年，美国社会科学院理事会正式成立社会语言学委员会，由语言学家、社会学家、社会心理学家、人类学家组成。这一系列事件标志着"社会语言学"作为一门独立学科的正式诞生。

社会语言学的产生是对传统语言学研究的批判和发展。

20 世纪初至 20 世纪 60 年代，语言学研究是本质主义语言观和语言结构主义一统天下的局面。20 世纪初，瑞士语言学家索绪尔开创了"结构主义语言学"，为现代语言学的发展奠定了理论基础。[①] 索绪尔提出，研究语言就是

---

① 乔纳森·卡勒:《索绪尔》，张景智译，中国社会科学出版社，1989。

要研究语言的本质。虽然语言是千变万化、极其复杂的，但是语言背后有着一套固定的规则。索绪尔指出，必须把潜在于言语行为里的语言规则系统分离出来，才能研究语言的本质，"语言是一个符号系统"。[①] 在索绪尔的影响下出现了一大批结构主义语言学家，他们认为，语音、语法、语义等都是一个结构系统，由一些按照对比和分布原则而确立的语言学范畴（音位、语法成分、义位等）所组成。[②] 自此，现代语言学发展出了音系学、词法学、句法学、语义学等研究领域，对各个层次的语言结构做了深入研究。

20 世纪 50 年代，以乔姆斯基（Chomsky）为代表的"生成语言学"进一步发展了对语言结构的研究。乔姆斯基借助数理逻辑，把语法系统用极为抽象的方法做了形式化的描写，建立转换生成语法。[③] 生成语言学派把语言运用完全排除在外，只关注一个完全同质的言语共同体里，一个理想的说话人兼听话人的语言能力。因为他们认为，只有同质的语言系统才是唯一合理的分析对象，这样才能发现说话人潜在的语言知识，揭示左右人类先天的语言习得机制的一套语法规则。乔姆斯基的理论在当时产生了巨大的影响，他试图从语言结构的特征中揭示人类思维的共性，因此是强调语言的生物本质的典型代表。

可以说，经过 20 世纪上半叶的发展，语言学家已经对语言符号系统的内部规则进行了比较充分的探索。可是语言显而易见的社会属性却长期遭到忽视。有学者在回溯索绪尔语言思想时发现，索绪尔本意并没有把问题局限于语言系统自身。索绪尔认为还应当研究人类社会中符号的作用。他对语言和社会的关系兴趣浓厚。在讲述语言学定义时，他指出，语言学可以从语言内部去看，也可以从语言外部去看。20 世纪五六十年代开始，有一批学者回

---

① 祝畹瑾主编《新编社会语言学概论》，北京大学出版社，2013，第 11—12 页。

② 徐大明主编《社会语言学实验教程》，北京大学出版社，2010，第 2 页。

③ John Lyons, *Noam Chomsky*（*revised edition*）（London：Penguin Books，1978）.

应了索绪尔对语言和社会关系的关注，与结构主义、本质主义语言学反其道而行，他们指出，世界上不存在抽象的、与世隔绝的人，因而也不存在脱离社会的语言。语言学应当研究日常生活中真实的人的语言。在这个思想的指导下，出现了三位社会语言学早期的代表人物，一位是发端于方言学的拉波夫，另两位是发端于人类学的海姆斯和甘柏兹。前者关注语言实践中的变异和变化现象，后者关注言语交际的模式和功能。拉波夫、海姆斯等人倡导的社会语言学并不是对一般语言学（即传统的结构主义语言学）的反叛，而是一种延伸和扩展。一般语言学研究抽象的同质的语言的基本特征，而社会语言学则研究个别的语言或者语言的边缘特征。这就像一般与特别，内在与外在，归纳与演绎的关系。引用索绪尔的总结，一般语言学是"语言结构的语言学"，社会语言学是"言语的语言学"，[1] 探索的是语言异质有序中的异质，而这就是语言的社会特性。

社会中的语言是什么样子的呢？从拉波夫方言学的角度，社会生活中的语言因为说话人种族和地域的不同，我们有了民族语言和地域方言，并不存在统一的"人类语言"。现实的语言都是具体的社会历史环境的产物，反映出不同民族、不同社会群体的文化差异，使得不同语言的讲话人之间往往难以沟通。[2] 从海姆斯和甘柏兹人类语言学的角度，社会中的语言是人们在具体场景中的交际活动。不同民族、不同语言、不同的社会地位、文化背景的交际者会有不一样的言语交际模式。因此，言语活动是一个文化系统，具有自身的结构和各种功能。[3]

此处，我们看到了社会语言学的基本语言观点与社会建构主义的世界观是一致的。社会语言学认为：第一，语言不是人脑中的抽象系统，语言的结

---

① Ferdinand De Saussure, *Course in General Linguistics* (New York: McGraw-Hill, 1965), pp.18—23.

② 徐大明主编《社会语言学实验教程》，北京大学出版社，2010，第 2 页。

③ 祝畹瑾主编《新编社会语言学概论》，北京大学出版社，2013，第 22 页。

构系统存在于社会群体的言语活动中；第二，语言作为一个符号系统不是生理本质主义的，而是与各种社会实践相互作用、不断发展变化的；第三，作为研究对象的语言不是个别讲话人的所谓语言范本，而是社会互动中真实的语言实践。以上三点紧紧围绕着一个问题，那就是社会建构主义语言观所说的"语言及其规则的习得是社会互动建构的"。社会语言学作为 20 世纪 60 年代出现的一个新的语言学研究领域，是语言学和社会建构主义思潮沿着各自的发展路径出现的思想交汇。

虽然，社会语言学因为反对语言本质主义和语言结构主义而带有社会建构主义的色彩，但是在其发展前期，在具体理论和分析视角上基本体现的是社会结构主义思想。例如，在拉波夫创立的语言变异研究中，他们对语言变体与社会阶层、性别、年龄等既定社会因素之间的关系进行统计分析，探讨语言与社会身份的关系。这里的社会身份明显不是社会建构主义的，而是固有的社会结构。但是随着互动社会语言学、实践社区理论这些社会语言学重要领域和理论的发展，社会语言学的变异研究、性别研究、认同研究等带有越来越多的温和社会建构主义的认识论和研究范式。本章将对这个发展过程做一个梳理，阐明社会语言学与认同建构研究的发展渊源。

第二节 语言变异研究与认同建构

社会语言学的创立是 20 世纪 60 年代以拉波夫为代表的语言变异研究开始的，并且在学界引起了巨大反响。语言变异研究在很长一段时间内是社会语言学研究的核心内容，现在它仍然是社会语言学的一个重要分支。美国社会语言学家罗杰·舒伊（Roger W. Shuy）曾就"社会语言学"一词的含义做过一次调查。他分别向世界各地的几百位学者征求答案，得到的回复几乎一致认为：社会语言学首先是一门研究语言变异的学科。因此，学界有了社会语言学狭义的和广义的定义。从狭义的定义来看，社会语言学是主要涉及方言和语言变异的研究，研究目的是解释社会、经济和政治结构如何影响语言变异的使用。而广义的社会语言学更像语言人类学、语言社会学、会话分析等交叉学科，关注社会、政治、经济等方面的语言使用情况。[①]

社会语言学的语言变异研究经过半个多世纪的发展，至今已经形成三个经典研究模式，分别是：创立于20世纪60年代的拉波夫的社会阶层语言变异研究模式、形成于20世纪80年代的米尔罗伊的社会网络语言变异研究模式，出现于20世纪90年代的埃克特和麦康奈尔-格奈特的实践共同体语言变异研究模式。[②]这三个研究模式的先后问世，使语言变异研究在社会建构主义连续体上，沿着从结构主义向温和的社会建构主义的方向移动。而社会语言学中的语言与身份认同研究也逐渐从一个隐性的课题发展为一个显性的研究领域。

一、社会阶层语言变异研究模式

回顾拉波夫（1966）经典的纽约百货大楼调查。虽然它的研究目的是发现社会阶层、性别、年龄等社会范畴与发音特征的联系，但是对这些社会范畴的讨论都隐含着对身份问题的探讨，只是主要是身份与话语静态映射关系的分析。

语言变异指的语言出现变化的现象，可以出现在音系、词汇、句法甚至语篇各语言结构层次中。语言变异研究传统对音系变异的关注最多。无论是哪个语言结构层次的变异，如果某一个语言单位出现了不同的表现形式，这个语言单位就会被抽象为一个语言变项（linguistic variable）；而一个个具体的

---

① 莎伦·K.德克特、卡罗琳·H.维克斯：《社会语言学导论：社会与身份》，何丽、宿宇瑾译，中国书籍出版社，2015，第2页。

② 祝畹瑾主编《新编社会语言学概论》，北京大学出版社，2013，第88页。

不同的表现形式就是一个个的语言变式（variant）。"语言变项"与"语言变式"是一组概念，一个"语言变项"由一组"语言变式"构成。[①] 例如，音系上，英文中 potato 这个词的发音就是一个变项，它有两个国别变式，分别是英式发音 [pəteɪtəʊ] 和美式发音 [pəteɪtoʊ]。而拉波夫的研究中关注的不是国别变式，而是社会阶层、种族、性别等以社会范畴区别的语言变式。

拉波夫引入自然科学和社会学的统计方法，通过录音等 20 世纪 60 年代的技术手段收集大量的真实语料。在拉波夫（1966）的纽约百货大楼调查中，他收集了塞克斯（Saks）、梅西（Macy's）和斯克莱恩（S. Klein）三个百货大楼的语料，以它们作为不同社会阶层的代表以观察售货员是如何发 [r] 音的。他尤为关注售货员在短语"fourth floor"中如何发其中的两个 [r] 音。一些人在"fourth floor"短语中发出 [r] 音，而另一群人并未发出，而是发出类似"foath floah"的音。拉波夫认为，不同的人群发出不同的 [r] 音不是偶然的，而是跟社会阶层相关的。通过大量语料的数据统计分析，拉波夫展示了人们在相应的社会阶层内部通常发音趋同，而在不同的阶层中则发音相异。虽然拉波夫在当时并未指出 [r] 音的变异是身份建构的手段，因为社会语言学家那个时候并没有提出此类问题。但是可以做出合理推断，看似简单的某些词汇中的 [r] 音的不同变式可以作为该类群体所处的，或者想成为的社会阶层的象征，进而也可以理解为一种身份认同建构的手段。[②]

二、社会网络语言变异研究模式

英国社会语言学家米尔罗伊结合拉波夫的统计分析法和甘柏兹的网络分析法探索了一种语言变异的社会网络研究模式。米尔罗伊（1980）对北爱尔

---

① 徐大明主编《社会语言学实验教程》，北京大学出版社，2010，第 25 页。

② Labov W，*The Social Stratification of English in New York City*（Washington D. C.: Center for Applied Linguistics，1966）.

兰首都贝尔法斯特市的三个工人区——巴利马卡雷特（Ballymacarrett，以下简称 B 区），汉莫（Hammer，以下简称 H 区），克洛纳德（Clonard，以下简称 C 区）的语言变异进行调查。这三个区的情况基本相同，居民主要是非技术工人，收入水平低，向上流动的机会极少，有很强的地域观念。不同的是，B 区的大多数男性在邻近的造船厂工作，工作之余常在小酒馆聚会，形成了非常紧密的社会网络；C 区有一小部分年轻女性一起在一家商店当售货员，也形成比较密切的交往。三个区的其他居民，即 B 区的大多数女性居民，H 区和 C 区的大部分居民都处于很松散的社会网络中。研究发现一个总的趋势是：个人的语言运用与其在社会网络中的地位等级相关，即社会网络程度越高，土音的比重越大。例如，在［a］、［th］、［Λ^2］、［ϑ^1］、［ϑ^2］、［ai］六个变项上，只有 B 区显示出语言变项标志值与网络等级的得分相关。意思是，B 区男性由于高度重合的生活、工作和休闲活动，形成了一个高密度、高复合度的聚合圈。B 区男性作为该高聚合等级网络的成员会产生一种强大的凝聚力，促使他们在行为上保持一致，从而形成该聚合圈所特有的行为标准，包括言语标准，表现在，B 区男性在所有六个语音变项上都发明显的土音。[①]

　　此处"社会网络聚合圈成员"就是一种身份认同。社会网络是人们按自己的意愿形成的社会关系结构。该研究模式以社会网络为考察单位，以社会互动的亲疏作为考察影响语言变异的社会因素。这与拉波夫的研究相比具有很大的突破，带有更多的动态性和社会建构色彩。拉波夫的研究先确定固有的、静态的社会阶层身份，再探讨语言变异与这些既定身份的相关性。拉波夫研究中的人都是属于或想要属于某个社会阶层的人，直接带上了既定的社会范畴。米尔罗伊没有给研究对象预先设定社会范畴，也没有给他们戴上统一的身份面具，而是关注到每个个体，通过他们生活中最重要的社会互动（如工作、聚

① Milroy L，*Language and Social Networks*（Baltimore：University Park Press，1980）.

会）所形成的社会网络，考察和分析每一个说话人的言语特征与其社会网络之间的关系，弥补了拉波夫研究范式中忽略个人之间言语差异的缺陷。

三、实践共同体语言变异研究模式

实践共同体（community of practice）的概念由莱夫和温格首次提出。[①]埃克特和麦康奈尔－格奈特发展了实践共同体的概念并把它引入语言变异研究。[②]"实践共同体中的'共同体'既不意味着一定要是共同在场、定义明确、相互认同的团体，也不意味着一定具有看得见的社会性界线。它实际意味着在一个活动系统中共同参与，共享对于该活动系统的理解，这种理解与参与者的行动、该行动在生活中的意义以及对所在共同体的意义有关。"[③]

埃克特在美国底特律市郊贝尔顿中学（Belton High School）做了两年的民族志田野工作。她通过观察着装、行为方式、学校活动参与度等，加上对学生的访谈，发现该校学生基本可以分成三类——乖学生（Jocks）、社会青年（Burnouts）和中间者（In-betweens）。[④]乖学生指比较认同学校教学体制，热衷参加学校组织的课外活动的学生，社会青年指对制度化的校园文化不满，游离在学校组织的活动之外，喜欢到街区游玩的学生，而中间者指行为态度介于二者之间，与两个群体学生都有接触的那部分学生。埃克特通过访谈录音收集语料，分析集中考察六个元音变项［aeh］、［o］、［oh］、［ʌ］、［e］、［ay］和一个否定句式的变异情况。埃克特将这些语言变项与个人社会实践类

---

① Lave J，Wenger E，*Situated Learning：Legitimate Peripheral Participation*（New York：Cambridge University Press，1991）.

② Eckert P，Mcconnell-Ginet S，Communities of Practice：Where Language，Gender and Power All Live. In Hall K，Bucholtz M，Moonwomon B，*Locating Power*（Berkeley：Berkeley Women and Languagae Group，1992），pp.89—99.

③ 莱夫、温格：《情景学习：合法的边缘性参与》，王文静译，华东师范大学出版社，2004，第45页。

④ Eckert P，*Linguistic Variation as Social Practice*（Malden：Blackwell Publishers，2000），pp.34—35.

型（即三类学生群体）和社会变项（包括父母受教育程度、家庭社会阶层和性别）做了一系列相关分析。研究发现，与语言变项相关度最高的是个人社会实践类型。埃克特把超过通常音变幅度的变式，如［ay］的核心元音抬高到发［ə］、［ʌ］靠后重读或［ɔ］圆唇，称为"极端变式"。使用极端变式的往往是社会青年中着装打扮最夸张的，并且常常出现在社会青年谈论学校办事不公、愚蠢和自己在学校遇到麻烦事的话语中。[①]

这样的研究发现将焦点从语言变项与社会范畴的关系扩大到语言变项与实践的关系。埃克特通过询问"主要跟哪些人出去玩"，描绘出访谈学生的社交网络图。这些图清晰地展示了乖学生、社会青年和中间者不同的社交聚合圈。每个聚合圈就是一个实践共同体。学生们在圈子里共同参与各项活动，如游览、吃饭、社区活动、体育活动等，其间不断通过交谈协商看法互动合作，逐渐共享了做事的方式、谈话的方式、信念、价值观等。在这个过程中，语言是最重要的中介。而语言使用中出现的变式从实践共同体的取向、对世界的看法和各种信念中获得它的特定意义。至此，语言变异通过实践共同体与社会实践和身份认同联系起来了。

埃克特的实践共同体研究中，有一部分继承了拉波夫变异研究的传统。她在关注社会实践所形成的个人范畴（如，乖学生和社会青年、街头篮球少年和校队篮球少年）的同时，也考察性别、阶层等社会范畴。例如，她发现双重否定句式这个英语中社会声望最低的变项和学生父母的社会经济地位、受教育程度有显著相关关系。而拉波夫的研究也包含社会实践的因素。他对马撒葡萄园岛（Martha's Vineyard）音变的研究时注意到语言变异的起因与说话人对从事的行业和生活方式的认同有关。但是他对相关关系的解释并非基于直接观察，而是凭借社会结构化理论。相较之下，埃克特淡化了研究对象对社会范畴的从属关系，把重点放在人们做了什么和想做什么，以至于形成

---

① 祝畹瑾主编《新编社会语言学概论》，北京大学出版社，2013，第100页。

特定的实践共同体，并在这个过程中共同建构语言变式的新意义来表达他们特定的身份认同。再谈一谈实践共同体研究与米尔罗伊的社会网络研究的区别。社会网络看交往密度，实践共同体看实践参与程度，实践共同体的考察对象更加微观和动态。社会网络看的是社会互动的频繁程度，实践共同体看的是社会互动的具体方式，包含更多内容，互动的频率只是其中一个方面而已。因此，实践共同体研究模式比社会网络模式更进一步，更具有社会互动建构性，它不只关心互动是否频繁，它更关心人们以什么样的方式互动。

埃克特和麦康奈尔－格奈特发展实践共同体理论的初衷并不是服务于认同建构研究的，而主要是为了凸显一个社会互动的微观层面——在这里人们通过共享的实践活动实现个人与群体的联结、群体与更大社会范畴的联结，同时揭示了语言符号（特别针对语言变体）正是在这个过程中获得特定意义的。显而易见，实践共同体理论虽不是从社会建构主义出发，但是它与社会建构主义认识论完全吻合。它回答了社会建构主义哲学观的几个核心问题：自我如何在社会实践互动中得以建构，语言如何在社会实践互动中获得意义，群体和社会范畴是如何在实践互动中建构的。实践共同体理论在系统立论的层面反驳了本质主义身份观并且为随后的研究提供了可操作的分析框架。"实践共同体"是"因共同事业而在一起的人群"，是通过社会参与而非地域人口特征来界定的，个体可以参与到多个而非单一的实践共同体中，所以往往具有多重身份认同；同时，实践共同体中成员身份不是固定不变的，而是流动的、可变化的，而这些身份认同皆通过言语交际和共同行动磋商建构。[1] 虽然埃克特和麦康奈尔－格奈特等学者在此框架下研究的主题仍然集中在性别、社会阶层和族群等传统社会语言学研究话题上，但是这一理论将身份建构与

---

[1] Eckert P, Mcconnell-Ginet S, Communities of Practice: Where Language, Gender and Power All Live. In Hall K, Bucholtz M, Moonwomon B, *Locating Power* (Berkeley: Berkeley Women and Language Group, 1992), p.40.

交际主体的话语实践结合，其提出和发展对身份认同研究无疑具有里程碑式的意义。[①] 因此，在其后的研究中，实践共同体作为分析单位和描写框架被大量运用于语言与认同建构的研究。

第三节　互动社会语言学与认同建构

一、互动社会语言学的诞生

社会语言学在最初就是由来自不同学界的学者共同创立的，有语言学家、社会学家、社会心理学家、人类学家等。因此，从创立之初，对社会语言学的学科内涵在不同学者眼中就有不同的理解，总的来说，有以下三种取向。第一，将社会语言学定位在语言学范畴内；第二，将社会语言学建设成言语交际学科；第三，认为"社会语言学事业"必须发展语言社会学。在这三种取向中，拉波夫开拓的语言变异研究被称为狭义社会语言学，而甘柏兹和戈夫曼创建的互动社会语言学和约书亚·费什曼（Joshua A. Fishman）倡导的语言社会学则属于广义社会语言学。互动社会语言学研究微观社会语言现象，语言社会学则研究宏观社会语言现象。[②] 这部分内容着重探讨社会语言学中言语交际这一研究方向，并梳理互动社会语言学研究框架下认同建构研究的发展脉络。

互动社会语言学是在交际民族志学和会话分析学的发展的基础上于20世纪70年代建立的。交际民族志学脱胎于人类学，是人类学者在语言层

---

① 郭亚东：《日常言语交际中的语用身份研究》，吉林大学出版社，2020，第22页。

② 祝畹瑾主编《新编社会语言学概论》，北京大学出版社，2013，第6页。

面的探索。1962 年，海姆斯发表了该领域的奠基之作《言谈民族志》(*The Ethnography of Speaking*)，指出：我们的社会生活就是由频繁的言语交际促成的；透过言谈，我们能够充分认识某一民族的文化；可是无论是语言学还是民族学都从未就言语交际本身的模式和功能做过专门研究。1964 年，甘柏兹和海姆斯编辑出版了一本论文集《交际民族志》(*The Ethnography of Communication*)，收录了来自不同领域的学者有关交际民族志的研究。从"言谈"到"交际"，这两本书的书名变化可以看出言谈的互动交际性逐渐得到凸显。交际民族志学的基本观点是：言语活动是一个文化系统，它有自身的结构和各种功能。为了考察作为文化系统的言语活动，交际民族志建立了一个分析框架：第一，研究以一个言语共同体的言语事件作为观察和描写的对象；第二，同时必须将言语事件发生的整个场景放在民族志环境中进行全面观察，而不是仅靠语言资料；第三，言语事件由以下成分构成，如发话人、受话人、场合、主题、信息传递的形式、使用的语码等，并且各个成分之间有动态的关联关系；第四，对言语事件的描写可以揭示交际各方的角色、地位、权力、义务、态度等价值取向，呈现出一个有关社会关系的世界。交际民族志学者认为，各个社会、群体，各种类型的言语活动体现的文化系统既有相同也有相异之处；只有首先把握本民族、本地人的言语活动方式，再仔细描写个别言语行为的区别性特征，才能在此基础上对不同文化系统的言谈方式进行比较，才能概括出普世原则。而这就是言谈民族志的研究路径和研究目标。① 很明显，言谈民族志学与语言变异研究相比，更加注重个案研究和细致的民族志的观察和描写。它建立的方法学和分析框架突出交际互动的过程，同时观照言语事件的民族志环境的制约因素。它的研究范式对建立和发展微观社会语言学作出了不可磨灭的贡献。

　　交际民族志学认为，语言和超语言交流都可以称为言语交际，研究关注

① 祝畹瑾主编《新编社会语言学概论》，北京大学出版社，2013，第 22 页。

的是：通过观察群体的言语交际了解该社群的文化习俗、行为规范和信念，因而带有比较浓厚的人类学研究的色彩。会话分析学则强调，只有当一个人的话语诱发出一个回应，才能称之为交际，着眼点在于研究会话的组织规则，包括会话结构、会话策略、会话风格、会话过程等。可以看出，相较于交际民族志的包罗万象，会话分析学是对传统结构主义语言学的延伸，它专注于语言实践本身，探索超越句子层面的会话结构，研究的主要目标是理解交际的意图。会话分析学认为，日常会话是人类最基本的活动方式，但是并不是杂乱无章的，它有很强的系统性和组织性；会话秩序就是一种社会秩序，因此可以对之进行科学的研究和分析，而且这种研究和分析不应该受到语言之外的因素的干扰。会话分析学的创始人是社会学家萨克斯（Sacks）、谢格罗夫（Schegloff）和杰弗逊（Jefferson）。在研究大量日常对话的基础上，他们（1974）发现了话轮转换（turn-taking）和相邻语对等会话的结构规律，为言语交际的研究提供了一套非常有用的分析框架。[①] 会话分析学创新的研究视角（即对自然发生的会话进行分析），建立的理论分析框架（即会话的程序、规则和机制）和它发展的分析工具（即一套十分精细的会话录音转写符号），促进了微观社会语言学的蓬勃发展。

互动社会语言学一般认为是由社会学家戈夫曼和社会语言学家甘柏兹建立起来的。[②] 它是交际民族志学与会话分析学有机结合的产物。互动社会语言学借鉴了交际民族志学的研究视角，将言语事件作为研究对象，同时充分考虑言语事件所处的社会文化历史情境，通过参与式观察探索不同文化群体的会话方式，以期对人类交际能力的普遍特征有所了解。同时，互动社会语言

---

① Sacks H，Schegloff E A，Jefferson G，"A Simplest Systematics for the Organization of Turn-taking for Conversation," *Language*，no. 50（1974）：696—735.

② Schiffrin D. Discourse Markers：Language，Meaning，and Context. In Schiffrin D，Tanned D，Hamilton H E，*The Handbook of Discourse Analysis*（Oxford：Blackwell，2001），pp. 307—328.

学引入会话分析学的理念和方法，从更加微观的层面揭示言语交际互动中隐含的会话结构规律，弥补了交际民族志学在这方面的不足。正是由于这样的发展渊源，互动社会语言学从一开始就具有社会建构主义的许多因素。

首先，"互动"指不少于两个人的活动，其行为相互作用。"互动"是言语交际的本质属性之一。甘柏兹将"互动"从社会学领域引入语言学，并把它提高到语言学理论的核心位置。[①] 这从根本上改变了语言学和社会语言学的研究关注点。互动社会语言学认为，具有交际功能的言语互动才是语言的本质。一切语音、语法规则的价值只存在于具体的交际活动中。通过言语互动产生交际效果的语言形式才是语言事实，是语言学家真正应该研究的对象。[②] 过去的语言学和狭义社会语言学关注点主要在语言符号系统，如语音、词汇、语法，句法，并没有把研究对象放在真正的社会互动单位——会话上。所以互动社会语言学把焦点放在互动和会话上，这充分体现了社会建构主义的认知论。

其次，在互动社会语言学诞生之前，人们对交际的认识处于静态的理想化阶段，语言交际过程被简化为机械式的编码和解码过程，而且侧重说话人的编码部分，认为听话人只是被动地解码。但是，互动社会语言学观察到交际互动若要顺利进行听和说是交织在一起的。会话是所有参与者的共同"产品"，受到说话人、听话人和外围世界的影响。可见，语言交际的实现并不是语言符号能指—所指的结构化对应，而是一个多方的动态意义建构过程。它既需要运用到词汇语法等语言知识，也需要考虑特定的语境因素，以及交际各方（说话人、听话人、旁观方）的社会文化背景等非语言知识。语言是交际的语言，交际是处于流变之中的。哪些语言知识和非语言知识在会话过程中发挥作用，交际各方是如何有效利用这些知识的，就是互动社会语言学所要研究的内容。[③]

---

① 徐大明：《约翰·甘柏兹的学术思想》，《语言教学与研究》2002 年第 4 期。

② 徐大明主编《社会语言学实验教程》，北京大学出版社，2010，第 53 页。

③ 徐大明主编《社会语言学实验教程》，北京大学出版社，2010，第 54—55 页。

沿着交际民族志学、会话分析学，再到互动社会语言学这一路径发展下来，越来越多研究发现身份认同是一种重要的互动交际手段。讲话人如何利用各种语言手段来构建和表达自己的社会文化身份成为会话交际研究的重要内容之一。这是与语言变异学派的身份认同研究完全不同的研究路径。下面三个部分将分别在交际民族志学、会话分析学和互动社会语言学的分析框架下讨论认同建构研究。

二、交际民族志学与认同建构

在海姆斯创立交际民族志学之前，民族志学只关注对文化的描写和分析，而语言学只致力于对语言的描写和分析，二者泾渭分明。虽然两个领域的学者都认为语言和文化之间存在互构共生的关系，但是并没有一个能够有效解释这种关系的理论框架。为了解决这个问题，海姆斯把传统人类学的方法和语言学分析结合，研究语言在各种文化和社会情境下的使用情况。[①] 在此理论框架中发展了言语社区（speech community）的概念，成为交际民族志学的重要分析单位。甘柏兹（1968）把言语社区定义为："凭借一套共同的言语符号进行有规律的、经常性的交往，并依靠语言使用上有意义的差异而有别于其他类似的人群。"[②] 言语社区是社会化言语互动的产物，其要素包括人口、地域、互动、设施和认同。结合言语社区这个分析单位，交际民族志学的研究目标可以简单归结为：在某一特定言语社区中，说话者需要了解哪些文化和社会规则才能进行有效的交际，以及如何学习这些规则。海姆斯将这种知识和使用知识的各种技巧概括为"交际能力"。因此，交际民族志学框架下的身份认同研究，就是在特定言语社区的具体交际事件中，表达身份认同的会话

---

① 祝畹瑾主编《新编社会语言学概论》，北京大学出版社，2013，第164页。

② Gumperz J J, The Speech Community. In Sills D L, *International Encyclopedia of Social Sciences*（New York：Macmillan，1968），p. 5.

元素如何体现该言语社区的文化和社会规约，以及它们如何帮助说话者实施交际能力和实现有效的交际。

贝利（Bailey）对美国多米尼加人的语言使用情况做了民族志学研究。贝利研究发现，尽管人们主要与一个言语社区产生关系，但大多数人的日常生活却处于多个言语社区的交互之中。虽然多米尼加人主要属于多米尼加社区，但是他们与美国黑人言语社区、各种拉美裔言语社区、主流美国人言语社区的联系，使他们拥有多样化的语言资源和层次丰富的身份认同。在与来自不同言语社区的人交流时，个人会根据不同语境、不同场合来展现自我认同。美国多米尼加人用丰富的语言资源来展现不同的身份认同，诸如判别自己是美裔、拉美裔、黑人、纽约女性还是多米尼加人，等等。例如，研究中一名参与者玛丽亚，她通过各种方式的自我指称直接展现了其身份认同的不同方面。例如，玛丽亚会说"我们美国人，我们知道你们所经历的……"或者"我从纽约来的……"，将自己表达为组成"美国人"这个群体"我们"的一员来定义自己是一个美国人，或将自己定义为构成"纽约人"这一群体的一员。研究中的另一位参与者贾尔内，用习惯性 be 来形容某地四季炎热，而这是非裔美国人英语的句法特点。

I just wear something comfortable, because it's—cause it be hot in there.

为了强调日常的炎热，她在表达过程中进行了自我纠正，把不能体现延续状态的 be 形式——"is"——转换为非裔美国人英语的"习惯性 be"。这个自我纠错的表达不仅改变了句子的意思，而且在特定社区这样表达实现了特定的交际效果。贾尔内在这句话中熟练运用"习惯性 be"形式体现了其对美国黑人言语社区成员的身份认同，同时，把自己与其他会说英语但是不会熟练运用非裔美国人英语的美国人区别开来。①

三、会话分析学与认同建构

会话分析旨在研究自然发生的会话的结构规律。会话分析学认为，会话既是一个本地管理体系（local management system），但更是一个互动管理体系（interactive management system），在这两个体系交叉作用中，会话者遵循一定的结构，例如，会话分析学的核心概念——话轮转换和相邻语对，它们都是日常会话的基本结构单位。②话轮转换由两个部分构成：话轮构建部分和话轮分配部分。话轮构建部分描写构成话轮的基本单位，它可以由不同的语言单位构成，词、短语、从句、句子、句群等都可以充当话轮。话轮分配部分描写会话中话轮如何在参与者之间进行分配。③相邻语对是指会话双方分别说出的意思相互呼应的两个话轮所构成的对子。相邻语对的第一部分所属的类型制约着第二部分的选择。一些相邻语对的第一部分和第二部分是相对稳定的，如问候——问候，告别——告别。还有一些相邻语对的第二部分是由潜在的、可供选择的一系列言语行为构成。例如，构成抱怨相邻语对第二部分的不一定是接受，也可能是辩解、否认、寻找借口，可能是攻击、转移话题或抱怨等。还存在很多相邻语对的第一部分和第二部分不是紧密相邻的，而是中间插入了一个话轮或者另一个相邻语对。话轮转换和相邻语对关系到会话中说话者和听话者之间是否能顺利完成一轮会话，进行有效的交际。同时，这样的会话结构也可以帮助我们分析个体构建身份的方式。

从下面这个例子可以看到听话人通过插入话轮，并同时制造巧妙的话轮

---

① Bailey B, "The Language of Multiple Identities among Dominican Americans," *Journal of Linguistic Anthropology* 10, no. 2（2001）: 190—223.

② Sacks H, Schegloff E A, Jefferson G, "A Simplest Systematics for the Organization of Turn-taking for Conversation," *Language*, no. 50（1974）: 696—735.

③ 祝畹瑾主编《新编社会语言学概论》，北京大学出版社，2013，第 173—174 页。

分配来构建自己的和说话人的身份认同。在这个会话中玛吉（Maggie）和索雷尔（Sorrel）是同事，她俩前一天一起去参加婚宴，其间玛吉有一阵感到眩晕想吐。第二天早上，她打电话给正在工作的索雷尔，说她要去看医生不去上班了，具体对话如下：

1 Maggie：Because I（.）you know I told mother what'd happened yesterday there at the party.

2 Sorrel：Yeah.

3 Maggie：Uh you know she asked me if it was because I'd had too much to drink and I said no=

4 Sorrel：=No:::::

5 Maggie：=Because at the time I'd only had，you know that drink'n a half when we were going through the receiving line.

6 Sorrel：Right.

在这个由六个话轮组成的电话会话中，玛吉是主要的说话人，索雷尔是主要的听话人。索雷尔在话轮 2、4 和 6 中做了三次简短的回应。话轮 2 和 6 都是在玛吉表达完一个完整的意思后索雷尔的应答，分别是 Yeah 和 Right。这两个应答的字面意思和会话含义是一致的，都表示赞同。特别的是话轮 4 中的 "=No:::::"。首先，这是一个插入的话轮，话轮 3 中玛吉并没有任何话轮分配的提示语，而是话正说到一半。而此时，索雷尔以一种拖腔而且几乎是同时重复说了玛吉在此话轮说的最后一个词 "no"（"=" 等号表示两个词几乎同时发生；"::::::" 五个冒号表示元音被拉得很长）。其次，因为这个插入的话轮 4 中的唯一一个词 "No" 是对上一个话轮最后一个词的重复，它并没有从真正意义上打断话轮3，而是通过重复巧妙地在插入话轮的同时实施了话轮分配，把话轮又还给了对方，让玛吉可以马上接着被打断的话轮3在话轮5中把没说完的后半句话讲完。以上是从话轮转换的角度分析了这段对话的会话结构。接下来我们来分析一下话轮4如何建构会话双方的身份认同。①

该研究的作者发现，"no"的字面意思是表示异议，但是很多美国人用来表示赞同，从而表示听话人与说话人立场一致。在这个电话会话中，索雷尔重复玛吉的拖腔"no"就是这样的用法，意思是"你当然没有"，"我同意你的看法"。因此，当一个人以这种方式用"no"时，就能表明说话人说的是美式英语，而如果这个回应得到了对方的正面反馈，就表明这个人在这个会话中构建的美国人的身份认同是符合会话语境的。与此同时，索雷尔这个表示赞同的"no"还与玛吉一起构建了玛吉是一个有责任心的员工的身份认同。从玛吉的话轮内容可以看出，她对自己今天因为要去看医生而不能去上班做了细致的解释，表明不能上班的原因并不是宿醉而是有其他严重的情况发生。因此玛吉塑造了一个喝酒节制的人，是因为生病而不是因为喝醉而影响工作的负责的员工的身份认同。索雷尔用一个夸张的拖音"no"明确表明自己支持玛吉这样的认同构建。

四、互动社会语言学与认同建构

互动社会语言学是交际民族志学和会话分析学有机结合的产物。它从交际民族志学那里引入了参与式观察法，从会话分析学那里吸收了通过会话结构研究交际过程。通过对言语互动进行深入细致的分析，互动社会语言学者观察日常会话参与各方如何在特定社会文化和具体语境中运用语境化提示、会话推断、会话风格、话语标记等手段来生产和解读语言信息。会话的生产

---

① Jefferson G, "Is "no" an Acknowledgment Token？ Comparing American and British Uses of （＋）/（－）Tokens," *Journal of Pragmatics* 34, no. 10/11（2002）: 1345—1383.

和理解是一个动态的过程。在这个过程中，会话各方通过综合所收到的各种信息不断形成和修正一些关于对方交际意图的假设，并通过自己的言语和非言语行为来验证这些假设。甘柏兹将这些交际知识在会话中的积极使用称作"会话策略"。① 会话策略的研究首先是要识别那些能提示交际意图的信号，包括语言和超语言信号。语言的信号包括词汇、语法结构、韵律特征和程式化的表达等；超语言信号包括手势、体态、面部表情等。互动过程中，讲话人综合运用这些信号，提示对方，表明自己从事的是什么样的言语活动，具有什么样的交际意图。由于这些信号是理解不同语境的线索，甘柏兹将它们命名为"语境化提示"（contextualization cues）。语境化提示是会话策略的核心概念。交际的成败，交际策略是否运用恰当，很大程度上取决于交际各方对语境化提示的理解和运用。如果会话参与者意识不到某些语境化提示的功能，会话理解就会产生偏差，从而导致交际误解。语境化提示的正确传达和理解，依赖于交际者在各种社会文化环境里积累起来的经验知识及形成的认知结构。

可以看到，在回答"互动者是利用什么样的语言资源来完成互动功能的"这个问题上，互动社会语言学将各种各样的"语言资源"都纳入了动态交际过程进行考察。剑桥大学出版的"互动社会语言学研究"系列丛书中有四本专门探讨语言资源与社会互动的关系，包括韵律与互动、语法与互动、话语标记与互动，以及语言、社会身份与互动。②

20 世纪 80 年代开始，以甘柏兹为代表的互动社会语言学家开始主张在言语互动中考察语言和身份的关系，他指出个体或者群体的身份认同，如性别、民族和阶层等，"不是既定的、稳固的产品，而是在（言语）互动中产生

---

① 徐大明主编《社会语言学实验教程》，北京大学出版社，2010，第 54 页。

② 徐大明主编《社会语言学实验教程》，北京大学出版社，2010，第 55 页。

的"。① 互动社会语言学研究的一个重要内容就是：揭示讲话人如何利用各种语言手段来构建和表达自己的社会文化身份这一互动过程。这充分体现了社会建构主义的思想。② 下面这个例子展示了说话人如何利用语境化提示构建自己的身份认同，以实现特定交际目的。

在美国的一所大学里，一次研究生讨论课后，一位白人老师和一些白人、黑人学生正要一起走出教室。这时，一位黑人学生走到白人老师面前，与老师展开了如下对话③：

1 Student：Could I talk to you for a minute? I'm gonna apply for a fellowship and I was wondering if I could get a recommendation?

2 Teacher：OK. Come along to the office and tell me what you want to do.

3 Student：Ahma git me a gig!

我们先从会话分析学的视角对会话本身的结构进行分析。这段对话包括三个话轮。很明显话轮 1 和话轮 2 是一个相邻语对，话轮 1 是发出请求，话轮 2 回复请求。那么话轮 3 呢？从字面上可以看出，话轮 3 所使用的语言并非如话轮 1 和话轮 2 那样的标准英语，导致一般读者看不懂它的意思。根据仔细的转写记录，话轮 3 有以下口语特征：

（1）"Ah"发［a：］音，代表标准英语中的代词 I［ai］。

（2）"ma"发［ma：］音，代表 gonna 或者（I）'m going to。

---

① Gumperz J J, *Language and Social Identity*（Cambridge：Cambridge University Press，1982），p. 1.

② 郭亚东：《日常言语交际中的语用身份研究》，吉林大学出版社，2020，第 22 页。

③ Gumperz J J, Interactional Sociolinguistics：A Personal Perspective. In Schiffrin D，Tannen D，Hamilton H E. *The Handbook of Discourse Analysis*（Oxford：Blackwell，2001）.

（3）"git"发［git］音，代表 get［get］。

（4）"gig!"发［gi:::::g］音，元音拉长并且以滑音结束。代表 job。

按照美国英语的系统，上述（1）（3）两点鲜见于标准英语而常见于黑人英语。"Ahma"这一形式和"gig"这个词以及它的特殊发音都只见于黑人英语。话轮 3 改写成标准英语就是"I'm gonna get me a job"（字面意思是：我要给自己找份工作）。那么话轮 3 是对话轮 2 中"tell me what you want to do"的回应吗？所以话轮 2 和话轮 3 也形成了一个相邻语对吗？可是为什么黑人学生这里要突然说一句黑人英语呢？处于高校这样的公共场合，面对白人教师，不是应该讲标准英语吗？分析到这里会发现，即使读懂了话轮 3 的意思，也了解了它的语音和用词特征，我们仍无法准确判断话轮 3 是属于怎样的会话结构以及它的交际意图是什么。

这时，我们要运用交际民族志学的全方位参与式观察法做进一步探索。研究者对交际情景，交际各方的种族和语言背景做进一步的调查，同时请来不同社会文化背景的受试者针对这段会话做话语理解测试。

先看这段会话背后交际各方的种族和语言背景。在美国，由于历史的原因，白人和黑人社区构成不同的文化社区，使用不用的英语方言。白人多使用处于主流强势地位的标准英语，黑人多使用黑人英语或者根据不同交际情境转换使用标准英语和黑人英语。再看一下这段会话的具体交际情景。黑人学生直接与白人教师对话的同时，在场的还有其他白人学生和黑人学生。话轮 1 和话轮 2 完成时，许多在场的其他白人和黑人学生正从他们身边路过，陆续走出教室，此时发生了话轮 3，这位黑人学生将头稍稍转向路过的其他学生，说了话轮 3 这句"Ahma git me a gig！"（我要给自己找份工作！），而且整句话用的是一种近似唱歌的节奏。结合这些民族志的观察和分析，可以看出话轮 2 和话轮 3 并不是相邻语对。话轮 3 是对路过的学生，也就是对交际的第三方旁听者说的，看起来是对话轮 1 和 2 中的言语行为的解释，因此话轮 3 更接近一个插入话轮。可是另一问题是，路过的学生有白人也有黑人，为什么这位黑人学生用黑人英语来说话轮 3 呢？这句话的交际目的只是一种对自己行为的解释吗？听到这句话的人又是怎么理解的呢？最后，研究者做了话语理解测试。由于这个交际情境涉及不同文化社区的人群和语言，在考察话语理解时也需要考虑听话人的语言和文化背景。因此，研究者请来了不同的受试者，请他们对这段会话的理解作出判断，大致有以下四种。第一种判断来自一些很少接触黑人的白人，他们不懂这位黑人学生为什么要这样说，并认为"也许他只是不经意间讲了句方言"。第二种判断同样是一些白人作出的，他们认为这个黑人学生是有意识地从标准英语向黑人英语转换，转换的意义是显示对白人教授及其相关的学术系统的唾弃。作出第三种判断的人包括黑人和白人，他们认为转换到黑人英语是一种会话策略，表示他是对在场的黑人同学讲话。第四种判断主要来自黑人和几个长期生活在黑人圈子里的白人，他们认为黑人学生是在为自己辩护，"他在讨好在场的其他人"，"他好像是在解释他前面的语言行为"，"他是要说我没问题，我不过是在玩白人逼我们玩的游戏罢了"。[①]

这些调查结果充分证明了交际是互动的产物，而且带有明确的社会文化性。这位黑人学生在话轮 3 中以唱歌的节奏说的这句黑人英语，正是他为了实现特殊的交际目的而实施的一个交际策略。具体地说就是他发出了一个语境化提示，只有与他共享社会文化语言背景的人才能接收到他意图传递的交际信息。而对于那些无法准确接收他发出的语境化提示的人，这个交际是无法完成的。

这位黑人学生突然对着路过的学生说了这句黑人英语，他不是对所有在场的学生说的，而是只针对在场的黑人学生。这句黑人英语与话轮 1 和话轮 2

---

① 徐大明主编《社会语言学实验教程》，北京大学出版社，2010，第 61—62 页。

中的标准英语形成鲜明对比。通过从标准英语突然转换为黑人英语，这位黑人学生塑造了自己虽然表面上是遵循白人主流社会规则的、想要申请助学金的好学生，但骨子里还是忠于黑人社区价值观的一名黑人的身份认同。同时，这句突如其来的黑人英语是以唱歌似的节奏说的，类似于黑人音乐传统的说唱，这位黑人学生是在表演一个典型化的黑人形象，表演他所属的美国黑人群体，在当下的交际语境中他构筑了一个由所有在场的黑人学生组成的临时黑人言语社区。这是一种非常强烈的身份认同的表达，使得字面意思是"我要给自己找份工作"的一句话实际表达的意思是"看！我还是我！我并没有被白人同化。我是迫不得已才这么做的。如果你们也遇到需要助学金这种情况，你们也会这样做的。你们会理解我的，是吧。"会有这样隐晦但是强烈的身份认同构建与美国黑人的奴役史，美国黑人和白人长期的隔离和对立是紧密相关的。

从这个例子的分析中可以看出，首先，互动社会语言学正是分别取了交际民族志学和会话分析学的长处，才能对会话交际过程做如此细致深入的探索，探索了以往的理论分析框架无法充分揭示的交际互动过程。其次，互动社会语言学关注交际策略，特别是语境化提示，揭示了语言通过高度文化性的身份认同的建构可以很巧妙地表达隐性的交际意图。同时，互动交际过程中的身份认同构建是动态和多元的，比如，上例中的这位黑人学生，他构建的身份认同并不是与固化的社会范畴对应的阶级、种族、性别、年龄等，而是在符合白人主流社会规则的黑人和忠于黑人传统价值观的黑人之间自由切换。因此，互动社会语言学研究框架下的身份认同研究是极富社会建构主义色彩的。

第四节　语言与性别研究与认同建构

语言与性别研究是一个本身就包含身份认同的研究话题，探讨的是语言与性别身份认同的关系。这个话题的缘起是探索男女在语言使用上的差异，很早就吸引了人类学家、历史学家和语言学家的关注。由于"性别"是一个重要的社会范畴，"语言与性别"自然从社会语言学建立之初就成为该领域的一个热门主题。随着社会语言学研究主题的发展和研究思潮的转变，社会语言学视域下语言与性别研究也经历了不同的研究阶段。

社会语言学学科框架下的语言与性别研究分为三个阶段。第一阶段，社会语言学的语言与性别研究受到前人研究的影响，将性别视为既定的社会范畴，关注语言的性别差异。社会语言学还运用统计方法，为这些差异提供实证数据支持。第二阶段，随着互动社会语言学的兴起，社会语言学中的语言与性别研究从语音、词汇、句法层面扩展到交际会话层面。自此，语言的性别差异研究开始关注语境、交际各方权力关系、社会文化背景、交际意图等影响因素。但是，还是无法摆脱结构主义的语言观、本质主义静态的性别身份观。受到社会建构主义性别观的影响，社会语言学的语言与性别研究进入第三个阶段。把性别身份认同当作社会实践建构的产物，在社会建构主义认识论的前提下开展语言与性别研究。

一、早期语言与性别的差异研究

社会语言学语言与性别研究发展基本上是在莱考夫的观点上建立起来的。1975 年，莱考夫发表了影响深远的论著《语言与妇女的地位》。莱考夫在书中描述被她称为"女性语言"的特征。例如，在语音上陈述句后常用升调，语气比较夸张；在词语上多用弱化语、强势语、空泛形容词等；在句法上采用过度礼貌的句式，过度正确的语法形式，不说笑话，等等。[①] 她认为导致女性语言与男性不同的原因是社会上男女权势地位的差异。男性具有占主导的权力，而女性相对没有权力。男女语言上的差异正是男女社会地位不平等的体现。莱考夫的观点引起了语言学者们的兴趣，奠定了在她之后很长一段时间语言与性别研究的基调，即探求和证实男性和女性在语言方面的差异。他们直接或间接地引用或评论她的观点，支持者纷纷寻找更多的相关证据，反对者则又提出许多不同的解释。[②]

　　莱考夫对女性语言特点的归纳是凭借个人观察得出的，并没有实证数据的支持。许多社会语言学家引入社会学的统计分析法，参照莱考夫提出的女性语言特色的标准，聚类计算男女话语之间的差异，获得了相似的结论。例如，我国学者对口述实录文学《北京人》中的语气词使用频率进行统计，从篇幅字数基本相等的男女话语材料中看到：在疑问句中使用"吗、呢、吧、啊"等语气词的频率，女性比例大大高于男性（平均比率为 72% 句次：33% 句次）。[③] 也有很多学者对莱考夫的观点提出疑问，认为"女性语言"的运用者并不限于女性，只要说话人是权势较低的一方都会使用。有研究考察分析150 多个小时的法庭证人口供，发现在表现"弱势"的语体使用上，如闪避、犹豫、疑问等，男性和女性的使用比例是没有显著性差异的。

　　莱考夫和她的追随者们的研究属于结构主义和本质主义的语言与性别研究。他们以生理性别为依据框定了女性的社会范畴，再在这个范畴内寻找语言的差异性特征。莱考夫的研究还有颇受诟病的一点是，她的研究是基于中产阶级白人女性的，她总结的"女性语言"特征不如说是所谓的"淑女语言"

---

① Lakoff R, *Language and Woman's Place*（San Francisco：Harper Colphon Books，1975），pp. 53—56.

② 祝畹瑾主编《新编社会语言学概论》，北京大学出版社，2013，第 136—139 页。

③ 祝畹瑾：《社会语言学概论》，湖南教育出版社，1992，第 115 页。

（ladies' language）的特征，或者更确切地说是中产阶级白人女性如何像淑女一样说话的语言特征。因此，莱考夫的研究不仅落入了性别的范畴定式，还带有阶级和种族的偏见。

虽然莱考夫归纳"女性语言"的研究方法是结构主义的，但是在探讨"女性语言"特征的社会意义时又闪现出一丝社会建构主义的火花。首先，她认为女性语言与男性的不同，并不是生理性的，而是对社会男女权势关系的反映，是社会中男性的支配地位导致的。这体现了社会建构主义的语言观，即语言是社会互动建构的。其次，莱考夫承认女性语言特征从文化上规约了女性的语言，使她们陷入一个交际困境：若语言听起来无助则显得很娴雅，若语言听起来强势则显得没有淑女风范。莱考夫强调，并不是所有女性都使用"女性语言"，但大多数时候她们会选择使用"女性语言"，因为她们在社会上受到的性别歧视对她们的语言使用产生了限制作用，如果不使用"女性语言"她们可能要承担很大的风险。[1] 莱考夫的论述隐含了身份认同建构的观点，只是不是主动的选择，而是一种被动的构建。由于男性主导的社会期待女性表现得顺从、乖巧、体贴，为了实现交际目的，大多数女性不得不通过使用"女性语言"来构建符合社会预期的女性身份认同。

虽然莱考夫的研究存在时代和研究视野的局限性，但不可否认的是，它的影响是深远的。对它的继承和发展催生了语言与性别研究的差异论和支配论，对它的批判催生了语言与性别研究从一维到多维的视角的转变。这些研究主要是在互动社会语言学的研究范式下展开的，因此将在下一部分进行介绍。

---

[1] Bucholtz M, Language, Gender, and Sexuality. In Finegan E, Rickford J R, *Language in the USA: Themes of the Twenty-first Century*（Cambridge：Cambridge University Press，2004），pp. 413—414.

二、互动社会语言学框架下的语言与性别研究

20 世纪 70 年代末到 90 年代初，语言与性别研究领域主要分成差异论和支配论两个派别。这二者是基于莱考夫研究中包含的两个关键命题建立的：第一，女性与男性说话方式不同；第二，不同的说话方式是由男性的支配地位导致的。[①]

持差异论者认为女性和男性分属不同的性别亚文化，因此该学派又被称为文化差异论。持该观点的社会语言学家认为分属不同的性别亚文化使女性和男性从孩童时候起就经历了不同的社会化过程，其中女性形成了倾向合作和团体取向的会话风格，而男性形成了倾向竞争和个人取向的会话风格。[②]

该学派最广为人知的当属互动社会语言学著名学者德博拉·谭楠（Deborah Tannen）。她在互动社会语言学的框架下研究语言与性别。在她的论著《你就是不解人意》（*You Just Don't Understand*）（1990）中，她将男女之间的交流误解纳入了跨文化交流误解的范畴。谭楠认为男女之间的交流经常产生误会往往是因为男性和女性对交谈目的抱有不同的文化预期所致。例如：

He：I'm really tired. I didn't sleep well last night.

She：I didn't sleep well either. I never do.

He：Why are you trying to belittle me？

She：I'm not！ I'm just trying to show that I understand！

从以上男女对话可看出，该女性试图通过分享自己的相同经历与该男子建立情感联系，而该男子只是想强调自己不太一样的经历，因此男女不同的

---

① Eckert P, Mcconnell-Ginet S, *Language and Gender*（Cambridge：Cambridge University Press, 2003），p. 1.

② Maltz D N，Borker R A，A Cultural Approach to Male-Female Miscommunication. In J Gumperz. *Language and Social Identity*（Cambridge：Cambridge University Press，1982），p. 214.

交际预期导致了会话交流中误解的产生。①

持支配论者认为男女说话方式的不同正是男性对女性的支配地位导致的。该学派的代表论著有戴尔·斯彭德（Dale Spender）的《男性创造的语言》(*Man Made Language*)（1980）、朱莉娅·宾娜罗普（Julia Penelope）的《畅所欲言：摒弃父亲方言的谎言》(*Speaking Freely*：*Unlearning the Lies of the Fathers'Tongues*)（1990）等。该学派学者批评谭楠的文化差异论忽视了男性支配地位在两性交流中所扮演的角色。他们还指出任何此类观点实际上都漠视了男女地位不平等的社会现实。莱考夫本人也表明差异和支配这两者是密不可分的。②很多较早的差异研究都是基于支配论的框架。例如，齐默尔曼（Zimmerman）和韦斯特（West）在 1975 年做的关于男女交谈中打断对方的话的差异现象研究，实际上基于这样一个假设前提：打断对方的话是用以占据交际支配地位的手段，而交际支配地位又进一步巩固了整体的支配地位。③

差异论与支配论之争极大地丰富了语言与性别研究，它们发端于莱考夫的最初研究，但在研究方法上比莱考夫进步许多。如果说莱考夫对于语言和性别的研究过于笼统，并且缺乏实际语料和量化分析论证，那么接下来这十几年的相关研究则采用互动社会语言学的民族志学和会话分析学的研究方法，侧重于实际的调查研究，关注真实情景中的自然对话，以及语言在交际中的动态使用现象。④

从 20 世纪 80 年代开始，有学者对语言与性别研究中的差异论和支配论提出疑问。第一，当前基于差异论和支配论的研究忽略了在不同的会话情境下和

---

① Tannen D, *You Just Don't Understand*：*Women and Men in Conversation*（London：Virago Press, 1990），p.51.

② Eckert P, Mcconnell-Ginet S, *Language and Gender*（Cambridge：Cambridge University Press, 2003），p. 2.

③ Zimmerman D H, West C, Sex Roles, Interruptions and Sciences in Conversations. In Thomas B, Henly N, *Language and Sex*（Rowley Mass：Newbury House, 1975），pp. 105—129.

④ 李经伟：《西方语言与性别研究述评》，《解放军外国语学院学报》2001 年第 1 期。

面对不同的对话者时说话者的说话方式是否一致的问题；第二，当前研究忽视了性别内部的差异，即男性之间和女性之间的会话差异，以及什么情况下性别内的差异会比性别间的差异更突出；[1]第三，当前研究的研究对象还是局限于中产阶级白人女性，还没有跳出中产阶级女性语言普遍性假象的藩篱。[2]

在批判声中，渐渐发展起来的对有色人种女性言语行为的互动社会语言学研究弥补了以上不足。它打破了基于白人中产阶级女性的女性语言普遍性假象，将一种多维文化女性视角下的语言与性别研究带入研究者的视野，为更深刻地认识语言与性别现象提供了可能，为语言与性别研究的动态构建的转向奠定了基础。

多维文化女性视角下的语言与性别研究通过交际民族志法描述了不同文化、亚文化背景下的言语社区。这些研究的关注点并不在于那些存在男女显著差异的语言现象，而是运用会话分析法揭示有色人种女性或女孩在具体言语行为中表现出来的特点，这些特点与白人女性或女孩，以及相应的有色人种男性或男孩的言语行为或相同，或相异。这些研究的成果极大地挑战了女性作为一个无差别的群体的成见。我们可以看到不同文化背景的女性看待同一事物的方式会很不同。多维文化女性视角下的语言和性别研究为我们纠正了很多基于白人女性的研究造成的偏见。

第一，男性女性的语言并不存在二元对立的差异。虽然多维视角下的女性主义语言研究并没有关注语言的性别差异，其研究发现，在特定实践中有色人种女性／女孩的语言表现出与白人女性／女孩或有色人种男性／男孩或相同或相异的特点。一项针对游戏中的非裔美国男孩和女孩的研究发现，在试图影响／改变他人的行为时，男孩使用了命令和其他直接的方式，强调了说

---

[1] Thorne B，Cheris K，Henley N，*Language，Gender，and Society*（Cambridge MA：Newbury House，1983）.

[2] Bucholtz M，Language，Gender，and Sexuality. In Finegan E，Rickford J R，*Language in the USA：Themes of the Twenty-first Century*（Cambridge：Cambridge University Press，2004），pp. 413—414.

话者与听话者之间的差异。例如，男孩们正在制作弹弓：

Malcolm：All right. Gimme some rubber bands.

Malcolm：Pliers！ I want the Pliers！

女孩们则通过建议等委婉方式将差异隐藏起来，以影响/改变他人的行为。例如，女孩们正在用易拉罐制作戒指：

Martha：Let's go around Subs and Subs.

Bea：Let's ask her "Do you have any bottles".

We could go around looking for more bottles.

然而，在一定语境下，非裔美国女孩又会像男孩一样使用直接的表达以建立等级差异。例如，在出现冲突的语境下：

Kerry：Get outa my street girl! Hey girl get outa my street！

又例如在玩跳格子游戏时：

Martha：Brenda play right.

That's why nobody want you for a child.

非裔美国女孩有时委婉、有时直接的言语行为表明交际语言风格并不与特定性别挂钩。[①]

---

① Goodwin M H，*He-Said-She-Said：Talk as Social Organization among Black Children*（Bloomington：Indiana University Press，1990），pp. 18—130.

第二，语言与性别研究需考虑语境的因素。有色人种女性语言研究的关注点虽不在男女语言差异上，但这些研究也没有边缘化和从属化女性在语言社区中的地位。例如，黑人女性语言学家米切尔－柯南（Mitchell-Kernan，1972）详细记录了非裔美国男性与女性的日常对话。她对"讥刺暗讽"（signifying）的研究突出了话语语境在探讨女性语言实践中的重要地位。"讥刺暗讽"这一贬抑策略，是通过诉诸共同的知识和文化背景，而不是直接陈述的方式来进行贬抑。前人的研究认为只有黑人男性才会使用"讥刺暗讽"贬抑对手。但米切尔－柯南通过引入语境这一因素推翻和纠正了这一论断。她指出黑人女性其实在对话中也大量使用该贬抑策略。不同的是，黑人女性多在私下和非正式的场合使用，黑人男性则多在公共和正式场合使用。以下是一个黑人女性在对话中运用"讥刺暗讽"的典型例子。此对话隐含的共同知识背景是对话中的丈夫在他目前所处的职位是不穿西装上班的：

Wife：Where are you going？

Husband：I'm going to work.

Wife：（You're wearing）a suit，tie and white shirt？ You didn't tell me you got a promotion.

妻子通过间接的方式暗讽丈夫在撒谎。但黑人女性此类的语言特征通常在较私人的语境中才能观察到。米切尔－柯南的研究纠正了语境缺失情况下语言与性别研究存在的误区和缺陷。[①]

第三，女性的语言观念存在显著的内部差异。对有色人种女性语言的研究还从语言观念上进一步挑战了将女性作为无差别整体的研究误区。研究证

---

① Mitchell-Kernan C，Signifying，Loud-talking and Marking. In Gena Dagel Caponi，*Signifyin*（*g*），*Sanctifyin'*，*and Slam Dunking*（Massachusetts：Univ of Massachusetts Press，1999），pp.161—179.

明对同一语言事件，不同文化背景下的女性会有不同的见解。非裔美国言语社区有较深厚的间接表达（indirect communication）的传统，这导致非裔美国女性与欧裔美国女性在推断说话者意图上出现差异。非裔美国女性语言学家摩根（Morgan，1991）就某个亲身经历的故事进行了调查，故事是这样的：一次摩根与几个生活在黑人社区的女性友人在交谈，这时她的另一个非裔美国女性友人玛格丽特（Margaret，此人与摩根一样都居住在白人社区）刚巧碰到她们。交谈中玛格丽特竟大谈自己如何热爱远离黑人社区的生活和觉得自己的生活质量有提升。摩根感到很讶异但没有说话。玛格丽特走后，当摩根问女友们是否按原计划去看电影，她的女友们却说：

"the way you talk, we don't know if we want to go to the movies with you"

摩根就针对这句话的含义的理解对非裔美国女性和欧裔美国女性进行了调查。她发现，与黑人女性相比，白人女性更多地认为那些女性友人怪罪摩根是因为她们认为摩根认同玛格丽特；而黑人女性则平分成两组，一组持上述观点，另一组则认为她们生气是因为摩根没有说话反驳。可以看出，非裔美国女性认为对说话者可能抱有的意图可以有多种解读，而且她们认为就算摩根的女友们不认为她认同玛格丽特，摩根也应该意识到在女友们的眼中自己应该对玛格丽特的话负一定责任。可见，是非裔美国女性，而不是欧裔美国女性，看到了摩根的女友说的这句话中自身存在的模糊性，因此她们对同一句话有了不同的理解。这种对模糊表达进行有意识的推断的能力源于非裔美国人的一类语言现象——"暗语"（counter-language）——这是一个允许同时传达多层含义的交际系统。摩根认为"暗语"的形成发展源于从奴隶时代开始的非裔美国人在白人统治的敌视环境下相互交流的需要。从这种语言现象及其来源，以及在以上调查中非裔美国女性与欧裔美国女性对同一语言现象的不同解读，我们可以看出若将女性看作同一无差别整体，是无法准确描述许多女性的经历和语言使用状况的，特别是那些其文化受到奴隶制和种族歧视影响的女性。[①]

语言与性别研究在互动社会语言学的研究框架下发生了重要的转变。首先它将语言的性别差异研究从对语音、词汇、句法和语篇的语言结构层面带入了自然会话的层面，研究者开始更多地关注会话互动中由于文化和权力关系而引起的性别差异。互动社会语言学中民族志的参与式观察法和对会话互动深入细致的分析，非常适合研究具有文化和语言多样性的言语交际。[②] 在此框架下，大量学者对各个民族言语社区、少数族裔的自然会话互动开展了调查研究。这个过程中，有色人种女性生动的语言实践，她们能够操作运用的丰富的语言资源被带到大众视野中。语言与性别研究实现了从一维到多维的转变，打破了过去基于中产阶级白人女性语言的研究造成的对女性身份认同和女性语言的僵化单一的认识。至此，语言与性别研究中体现的性别观与社会建构主义性别观接轨了，社会建构主义的语言与性别研究呼之欲出。

三、多维动态建构视野下的语言与性别研究

对有色人种言语社区的研究发现：各言语社区所接触的语言资源非常丰富，人们可以通过有意识地选用不同的语言资源来表达特定性别身份或其他维度的身份。其中，性别相关的社会生活方式是一个重要的影响因素。在纽约的一个波多黎各社区（Puerto-Rican-community），女孩与男孩相比能讲一口更加流利的西班牙语，而且女性比男性更多地认为西班牙语在其波多黎各身份中是一个重要组成。研究者认为这些区别根源于男女不同的社会生活方式。女性／女孩更多地参与了使用西班牙语的社会角色：照料家庭的责

---

① Morgan M, "Indirectness and Interpretation in African American Women's Discourse," *Pragmatics* 1, no. 4 (1991)：421—451.

② 祝畹瑾主编《新编社会语言学概论》，北京大学出版社，2013，第 177 页。

任使她们更多地待在家里。而男性更倾向于将交际圈向他们生活的西班牙言语社区之外扩张。同时大量证据显示，这个社区的男孩/女孩、男性/女性都接触了丰富的语言资源，包括标准和非标准波多黎各西班牙语、波多黎各英语、非裔美国英语和标准纽约西班牙语。因此，面对可运用的丰富语言资源，该社区男性/女性进行了选择，有意识地通过不同语源的运用来建构不同的性别身份。①

这些有色人种女性言语行为的研究显示，语言与性别研究者必须尽快转变固有的研究思想和研究视角，摆脱将性别看作无差别的研究整体和作为解读相关语言现象的唯一变量，而应该在分析中引入其他社会实践作为解读变量。②

随着有色人种女性语言与性别研究的发展，越来越多论著指出，在语言与性别研究中考虑性别、种族、社会阶层等类属范畴实际上犯了预设研究结论的错误。因为这种研究视角隐含了这样一个错误前提：某个类属范畴必然导致一定的可预见的言语行为。取而代之的是，学者们呼吁将注意力放在说话者在受到一定文化意识制约的同时有策略地使用语言以达到特定交际目的的能力。对这种能力的重视使动态身份观逐渐取代了过去的静态身份观（包括性别身份）。过去人们认为身份是预先设定好的，现在人们渐渐接受身份是可获得、可变化的。身份被认为主要是一种实践的产物，是在具体实践活动中塑造出来的，而不是由某个类属范畴预先赋予的。在埃克特和麦康奈尔-格奈特合撰的影响深远的文章 Think practically and looking locally: language and gender as community-based practice（1992）中，她们指出过去大量研究共同存在的一个问题在于——它们忽略了性别的社会建构特性；这导致它们将性别从社会实践中抽离出来。这使社会语言学家不可避免地要改变原来将性

---

① Zentella A C, *Growing Up Bilingual: Puerto Rican Children in New York*（Malden MA: Blackwell, 1997）.

② Bucholtz M, Language, Gender, and Sexuality. In Finegan E, Rickford J R, *Language in the USA: Themes of the Twenty-first Century*（Cambridge: Cambridge University Press, 2004）, pp. 422—423.

别（和总的社会身份）看作静态稳定的社会范畴和将语言实践看作性别（或社会阶层、种族）的被动产物的观念。因此，通过将性别解构成塑造它的实践，我们不再问"男性和女性是如何说话的？"而要问"特定的语言实践是如何塑造男性和女性的？"

埃克特对美国一个郊区高中的学生的言语行为的研究（2000）正是基于动态的性别身份观。该研究考察了学生们参与的社会实践活动，将其分为"学校型"和"社会型"两个群体。社会型高中生更多地参与了市中心和校外的活动，他们使用的语言变体体现出显著的市中心语言风格和特色。学校型高中生更多地参与学生社团和学校活动，他们使用的语言变体中则突出体现了郊区语言风格和特色。而性别与这两个社会范畴相互作用产生了丰富的语言变体形式。研究发现，学校型和社会型高中女生之间的性别内部语言差异比男生间性别内部语言差异要显著得多，即性别对男生有较鲜明的标记作用，而对女生，参与不同社会活动产生的群体观念比性别更具标记作用。[①] 由此可见，女性作为一个类属范畴并不能使女性拥有相同的言语行为，因为她们虽然同属一个性别范畴，却以不同的方式参与不同的实践活动。

动态性别身份观还使人们开始关注说话者的语言能力以及如何通过有策略的语言实践来塑造性别身份。需进一步指出的是，实践塑造身份的同时，也围绕特定身份进行建构。奥克斯（Ochs，1992）指出，这种构造和运用一定社会实践（包括语言实践）与一定社会范畴之间的连接关系的过程叫作"互指"（indexing）。[②] 埃克特和麦康奈尔－格奈特研究的一名社会型高中女生在讲 all-nighter 这个词时将音发成了 all-noiter。这是一个密歇根州特有的发音变体。这个发音在成年研究者听来会联想到疯狂的派对，进而在该发音

---

① 李经伟：《多维视野中的语言与性别研究》，《四川外语学院学报》2002 年第 1 期。

② Ochoa E，Indexing Gender. In Duranti A，Goodwin C，*Rethinking Context：Language as an Interactive Phenomenon*（Cambridge：Cambridge University Press，1992），p. 337.

和使用该发音者之间建立起连接关系，塑造了一个喜欢参加派对且不畏成年人权威的社会型高中女生形象。该语言形式指向特定身份，因此当使用该语言形式时人们就会联想到该连接关系。渐渐地，该发音就成了塑造社会型女生的语言资源之一。沈一凡（2013）的研究发现，在黑人社区长大的黑人女性法学教授安妮塔·希尔（Anita Hill）在一场全国直播的听证会中，面对所有在座的 14 位白人法官，做证自己早年曾被一名教授性骚扰时，采用了中产阶级白人女性的"淑女语言"风格，显得克制、娴雅、弱势，隐去了黑人女性在论辩时讥讽、感情强烈、咄咄逼人的语言风格；同时，她在阐述观点时运用了黑人论辩技巧中比较隐性的逐层盖帽论证法（capping）和话轮紧凑衔接法（latching）。由此，在有效论辩的同时，通过塑造主流美国白人社会认可的"淑女"形象，安妮塔·希尔最大限度地回避了大众对黑人女性的偏见，使大众把焦点放在她作为一名受害者的女性身份上，从而赢得他们的同情和认同。[①]

此类研究说明，语言实践和性别身份的互指除了考察语言还必须考察具体的权力结构、社会关系和影响人们日常生活的其他方面。[②] 因为无论语言还是性别都根植于社会实践，从人类的活动中获得意义。而社会实践不仅是个人行为，它还涉及各种机构、制度和意识形态的限制。[③] 至此，社会建构主义视野下的语言与性别身份认同建构研究已经获得了学界的重视。

本节回顾了社会语言学中涉及身份认同建构的几个研究话题和理论框架，包括语言变异、互动社会语言学、语言与性别。它们的发展都经历了从结构主义本质主义到温和的建构主义的转变，为语言与认同建构研究提供了丰富

---

① 沈一凡：《语言塑造身份——以 Anita Hill 的听证会辩论为例》，《辽宁工程技术大学学报（社会科学版）》2013 年第 5 期。

② Zhang Q，*Changing Economics，Changing Markets：a Sociolinguistics Study of Chinese Yuppie*（PhD diss，Stanford University，2001），p. 55.

③ Eckert P，Mcconnell-Ginet S，*Language and Gender*（Cambridge：Cambridge University Press，2003），p.5.

的研究视角和分析工具。社会语言学研究者基本的研究路径是透过语言看身份认同及其反映的社会问题。但是研究者对言语交际过程的分析相对比较单薄，未就交际者的语用特征和语用心理做深入探讨。[①] 这正是语用学对认同建构研究的突出贡献。下一章将对语用学与认同建构研究的发展渊源做一个回顾。

---

① 郭亚东：《日常言语交际中的语用身份研究》，吉林大学出版社，2020，第23页。

第三章 语用学与认同建构

第一节 语用学的诞生

语用学和社会语言学都是在对结构主义语言学的批判中诞生的，都强调对自然语言的研究，都是相对年轻的新兴学科。但是二者的理论来源不同。语用学从哲学和语言哲学汲取思想养分，而社会语言学多借鉴人类学和社会学。因此，从诞生之初，语用学就具有很强的哲学色彩，意图用极简原则来概括总结自然语言的使用规律。

语用学，它的英文"pragmatics"是由美国逻辑学家莫里斯（Charles William Morris）于 1938 年自造的。但是，语用学的第一个核心理论是诞生于 1955 年的言语行为理论。直到 1977 年，《语用学杂志》（*Journal of Pragmatics*）出版发行，语用学才作为一门独立新学科正式成立。

探索语用学诞生的背景还是要从现代语言学的奠基人索绪尔的一些基本概念说起。20 世纪初，瑞士语言学家索绪尔提出要区分语言（langue）和言语（parole）。言语就是自然语言，与外部因素有关，并不是语言学研究的对象。他主张应该关注和研究的是语言，语言是一个抽象的结构系统，与语言内部要素有关。他还提出了一整套语言系统描写的理论和方法。在索绪尔语言学理论的影响下结构主义语言学得到蓬勃发展，出现了很有影响力的几个学派，有哥本哈根学派、布拉格学派，还有美国描写语言学派。它们追求在语言系统和结构描写上实现极简的形式化。这一派研究成果最突出的是音位研究和语法研究，但是对语义的研究一直是其薄弱环节。20 世纪 50 年代末，乔姆斯基提出的转换生成语法理论将这一研究范式推向极致。他把语言看作与其使用和使用者无关的一种心智能力，主张只研究语言能力（linguistic competence），不管语言运用（linguistic performance）。转换生成语法理论对语言的句法结构有很强的解释力，但它只重视将语言视为一种抽象机制进行描写，排除语言运用的研究，语义研究也长期被忽视。针对这种情况，许多语言学家认为应该弥补语义研究的薄弱环节，纷纷展开研究。20 世纪 50 年代开始，语义研究逐渐发展起来，一些语义学专著相继问世。这为语用学的产生和发展奠定了基础。[①]

语义学从以词为中心的语义研究（词义学）扩展到句子意义、话语意义和语篇意义的研究。语义学只关注字面的意思，不考虑说话人的意图和听话人的理解，也不考虑语境。以句子意义的研究为例，语义学家通常依据"真值论"（即语句的意义跟命题的真或假有关）来确定语句的意义。例如：（1）"There is a dog at the gate."（门口有一条狗。）这句话从语义学角度可以判断其真或假。但是在特定语境中，说话人说这句话的意图并不体现在话语的字面意义上，而是警告或者恐吓听话人。（2）"He was born here ten years ago."（他十年前出生在这里。）这句话从语义学角度则无法判断真假，因为不知道"He"指谁，不知道说话的具体地点和时间，就无法准确理解这句话。因此，语言学家们发现，要研究自然语言，光语义学是不够的，还需要一门学科来研究字面以外的意思，在讨论自然语言的意义的时候考虑语境、说话人和听话人的因素。这就是语用学诞生的契机。"语义学和语用学是互不相同但又相互补充的研究领域。"如果给语用学下一个通俗的定义，就是"语用学是研究

---

① 索振羽：《语用学教程（第 2 版）》，北京大学出版社，2014，第 5—7 页。

言外之意的学科"。①

以上是语用学产生的语言学背景，而真正促使语用学诞生和发展的理论源头来自哲学界。这些理论有一个共同特点，就是它们都试图回答"言外之意是如何传达的"这个问题。

第一个对这个问题给出解释的语用学理论是"言语行为理论"（speech act theory）。它是由英国哲学家奥斯汀（Austin）于 1955 年提出来的。该理论认为，我们说的很多话真正的含义，即字面以外的意思，是在实施一些行为。例如，当一个人说"I promise"，他实际上就完成了"许诺"这样的行为。后来，美国语言哲学家塞尔（Searle）在 20 世纪六七十年代丰富、完善和发展了该理论，最终使"言语行为理论"成为语用学研究的重要内容之一。

第二个经典的语用学理论是美国语言哲学家格赖斯（Grice）于 1975 年出版的《逻辑与会话》（*Logic and Conversation*）中提出的"会话含义理论"（conversational implicature）。该理论试图对自然会话如何传递字面以外的含义的一般规律进行总结，这些规律制约着"会话含义"产生的过程。他提出的最重要的一个规律就是"合作原则"及它的子准则。例如，一位哲学教授在为谋求从事哲学研究工作的学生写推荐信时，没有谈及任何哲学研究相关内容，而只说了一句话"某君精通英语，经常出席导师主持的讨论会"，这是通过故意违反其中一个子准则"量的准则"传递出特定的言外之意，即暗示该学生的专业研究工作做得并不好。②

以上这两个理论是语用学建立的理论基石。在经历了最初的哲学研究阶段后，到了 20 世纪 70 年代，已经有许多语言学家引入这些理论开展语用研究，至此语用学进入语言研究阶段。1977 年，《语用学杂志》在荷兰阿姆斯特丹正式出版发行，语用学作为一门独立的新学科得到了学界的承认，标志着

---

① 姜望琪:《当代语用学》，北京大学出版社，2003，第 3 页。

② 索振羽:《语用学教程（第 2 版）》，北京大学出版社，2014，第 13 页。

语用学的正式成立。

20 世纪 80 年代以后，语用学得到进一步发展和完善。有对会话含义的合作原则进行补充的理论，如利奇（Leech，1983）提出的礼貌原则，戈夫曼（1967）倡导的面子理论，布朗和莱文森（Brown and Levinson，1978/1987）提出的礼貌理论等。也有对会话含义理论作出修正的新格赖斯会话含义理论，对其作出全新解读的关联理论（relevance theory）（斯珀伯和威尔逊，Sperber and Wilson，1986/1995）等，对自然会话的结构开展研究的会话分析，以及对语境、指示语等的研究。

索振羽在综合了前人的定义后给语用学下了一个比较完备的定义：语用学研究在不同语境中话语意义的恰当表达和准确理解，寻找并确立使话语意义得以恰当表达和准确理解的基本原则和准则。这个定义分成前半句和后半句两个部分，指出了语用学研究的两个重要侧面，分别是前半句所说的"语境中意义的表达和理解"和后半句所说的"意义表达和理解的基本原则"。其实，若按照语用学的发展轨迹，这个定义中的前后半句的顺序应该调换一下。语用学的哲学渊源使得它一开始主要以研究和总结基本规律和原则为主，后来在会话分析研究范式的影响下开展大量的自然会话案例研究，在具体语境中研究话语意义的表达和理解，进而发展出了社会语用学、语用身份理论等。而正是在语用学研究的这个侧面，前期会话原则研究中零星涉及的身份认同因素才逐渐得到凸显和重视。因为在自然会话案例研究中，语境会随着具体会话的改变而改变，呈现一种动态性，这必然对话语意义的生成和效果产生影响。同时，话语意义的生产者和理解者，即说话人和听话人的社会和认知属性也是必须考虑的因素，而其中非常关键的就是他们的身份认同。因此，有学者认为奥斯汀的经典口号"How to Do Things with Words"或许应该改成"How People Do Things with Words in Context"。[1]

---

[1] 陈新仁：《语用学视角下的身份与交际研究》，高等教育出版社，2013，第 2 页。

下面的内容将对语用学经典理论和语用学研究中涉及身份认同的部分进行梳理，并尝试探索它们的社会建构主义因素。

第二节　语用学经典理论与认同建构

一、语境

语境是人们运用自然语言进行言语交际的言语环境。语用学的研究对象是自然话语的言外之意，言外之意的传达和理解的关键就是语境。如果没有了言语交际的语境，话语就只剩下"字面意义"，这时说话人的意图无法得到恰当表达，听话人也无法准确理解说话人的真正意图。因此，语境研究是语用学研究的重要基础领域，它的重要性在指示语、会话含义、言语行为等研究中都有充分体现。

语境研究主要是从不同视角对语境进行分类和探讨语境的内涵和外延。"语境"（context）这个术语是波兰籍人类语言学家马林诺夫斯基（Malinowski）于 1923 年提出来的。他把语境分为两类：文化语境（context of culture）和情景语境（context of situation）。[①] 这个分类明确了言语交际不仅处于具体情境之中（情景语境），而且处于说话人生活的社会文化大背景之中（文化语境）。

在马林诺夫斯基的影响下，弗思（Firth）把"语言"看成是"社会过程"，是人类的"一种生活方式""一种行为方式"。可以看出，弗思的语言

---

① 见 Malinowski 于 1923 年为 Ogden 和 Richards 所著《意义的意义》（*The Meaning of Meaning*）一书所写的补录。

观与社会建构主义的语言观非常贴近了。弗思提出了一套比较完整语境理论（1957），[①] 将语境分为由语言因素构成的上下文（context）和由非语言因素构成的情景上下文（context of situation）。情景上下文包含三个要素，第一是参与者的有关特征（人物、个性），包括参与者的言语行为和参与者的非言语行为两方面；第二是有关事物；第三是言语行为的效果。弗思对非语言因素中的"参与者"的讨论并不是把参与者特征与参与者言语（非言语）行为并列，而是上下义关系，即参与者的人物身份和个性特征是由参与者的言语和非言语行为体现的。虽然弗思并没有特别关注语言（非语言）对身份认同的建构问题，但是他的语境理论体现了一种动态的建构的身份认同观。

弗思之后在语境研究上最有成就的语言学家是韩礼德（Halliday）。他受到弗思的启发，于 1964 年提出"语域"（register）这个术语，实际内涵就相当于"语境"。"语域"有三个组成部分：由言语活动涉及的主题决定的"范围"（field），由言语活动的媒介决定的"方式"（mode）和由交际者身份、地位、关系决定的"风格"（tenor）。韩礼德指出，这三个组成部分中任何一个改变都能产生新的语域。在韩礼德的语境理论中交际者因素的重要性进一步凸显，是语境三大组成之一。他说："交际者指交际中的角色类型，即话语的参与者之间的一套永久性的或暂时性的相应的社会关系。"[②] 但是，弗思语境理论中显现的动态的身份认同观并没有在韩礼德这里得到继承和发展。韩礼德突出的是一种静态或相对静态的身份观。

在综合了前人的语境理论的基础上，索振羽提出了一套非常细化同时涵盖面很广的语境研究内容框架，见表 3-1。[③]

---

① Firth J R, *A Synopsis of Linguistic Theory*：*Studies in Linguistic Analysis*（Oxford：Blackwell, 1957）.

② Halliday M. A. K., *Hasan R. Cohesion in English*（London：Longman Group Limited, 1976），p. 22.

③ 索振羽:《语用学教程》，北京大学出版社，2014/2020，第 21 页。

表 3-1　语境研究内容框架

语境	内容
上下文语境	口语的前言后语；书面语的上下文
情景语境	时间、地点、话题、场合
	交际参与者的身份、职业、思想、教养、心态
民族文化传统语境	历史文化背景；社会规范和习俗；价值观

　　这个内容框架有三个突出特点。第一，在大多数学者将语境研究限定为上下文语境（context）和情景语境时，它回归和发展了马林诺夫斯基的文化语境，提出"民族文化传统语境"。索振羽说之所以把"民族文化传统"单列一类语境是因为"言语交际的涉及面非常广，既论今谈古，又沟通中外，要做到这些，就必须关注中外差异（不同民族的历史文化背景差异、风俗习惯差异、价值观差异）与古今差异（同一民族不同历史时期的差异）"。[①] 笔者认为这些差异主要是通过交际参与者的言语和非言语行为体现的，特别是通过他们在其中展现的身份认同来间接体现。但是该内容框架和相应讨论中并没有体现和涉及民族文化传统与交际参与者的关系。第二，交际参与者包含的要素被进一步细化，不仅包含身份、职业这种显性社会属性，还包含思想、教养、心态这种隐性的认知因素。笔者认为，这些认知因素在影响交际参与者能动地选择和构建外显的身份认同上发挥重要作用。只可惜该内容框架并没有往这个方向去探索。因此，也就得出了第三个特点：虽然该语境内容框架包含影响身份认同建构的认知和文化语境因素，但是所持的身份认同观还是静态的，交际参与者的身份认同并没有成为语境中的一个能动的建构因素。

　　综上，在语用学早期和近期的语境研究中，交际者身份作为交际语境中的一个构成要素被逐渐细化和凸显。但是并没有受到特别的重视，没有进行专门的讨论。但是很明显，语用学的语境观和语境观中蕴含的语言观与社会

---

① 索振羽:《语用学教程（第 2 版）》，北京大学出版社，2014，第 22 页。

建构主义的语言观非常贴合。语境的研究清晰地展示了社会建构主义视野下语言与社会的微观、中观和宏观环境的互动关系。所以，语用学中对语境的探讨虽然只把身份认同当作一个静态的社会属性，是语境的一个既定组成部分，但是整个语境理论所蕴含的对社会建构主义的认识论，揭示的语言与社会文化历史各层次的互动关系，为语用学中发展认同建构研究奠定了坚实基础。不过，此时语境理论中语境和语言的互动主要是单向的，主要讨论语境对语言的制约，还缺少社会建构主义强调的人的能动性，即语言实践对周围环境的影响。

二、指示语

Deixis（指示语）这个词源于希腊语，意为"指点或指明"。指示语就是用来指向各种信息的词语，例如，指向人的人称代词 you、they，指向事物的指示代词 it、that，指向时间的指示副词 yesterday、today，指向地点的地点副词 here、there 等。语言哲学家巴尔－希勒尔（Bar-Hillel）于1954年发表的《指示表达》（*Indexical Expressions*）一文中指出，指示语是语用学基本的研究对象，因为它直接涉及语言结构和语境的关系。指示语是"在不知其使用语境时就无法确定其所指语义的指示词或指示句"。[1] 例如，"This city is beautiful"，如果想确切了解其意义，就必须知道说话人说这句话时所在的地点。如果说话人在北京，就是"北京这座城市很美"；如果说话人在厦门，这句话的确切意义就是"厦门这座城市很美"。再例如，"He's not the Duke, he is. He's the butler."，对这句话的确切理解不仅需要知道说话人所处的时间和地点，还要了解在场有哪些人，最重要的是还要知道说话人在说这话时所做出的对所指对象的非言语行为的指向（如眼神示意，手势示意）。以上两例可

---

[1]　Bar-Hillel Y, "Indexical expressions," *Mind*, no.63（1954）: 359—379.

以看到，指示语信息的传达与说话人的言语/非言语行为，与其所处的时间、地点等要素密切相关。一般而言，指示系统是以说话人为中心组织起来的。

指示语的基本分类是人称指示、时间指示、地点指示。20世纪七八十年代又增加了语篇指示（discourse deixis）和社交指示（social deixis）。这里我们只讨论与身份认同有一定相关性的人称指示和社交指示。

人称指示（person deixis）指交谈双方用话语传达信息时的相互称呼。[①]人称指示大致有两种表示形式，一种是指示代词，另一种是称呼语。

指示代词从语法上区分第一人称、第二人称、第三人称。由于人称指示语是以说话人为基准的，正在说话的人是"我"，对面听话的人就是"你"，在言语交际中，随着话轮的转换，"我""你"角色是相应不断变换的。这是指示语的第一条跨语言语用共性：自我中心性（egocentricity）。如果违背了这个准则，就会出现语用失误。莱文森举了一个闹笑话的例子。[②]一位教师写了一张便条让自己的学生去他家里找他妻子取一双拖鞋。他在便条中写道："Send me your slippers with this boy."他写便条时认为如果是写"my"slippers而不是"your"slippers，自己的妻子看便条时会读成"my"slippers，会把她自己的拖鞋交给学生。这位教师违反了人称指示语以说话人为基准的准则，而改成了以听话人（妻子）为基准。他的妻子拿到便条后以说话人（这位教师）为基准来理解"your slippers"，于是就拿了自己的拖鞋交给学生。指示语的另一个语用共性是先用性（pre-emotive usage）。人称指示语的先用性体现在，说话人自指时优先使用第一人称单数形式的指示语，如英语中的I、法语中的Je、汉语中的"我"，而不是非指示性的说话人自指方式，如姓名、绰号等。[③]

称呼语也是人称指示语，是用来指称听话人的名词短语，分为呼唤语

---

① 索振羽：《语用学教程（第2版）》，北京大学出版社，2014，第40—45页。

② Levinson S C, *Pragmatics*（Cambridge：Cambridge University Press, 1983），pp. 75—76.

③ 陈新仁：《新编语用学教程》，外语教学与研究出版社，2009，第88页。

（summon）和称呼语（address）两类。呼唤语一般位于句首，可以看作一种独立的言语行为，例如：Hey you, you just scratched my car with your frisbee. （嘿，你，你刚刚用飞盘刮花了我的车。）称唤语是一种插入语，例如：The truth is, Madam, nothing is as good nowadays. （事实是，夫人，现在再好不过了。）无论是呼唤语还是称呼语，都是用来指示说话人称呼的人是其交际对象。称唤语大多数时候可以用作呼唤语，但不是所有呼唤语都能用作称唤语。

社交指示是语言结构中能反映出语言使用者身份和相对社会地位的那些词语和语法范畴。社交指示以说话人的身份和社会地位为参照点，因此涉及以下三个方面：第一，言语交际参与者的身份；第二，说话人和听话人之间相对的身份地位；第三，说话人和所谈到的人（第三者）之间相对的社会地位。例如，汉语里的"您"，说话人用"您"，指示听话人的社会地位比自己高很多。再例如，古英语中的 thou / ye，ye 相当于汉语的"您"，是敬语。如果单就现代英语中的语法结构而言，社交指示的方式非常有限，只有两种：第一，选用不同的称呼来表示说话人和听话人之间的关系，例如，Mr. Smith 可能指示工作或者上下级的关系，Professor Harris 可能指示师生关系也可能指示比较生疏的同事关系；第二，使用只限于某些具有特殊身份或地位的人的正式称呼，例如，称法官为 Your Honour（阁下），称总统为 Mr. President，称国王或女王为 Your Majesty（陛下）。

传统语用学对指示语的研究主要是对指示语的分类和指示语语用规则的归纳和总结上，追求的是共性。在指示语的语用共性之外，自然语言中的指示语还具有丰富而多样的个性。[①] 实际上，指示语的研究历史悠久，一直是人类学、心理学、文化学和语言学共同关注的话题。在前人研究的影响下，对交际实践中指示语的个性使用感兴趣的语用学家从言语交际、社会文化和社会心理等角度展开研究。例如，从言语交际角度，莱文森（1983）探讨了称

---

① Huang Y, *Pragmatics*（New York：Oxford University Press，2007），p.133.

呼语在言语交际中的作用。[①] 曲婧华分析了称呼语的交际价值,以指令类和表达类称呼语为例论证了称呼语的不同语用功能。[②] 世界上各门语言中的指示语往往带有文化特性。例如,现代汉语中有区分"你"和"您"的社交指示,而现代英语中不存在这样的区分;一些语言中指代说话人和听话人的指示语有阴性和阳性之分,社会地位之分等,有一些则没有。可见,指示语中蕴含着丰富的社会文化因素。因此,很多学者研究称呼语的社会文化特征,指出称呼语能够充分反映一个民族的传统文化、伦理道德、价值观念和社会政治制度等(例如,祝畹瑾[③])。也有学者从认知的角度解释称呼的认知图式特征,认为一个称呼语的使用过程就是称呼者和被称呼者通过称呼图式相互认知的过程(例如,李明洁[④])。

由于人称指示和社交指示指向交际者的相对关系,同时还能反映交际者的认知心理状态,蕴含了交际者所处的社会文化语境,逐渐有学者将研究焦点放在人称指示、交际指示与身份认同的关系上。李诗芳[⑤] 和施光[⑥] 研究了在正式的庭审言语交际中称呼语的策略性使用。他们都发现庭审中称呼语具备指代功能和人际功能,而人际功能主要表现形式之一就是对机构身份和权势身份的标记。袁周敏则从交际者的社会心理出发,借鉴社会心理学身份表征理论,考察称呼语身份标记功能的元语用特征。元语用意识是指说话人在有特殊交际目的时,会在大脑中产生的语用意识的指导和在调控下做出语言选择。有意识地选择使用不同的称呼语是交际者在元语用意识下实施语用策略

① Levinson S C, *Pragmatics*(Cambridge:Cambridge University Press,1983),pp. 69—70.

② 曲婧华:《称呼的语用研究》,《解放军外国语学院学报》1999 年第 2 期。

③ 祝畹瑾:《汉语称呼研究》,转引自胡文仲主编《文化与交际》,外语教学与研究出版社,1994,第271—277 页。

④ 李明洁:《称谓图式:称谓语的认知模式》,《汉语学习》2000 年第 3 期。

⑤ 李诗芳:《法庭话语的人际意义研究》,博士学位论文,东北师范大学,2007。

⑥ 施光:《法庭审判话语的批评性分析》,博士学位论文,南京师范大学,2008。

的外在标记。研究发现，对应社会心理学身份表征的三个层次，称呼语被用于建构个体身份、人际身份和群体身份。[①] 从社会文化视角，陈新仁以《红楼梦》为例，研究了清朝中国人如何在交际中通过自指方式进行身份建构。[②] 通过对文本的统计分析，研究发现清朝社会里汉语交际拥有丰富的说话人自指方式，除了最常用的"我"，说话人经常使用提示身份信息的自指方式以获得特定的交际效果。例如，使用"本＋官衔"的自指方式，如"本爵爷"，提示自己的权势身份，让对方产生敬畏或服从；使用自谦或自贬的自指方式，如"小的""晚生"，提示对对方的敬意；使用提示亲属关系的称呼语（有时彼此并不具有如称呼语提示的亲属关系），如面对并非亲兄弟的对话者自称"弟""小弟"，有助于在交际双方之间建立亲和、热络的关系，让对方对自己产生好感，缩小彼此的社会距离等。这个研究，在揭示了交际中的身份认同如何通过自指方式建构外，还从社会文化角度部分验证了顾曰国提出的汉语文化中的礼貌取向假设。

综上，人称指示和社交指示的研究经历从共性规律的总结到个性案例的分析的过程，而言语交际、社会心理和社会文化是个性化自然言语研究时期的三个研究视角。在其研究前期，多关注人称指示和社交指示的语用策略功能和它们蕴含的社会文化和民族特征。此类研究具有比较明显的结构主义认识论的特征。后来，越来越多研究者开始探讨人称指示和社交指示对身份认同的标记和构建，而且逐渐成为语用学研究中的一个热门的话题。这些研究或多或少采用了社会建构主义认同观，处于社会建构主义从温和派到激进派连续体中的不同位置。

---

① 袁周敏：《称呼语的身份标记功能的元语用考察》，东北大学学报（社会科学版）2011 年第 3 期。

② Chen X，Polysemous Politeness：Speaker Self-referring Forms in Honglou Meng. In Kamari D，Pan Y L，*Chinese Discourse and Interaction*（London：Equinox，2012），pp. 292—310.

三、言语行为

作为奠定语用学的诞生基础的第一个理论——言语行为理论，它的经典理论研究时期经历了创立人奥斯汀和发展完善人塞尔两个阶段。这个时期的研究具有典型的哲学色彩，属于牛津派日常语言哲学，研究对象是自然语言，但关注的是语言表意的共性规律，具体来说，关注的是语言表意的本质——以言行事。

言语行为理论的创始人奥斯汀是英国牛津大学哲学教授，后继者塞尔是前者的学生，在美国加利福尼亚大学伯克利分校任教。奥斯汀理论思想的提出是对逻辑实证主义的反动。逻辑实证主义历来关心的是一个句子的真值问题，认为一个句子只有能被证明是真的还是假的，才是有意义的。而日常语言哲学家认为"一个词的意义就是它在语言中的使用"。①奥斯汀认为很多句子是没有真假的，它们照样有意义，照样值得研究，这是施为句理论的起点。

奥斯汀认为要区分"言有所述"和"言有所为"。言有所述的话语是一种陈述，用于描述事物状态或陈述某种事实，有真假的意义区别，是可以验证的，即或真或假二者必居其一。例如：The prisoner escaped yesterday.（那因犯昨天越狱了。）但是有一类话语的目的不是做出真或假的陈述，而是以言行事，言有所为。例如，用于结婚仪式过程中的"I do."（我愿意）；用于船的命名仪式的"I name this ship the Queen Elizabeth."（我将这艘船命名为"伊丽莎白女王号"）；用于打赌的"I bet you six pence."（我跟你赌六便士）。这些话语在说出的同时在实施某种行为，如结婚、命名、打赌，它们无所谓真假。奥斯汀把这类"言有所为"的句子叫作施为句（performative sentence），并把它分成带有施为动词的显性施为句和没有施为动词但也同样表达"有所为之言"的隐性施为句。例如，显性施为句 "I hereby declare you mayor of

---

① Wittgenstein L, *Philosophical Investigations*（Oxford：Blackwell, 1953）, p. 31.

Casterbridge."（declare 是施为动词）；隐性施为句 "I'll be there without fail."（这句虽然没有出现施为动词 promise，但实际是做出了"我一定会去"的承诺）。[1] 但是，随着奥斯汀对施为句研究的深入，他对最初提出的施为句理论作出修正，他放弃了施为句和叙述句在"言有所为"上的二分对立。因为他发现在广义的隐性施为句中大量存在的就是叙述句，例如，"The cat is on the mat." 从句法上看明显是一个叙述句，但是在一定的上下文中可能是一个隐性的要求或请求，完全有可能是说话人要求或请求听话人对猫做些什么事情，比如因为不希望猫把垫子弄脏，让听话人把猫抱起来。因此施为句和叙述句在句法形式上并不存在两分的逻辑意义。奥斯汀不再从句法上进行分类，而是着眼于对"言有所为"的"为"进行分类，提出了言语行为三分说的新言语行为理论，包括叙事行为（the locutionary act）（又译为"言内行为"）、施事行为（the illocutionary act）（又译为"言外行为"）、成事行为（the perlocutionary act）（又译为"言后行为"）。

奥斯汀说："在常规意义上，我把'说某种事情'的行为（the act of 'saying something'）叫作完成一种叙事行为"，即说出具体词语的行为，功能是以言指事。奥斯汀说"完成一种施事行为就是完成在说某种事情中所存在的一种行为（an act in saying something）"，即表达说话者意图的行为，功能是以言行事。属于这类行为的话语都存在一定的语力（illocutionary force），如"命令""警告""通知"等。例如，"I will come tomorrow." 说话者通过这句话表达了一种"许诺"，"许诺"就是这句话的语力。以言行事的言语行为首先必定是一个以言指事的行为，但是以言指事的行为却不一定能做到以言行事。奥斯汀说："某种事情会经常地，甚至常规地对听话人或说话人或其他人产生一定的影响，影响他们的情感，思想或行动……我们把这种行为叫作成事行为（a 'perlocutionary' act）"，功能是以言成事。还是以 "I will come

---

[1]　Austin J L, *How to Do Things With Words*（*2nd Edition*）（Oxford：Clarendon Press，1975），p. 5.

tomorrow." 为例，说话者许诺明天会来，对听话者产生的影响很可能是使其安心、放心。可以看到，"I will come tomorrow." 这句话同时包括了叙事行为、施事行为和成事行为。在许多情况下，这三种言语行为是一个整体。这种划分开辟了从行为角度审度语言使用的全新视角。[①]

奥斯汀特别关注施事行为，根据语力，他将施事行为的话语分成五类。第一类裁决型（verdictive），行使判决，例如，acquit, convict, rule；第二类行使型（exercitive），行使权力或施加压力，例如，appoint, beg, urge；第三类承诺型（commissive），承担义务或表明意图，例如，promise, swear, bet；第四类行为型（behabitive），表明态度，包括表道歉的 apologize，表感谢的 thank，表同情的 condole，表态度的 criticize，表问候的 welcome，表希望的 toast，表挑战的 dare 等；第五类阐释型（expositive），阐明理由，解释争论和交际作用，例如，affirm, remark, testify。

下面进入言语行为理论发展的第二阶段。塞尔在继承和修正其老师奥斯汀理论的基础上进一步发展和系统化了言语行为理论。

塞尔修订了奥斯汀对言语行为的"三分说"，提出了自己的"四分说"。塞尔将言语行为分成四类：第一，发话行为（utterance act），即说出单词、句子的行为；第二，命题行为（propositional act），即由指谓（referring，谈到的人或物）和表述（predicating，对谈到的人或物所做的表述）所实施的行为；第三，施事行为（illocutionary act）；第四，成事行为（perlocutionary act）。可以看到，塞尔的言语行为"四分说"中的第三和第四类言语行为与奥斯汀的第二和第三类是一样的。不同的地方在塞尔的第一和第二类言语行为。此处，塞尔是将奥斯汀的第一类言语行为"叙事行为"进行了拆分和重新界定。包含在奥斯汀叙事行为中的发声和发音行为被塞尔单列为"发话行为"。奥斯

---

① Austin J L, *How to Do Things With Words（2nd Edition）*（Oxford：Clarendon Press，1975），pp. 94—100.

汀叙事行为的第二层内涵"表意行为"被塞尔以"命题行为"取代，因为塞尔认为很多时候表意的同时就是在施事，"不存在不带语力特征的句子"，句子表意中实施的言语行为和具有的语力在语境中得到确定。他反对奥斯汀把"表意行为"和"施事行为"割裂开来看，他认为"句子表意的研究和言语行为的研究不是两种独立的研究，而是从不同视角所做的同一研究"。而塞尔界定的"命题行为"使命题中立于施事和语力，围绕同一个命题的不同句子表达可以呈现不同的施事行为和语力。例如都是命题"山姆吸烟"（山姆是指谓，吸烟是表述），以下四个句子的施事语力是完全不同的：（1）"Sam smokes habitually." 是断言；（2）"Does Sam smoke habitually？" 是提问；（3）"Sam, smoke habitually！" 是命令；（4）"Would that Sam smoked habitually." 是祝愿。[1]

　　针对奥斯汀对施事行为话语的五个分类，塞尔也进行了批评修正。塞尔认为奥斯汀不是给施事行为分类，而是给英语的施事动词分类，他提出了针对施事行为的新分类：（1）断言行为（assertives）；（2）指令行为（directives）；（3）承诺行为（commissives）；（4）表态行为（expressives）；（5）宣告行为（declarations）。他还提出奥斯汀的分类存在五个问题。其中有一点与本书的讨论话题息息相关，那就是，塞尔批评奥斯汀的施事行为分类中"身份和习俗两方面的考虑是隐而不见的"。塞尔提出不同类型的施事行为差别的一个重要方面是"说话人和听话人的身份或地位不同使话语具有的语力有差别"。[2] 例如，将军叫列兵打扫房间，很可能是发出命令；而列兵请将军打扫房间，则可能是提出建议，绝不可能下命令。[3] 塞尔将身份认同的因素引入言语行为理论中，为沿着该理论架构发展出关注身份认同的研究做了理论

---

① Searle J R, *Speech Acts*：*An Essay in the Philosophy of Language*（Cambridge：Cambridge University Press，1969），pp. 1—11.

② Searle J R, *Expression and Meaning*：*Studies in the Theory of Speech Acts*（Cambridge：Cambridge University Press，1979），pp. 1—11.

③ 索振羽：《语用学教程》，北京大学出版社，2014/2020，第 152—153 页。

准备。

  言语行为理论最重要的贡献就是为自然语言的解读开辟了全新的视角，语言不再只是语言，而是包含多个层次的行为，语言的功能不仅是停留在意义的表达，而是还能够实施各种行为。从这个角度来看待语言，无疑将语言所具有的能动性推向了一个新的高度，为理解社会建构主义框架下语言的建构性做了思想准备。同时，语用学的经典理论似乎都经历了一个从哲学到语言学，从语言表意的共性到言语交际的个性的研究转变。言语行为理论也是这样。在言语交际的个性研究阶段，有学者将言语行为理论与身份建构结合，提出"身份行为"（identity act）的概念。

  巴特勒（Butler）通过身份建构进一步发展了施为言语行为（performative speech acts）（施事行为）的概念。社会建构主义认为社会现实是在语言互动实践中构建的。人们的施事行为可以被运用于构建交际参与者的身份这一社会现实，此时的施事行为就是在实施巴特勒提出的"身份行为"。[①] 沃（Linda R. Waugh）的研究表明了交际参与者是如何实施"身份行为"和构建特定身份的。克里姆（Karim）具有突尼斯人的外貌特征，在法国和美国都生活了很长时间，他试图在交谈中构建一种三元的跨文化身份认同。该对话使用突尼斯语，发生在克里姆和他两个朋友马赫和塞尔维（Maher 和 Sylvie）之间。例句附有英文翻译。

  1 Maher：Ouais, je-sais ouais, toi tu-parles le（"Yeah，I-know yeah，you-speak"）

  2 Sylvie：y-a Ça aussi（"There-s that too"）

  3 Maher：franÇais（"French"）

  4 Karim：et l' anglais！（"And English!"）

---

① Butler J, *Excitable Speech：A Politics of the Performative*（New York：Routledge，1997）.

　　5　Maher：anglais（"English"）

　　这段对话围绕着克里姆会说哪些语言这个话题展开。对话中的1—3话轮中，克里姆的朋友在突尼斯语的交谈中表示他们知道克里姆还会说法语，这部分对话实施了包含两重含义的"身份行为"，为克里姆构建了突尼斯人和法国人的身份认同。话轮4是一个插入话轮，克里姆通过一个连接词"et l（'and'）"紧接着话轮3发话，用突尼斯语以加强的语气（通过"！"表示）说自己还会讲英语，实施了包含三重含义的"身份行为"，强调自己不仅是突尼斯人，还同时具有法语人和美国人的身份认同。话轮5一方面是在重复话轮4的最后一个词"anglais（'English'）"，另一方面是接着话轮3的，也是在实施"身份行为"，通过重复克里姆的话，表示赞同克里姆还会说英语，帮助克里姆构建多重身份认同。①

　　在本案例分析中可以看到，施事行为不再限于单个句子，而是需要通过会话语篇来完成，与语境关系密切。所以，本例中实施的"身份行为"属于塞尔提出的非规约性间接言语行为。"间接言语行为是通过实施另一种施事行为的方式来间接地实施某一种施事行为"，分成规约性和非规约性间接言语行为两类。它的提出是塞尔对发展和完善言语行为理论作出的一个重要贡献。本例的会话互动中，交际三方轮流实施"身份行为"，共同构建了克利姆的三重跨文化身份认同，属于非规约性间接言语行为。因为它没有规约性的句法形式，言语行为依靠语境和说话人双方的共知语言信息来推导。例如，该对话使用突尼斯语，这是一个"发话行为"，由于上下文语境是在讨论克里姆掌握的语言种类，这段突尼斯语对话同时实施了"断言行为"（克里姆会讲突尼斯语），而间接实施了"身份行为"（克里姆是突尼斯人）。话轮4中克里姆说"et l' anglais!（And English！）"，如果没有上下文语境，这只是一个"命

---

① Waugh L R，"Power and Prejudice：Their Effects on the Co-construction of Linguistic and National Identities," *Critical Inquiry in Language Studies* 2，no.7（2010）：112—130.

题行为"，看不出这句话如何施事；结合会话上下文，话轮 4 就是一个"断言行为"（克里姆会讲英语），间接实施"身份行为"，即"我（克里姆）是美国人"。话轮 5 重复了克里姆在话轮 4 的最后一个词"anglais（English）"，结合上下文语境这是表示赞同，是一个"表态行为"（马赫同意"你会讲英语"这件事），间接实施了"身份行为"（克里姆是美国人）。同时，这也表明，"身份行为"的实施不仅可以构建说话人的身份认同，还可以构建对话人（话轮5）或者第三方的身份认同（话轮 1—3）。

本例在言语行为框架下，通过"身份行为"这个概念对身份认同的构建进行分析。如果放在社会语言学的分析框架中，似乎不通过"身份行为"也能直接推出结论。那么引入"身份行为"的意义何在呢？回答这个问题需要回归言语行为理论提出的初衷。言语行为理论的提出开创了从行为角度解读语言使用的新思路。多数时说话人都在以言行事。这为语言实践构建身份认同的中间环节补上了富有阐释力的能动性的一环。以往的分析中都是把特定语素与对应的社会和文化人群挂钩，然后就得出该语素构建了特定身份认同。这种分析过程给人一种语素自然而然就能完成认同建构的感觉。而说话者的能动建构过程显得模糊不清。言语行为理论框架下，大多话语可以被视为各种不同类型的施事行为，这就揭示了说话者说每句话时的直接和间接行为动机，或断言，或表态，或承诺，或构建身份。因此，说话者通过语言构建身份的能动性就得到了凸显。

四、会话含义

会话含义理论（the theory of conversational implicature）是由美国语言哲学家格赖斯于 1967 年哈佛大学的一次演讲中首次提出。跟奥斯汀一样，格赖斯也是日常语言哲学家，认为自然语言是完善的，不需要用逻辑语言来替代它。[①] 格赖斯关注自然言语交际中意义如何恰当表达和准确理解的一般性原则和准则，也就是会话的一般规律。格赖斯把会话的意义（meaning）分为两类："自然意义"（natural meaning）和"非自然意义"（non-natural meaning）。[②] 关于"自然意义"，他举了一个例子："Those spots meant measles."（那些斑点意味着麻疹）。这句话不存在施事者，自然也不用考虑施事者的意图，只需要按照字面意思"自然地"理解即可，这类话语的意义就是"自然意义"。"非自然意义"是指由话语的字面意义和施事者的交际意图共同传递出的意义，即"有意图的信息交流内容"。[③] 而格赖斯重点关注的会话含义（conversational implicature）就包含在施事者的交际意图之中。显而易见，自然言语交际中包含"非自然意义"的话语占大多数。例如，A 和 B 在谈论他们的共同朋友——在银行工作的 C：

A：How is C getting on in his job ?

B：Oh quite well, I think; he likes his colleagues, and he hasn't been to prison yet.

这个对话中，读者对 B 说的"he hasn't been to prison yet."是什么意思？一定会有很多疑问和各种猜想："C 是犯了什么事了吗？""C 是不是容易受钱财诱惑的人？""C 的同事不好相处？"等，因为这句话的字面意思与上下文内容没有明确的逻辑关系。这种情况下，B 说出这句话要表达的一定是与字面意思不一样的某个意思，而基于 A、B 和 C 相互的熟悉程度和共享的背景信息，A 也不会以字面意思来理解这句话，并且能够接收到 B 通过这句话所暗含的意思。格赖斯认为会话含义是由会话的一般规律决定的。他的会话含

---

① 姜望琪：《当代语用学》，北京大学出版社，2003/2019，第 57 页。

② Grice H P，"Meaning," *Philosophical Review* 66, no. 3（1957）：377—388.

③ Levinson S C，*Pragmatics*（Cambridge：Cambridge University Press，1983），p.131.

义理论就是研究决定会话含义传达和理解的一般规律。[①]

那么，什么是会话的一般规律呢？格赖斯认为：在正常情况下，交际会话不会由一连串不相关的话语组成（可能出现一两句不相关，但会很快回归相关），否则就不合情理。交际参与者都在某种程度上意识到一个或一组共同的会话目标，或者至少有一个彼此接受的话题方向。这种目标和方向，可能在会话之初就很明确（例如，在一开始就确定了讨论的话题）；也可能一开始不太明确，交谈中不断变化，在会话的不同阶段呈现相对确定的目标和方向（例如，闲聊）。但是，无论哪种情况，在一定的会话阶段，如果某些话语不适合该阶段的目标和方向就会遭到排斥，这样会话才能顺利进行下去。因此，我们可以提出一个交际参与者共同遵守的一般原则，那就是"使你的话语，在其所发生的会话阶段，符合你参与的谈话的公认目标或方向"。格赖斯把这个一般原则叫作"合作原则"（cooperative principle）。格赖斯认为，"合作原则"就是会话的一般规律，"合作原则"制约"会话含义"产生的过程。合作原则是会话含义理论研究的核心内容。

为了进一步说明合作原则的内容，格赖斯仿效德国哲学家伊曼努尔·康德（Immanuel Kant）在"范畴表"中的四个范畴名称，提出了合作原则的四个准则。他认为遵守这些准则就是遵守合作原则，具体内容如下：（1）量的准则（maxim of quantity），指所提供的信息的量要满足且不多于会话的要求；（2）质的准则（maxim of quality），指不说自己相信是错误的事情，不谈缺乏足够证据的事情；（3）关联准则（maxim of relevance），指所说的话必须是相关的；（4）方式准则（maxim of manner），指说话应简洁，有条理，避免晦涩、模糊、歧义。这些合作原则的准则如何影响"会话含义"的产生呢？格赖斯认为，会话含义是依赖合作原则及其准则的。只有假定说话人是遵守

---

① Grice H P，Logic and Conversation. In Cole P，Morgan J L（eds.），*Syntax and Semantics 3：Speech Acts*（New York：Academic Press，1975），pp. 41—58.

准则的，是在为实现会话目标而努力的，才会有推导会话含义的基础。在现实交际中，当听话人发觉说话人违反了合作原则的准则的时候，会意识到说话人的反常，因而促使自己在理解上付出更多努力，超越话语的表面意思去推导说话人所说话语的隐含意义。这时，"会话含义"就产生了。这种话语的隐含意义就是"会话含义"。举个例子，故意违反"方式准则"中的"避免晦涩"来传达会话含义。

Father: Let's get the kids something.

Mother: Okay, but I veto C-H-O-C-O-L-A-T-E.

父亲提议给孩子弄点吃的。母亲表示同意，但是故意使用晦涩的在场的孩子听不太懂的话语促使父亲领会到言外之意。首先，母亲在这个日常家庭对话中用了一个拉丁语源的书面词语 veto（反对）；其次，母亲把英文单词 chocolate（巧克力）按字母拼写一个个念出来，让年幼的孩子听不懂，让父亲需要费一些力气才能明白是哪个词。以此晦涩的表达，母亲传递出会话含义：不要给孩子们吃巧克力，同时，帮我保密，不要让他们知道。[①]

至此，我们对会话含义理论和合作原则的理论内容和研究对象有了一个大致的了解，但是目前还看不出它们与身份认同和认同建构研究的关系。这是接下来要论述的内容。

随着研究的深入，许多学者对格莱斯的合作原则提出疑问和修正方案。其中有一派观点是，只凭对"合作原则"的遵守和违反并不能完美解释人们在言语交际中出现的各种复杂现象。例如，人们为什么有时遵守合作原则及其准则，以直截了当的方式说话，有时却故意违反合作原则的某些准则，以拐弯抹角的方式说话，产生会话含义？莱考夫（1973）等学者认为，要解开

---

① 索振羽：《语用学教程》，北京大学出版社，2014/2020，第62页。

这个疑问，需要考虑涉及交际参与者的身份地位和交际语境的礼貌和得体等问题。[①] 因此，许多学者纷纷提出礼貌原则和得体原则，代表人物有莱考夫、利奇、布朗和莱文森、索振羽等。他们认为，礼貌原则和得体原则是对合作原则的有力补充，共同制约会话含义的产生过程；它们相互协作，共同保证人们言语交际正常、顺利、有效地进行。礼貌原则也好，得体原则也好，它们对合作原则的完善和补充，实质上是在会话含义理论中突出了交际者和语境的因素。其中，一旦涉及交际者，身份认同是绕不开的重要话题。随着研究的发展，很多学者从身份认同的视角探讨言语交际中的面子和礼貌问题，成了语用学在会话含义研究领域的一个热门话题。下面的部分将对这个发展过程和研究内容进行一个简要介绍。[②]

首先，莱考夫拓展了格莱斯的观点。她提出，格莱斯的合作原则及其准则主要和会话的简洁、次序有关。如果关注点是在信息的传达上，则说话人会把注意力放在话语的简洁上；反之，如果关注点在交际参与者的身份地位和（或）谈话涉及的情境上，则说话人会把注意力放在礼貌的表达上。尽管有时简洁就是礼貌，但大多数情况下，两者互不相容。当两者发生冲突时，就需要牺牲简洁，强调礼貌。[③]

利奇也对格莱斯的观点作了补充和发展。他的"礼貌原则"是作为合作原则的"援救"原则提出来的。利奇指出，合作原则指导我们应该说什么，使会话达到预期目的，而礼貌原则可以帮助维持友好关系，这种关系是以双方自愿配合为前提。利奇的礼貌原则包括六条准则：（1）得体准则

---

① Robin L, The Logic of Politeness: Or Minding Your P's and Q's. In Claudia Corum, Cedric T Smith-Stark, Ann Weiser, *Papers from the Ninth Regional Meeting of the Chicago Linguistics Society* (Chicago: Chicago Linguistic Society, 1973), pp.292—305.

② Spencer-Oates H, Ruhi S, "Identity, Face and(Im)politeness," *Journal of Pragmatics* 39, no.4(2007): 635—638.

③ 祝畹瑾主编《新编社会语言学概论》，北京大学出版社，2013，第 194 页。

（tact maxim）：最小限度让别人受损，最大限度使别人得益；（2）宽宏准则（generosity maxim）：最小限度使自己得益，最大限度让自己受损；（3）赞誉准则（approbation maxim）：最小限度贬低别人，最大限度称赞别人；（4）谦虚准则（modesty maxim）：最小限度称赞自己，最大限度贬低自己；（5）一致准则（agreement maxim）：使对话双方的分歧降至最低程度，使对话双方的一致达到最大程度；（6）同情准则（sympathy maxim）：使对话双方的反感降至最小程度，使对话双方的同情增至最大程度。[①]

索振羽提出"得体原则"，将"取得最佳交际效果"定义为"得体"。在这个定义下，索振羽认为"得体"不应该如利奇概括的那样是礼貌原则下的准则，而相反，"礼貌"应该是得体原则下的一条准则，因为得体的外延明显更广。利奇的六个礼貌原则的准则在索振羽的得体原则框架下基本原样保留下来，只是降级为礼貌准则的次准则。索振羽总结了礼貌准则的三个特征如下。（1）级别性（gradations）：依据交际双方的损益程度和不同的语言手段，礼貌的程度具有高低不同的级别。（2）冲突性（conflicts）：指对话参与者由于各自遵守礼貌准则而导致整个对话违反了礼貌准则，这就是利奇所说的"礼貌的语用悖论"。例如，老师夸学生书写很漂亮"Oh, what beautiful handwriting!"，遵守了礼貌的"赞誉次准则"，学生回应道"No, no, not at all. You are joking."，遵守了"谦虚次准则"，可是老师对学生书写的肯定和学生对自己书写的否定放在一起就违背了"一致次准则"。（3）适合性（appropriateness）：运用礼貌准则时要依据具体语境的要求选用恰当的礼貌方式，具体语境因素包括交际内容、交际场合和交际对象，其中交际对象要注意听话人的身份、亲疏关系等。[②]

至此可以看到，会话含义理论中礼貌原则/准则的运用是否合适，需要

---

① Leech G N, *Principles of Pragmatics*（London and New York：Longman，1983），p.16.

② 索振羽：《语用学教程（第2版）》，北京大学出版社，2014，第83—84页。

考虑交际参与者的身份，这一点被明确提出来了。什么样的礼貌方式和什么样的礼貌级别可以被视为礼貌？这与交际参与者的身份和相互关系是密不可分的。例如，同样是询问是否能吸烟，对话双方的上下级身份和是否是平等关系，决定了说话者是否运用了恰当的礼貌方式。对比（1）Mind if I smoke? 和（2）Excuse me, sir, would it be all right if I smoke? 很明显，从字面意思来看，例句（2）比例句（1）礼貌级别更高。但是脱离交际者身份和关系的这种分析是没有意义的。例句（1）用于上级对下级或双方平等的关系时即可体现礼貌。若是下级对上级或双方不平等的关系时，例句（2）才能体现礼貌。反之，若将字面意思礼貌级别高的例句（2）运用于平等或亲密关系的对话人，反而因为礼貌方式不合适而无法体现出礼貌。

此处，礼貌原则与身份的关系是相对静态的，处于社会建构主义连续体偏向结构主义的那一端。社会身份和社会地位与礼貌的合适性建立了相对固定的对应关系。布朗和莱文森试图通过了解说话人作为社会成员的诉求来解释礼貌，例如，比较理性，有面子需求等。[①] 他们的礼貌理论建立在戈夫曼的"面子行为理论"基础上。戈夫曼（1967）的"面子行为理论"为面子、礼貌与身份认同的社会建构主义研究奠定了理论基础。

戈夫曼认为，面子是一个人所具备的正面的社会价值，它是个人的自我体现，同时也是他人所认为的此人在社会交际中所保持的社会价值。[②] 戈夫曼提出面子的构建。人们在交际互动中会尽力为自己构建一个与互动相关的身份认同，作为其正面社会价值（面子）的具体体现。如果一个交际参与者成功维持了特定身份认同，那么可以说这个人保住了面子。在交际互动中，我们不仅在为自己，也同时在为其他交际参与者做面子工作。简而言之，如果我们感到他人对自己有帮助，我们就会尽量避免做出有损他人面子的事情，

---

① Fasold R, *The Sociolinguistics of Language*（Oxford: Blackwell, 1990）.

② Goffman E, *Interaction Ritual*（New York: Pantheon, 1967）, p.5.

而是尽量帮助他人维护好面子和体现面子的特定身份认同。那么，面子工作就是一个互动共构的成果，所有的交际参与者一起维护每个人的面子。

面子工作与身份认同密切相关，面子作为一个人的正面社会价值是身份认同的重要组成，对人们维护特定身份认同至关重要。在交际互动中，人们一直在做面子工作，也就是在持续维持特定身份认同。当面子工作遭到破坏时，这些身份认同也就会受到威胁。以下美国前国务卿希拉里的例子充分体现了这一点。

本例摘自天空新闻（Sky news）2009 年的报道。时任美国国务卿的希拉里·克林顿（Hillary Clinton）对刚果展开外交访问，在一个公众问答大会上，她回答了一个刚果学生的提问。

Student：We've heard about the Chinese contracts in this country（2.5 seconds）their interferences（1 second）from the World Bank against this contract（1 second）what does Mr. Clinton think through the mouth of Mrs. Clinton and what does Mr. Mi Mutumbo think on this situation thank you very much.

（5.5 seconds pass while the student's question is translated）

Hillary Clinton：Wait you want me to tell you what my husband thinks？（1 second）my husband is not the Secretary of State...I am（0.5 second）so you ask my opinion I will tell you my opinion...I'm not going to be channeling my husband.

学生提问："我们听说中国与本国签订的合同遭到了世界银行的干涉，请您讲讲克林顿先生和米·穆托姆博先生对此有什么看法？非常感谢。"学生是用本国语言提问的，问题由翻译员译成英文。听了问题的英文翻译后，希拉里·克林顿答道："等下，你想让我告诉你我的丈夫怎么想？我的丈夫不是国务卿……我是。所以，如果你是问我的观点，我会告诉你我的观点……我不会去转达我丈夫的观点。"

这位刚果学生面对作为时任美国国务卿的希拉里·克林顿，提出一个时政问题，却并没有问她本人的观点，而是问她的丈夫"克林顿先生"和另一位"米·穆托姆博先生"对此事的观点。这无疑对希拉里·克林顿作为一个实权政治领导人的正面价值造成了严重威胁，即这位刚果学生的唐突提问严重损害了她的面子，进而对她的身份认同造成了双重威胁。一是威胁到希拉里·克林顿美国国务卿的身份认同。在这个外交交际语境中，具有国际影响力的政治家才是符合她的面子需求的身份认同，而不是前总统夫人。二是威胁到她作为外交公众问答的发言人的身份认同。在这个公众问答交际语境中，对国际时政问题发表观点和见解的外交发言人才是符合她面子需求的身份认同，而不是做只能转述别人观点的传声筒。希拉里·克林顿针锋相对的回答表明，她意识到刚才的问题产生了严重的面子威胁，她试图挽回自己的面子，维持作为美国国务卿（她说"my husband is not the Secretary of State...I am"）和公众问答发言人（她说"so you ask my opinion I will tell you my opinion...I'm not going to be channeling my husband."）的身份认同。可是，她的面子工作成功了吗？从后续媒体的反应看来，她的面子工作并不太成功，因而她的身份认同构建也大打折扣。希拉里·克林顿在努力换回自己面子的同时却没有同时顾及维护其他交际参与者（提问的刚果学生和译者）的面子。她的尖锐回答并没有缓解因学生和译者的失礼造成的尴尬局面，反而使气氛更加尴尬了。事后，希拉里·克林顿遭到了美国媒体的严厉批评，认为她的反应是一种情绪冲动，完全不符合其美国第一外交官的身份。人们希望她能够担负起挽回互动者面子的责任，同时展现自己的外交和社交技巧。[①]

戈夫曼的面子理论将面子和身份认同联系起来，通过面子构建的论述，我

---

① 莎伦·K.德克特、卡罗琳·H.维克斯：《社会语言学导论：社会与身份》，何丽、宿宇瑾译，中国书籍出版社，2015，第99—101页。

们看到面子是需要不断地共同维护的，因此，交际中的特定身份认同也是需要持续构建和维护的动态结果。戈夫曼的面子理论和面子构建，从交际者的社会心理需求角度，为身份认同的动态建构性提供了新的富有启发性的解读视角。

受戈夫曼的影响，布朗和莱文森（1987）认为社会的所有成员都有面子的需要。他们提出的礼貌理论（politeness theory）将面子分为两种：积极面子（positive face）和消极面子（negative face）。积极面子指希望得到别人的赞同、喜爱，消极面子指不希望别人将意愿强加于自己，即自己的行为不受别人的阻碍。布朗和莱文森认为，许多交际行为在本质上是威胁面子的。例如，命令、请求等威胁消极面子，而不同意、批评等威胁积极面子。因此，需要采取一些"礼貌策略"来补偿和平衡对面子造成的威胁和破坏。相应地，他们提出了满足积极面子的积极礼貌策略（positive politeness）和满足消极面子的消极礼貌策略（negative politeness）。例如，积极礼貌策略有：（1）注意到听话人的兴趣、需要；（2）夸大自己对听话人的兴趣、赞同、同情；（3）使用具有同一集团身份的标记；（4）避免不一致；（5）提供帮助或许诺；等等。消极礼貌策略有：（1）说话迂回；（2）说话模棱两可；（3）减少对对方的强加；（4）道歉；（5）用名词指行为；等等。[①]

布朗和莱文森认为，虽然礼貌、面子、面子需求、面子威胁是普遍存在的会话现象，但是它们的特定内涵和具体表现方式是具有文化差异的。[②] 根据不同的交际倾向，世界上有些社会属于积极礼貌文化，有些是消极礼貌文化。在积极礼貌文化中，人们倾向于在交际互动中使用积极礼貌策略建立与交际参与者之间的共识感和熟悉感。在消极礼貌文化中，人们则倾向于使用消极

① Brown P，Levinson S C，*Politeness*：*Some Universals in Language Usage*（2nd ed.）（Cambridge，MA：Harvard University Press，1987）.

② Brown P，Levinson S C，*Politeness*：*Some Universals in Language Usage*（2nd ed.）（Cambridge，MA：Harvard University Press，1987），p.243.

礼貌策略，在交际互动中保持尊重、克制和回避。

借鉴布朗和莱文森对积极礼貌文化和消极礼貌文化的划分，哈特朴鲁（Hatipoğlu，2007）在研究中引入文化身份认同和职业身份认同的视角，对土耳其和英国的英文学术会议征稿启事中的礼貌策略进行对比研究。研究发现，文化身份认同、职业身份认同和交际目的相互交织又相互影响，使身份认同处于持续动态构建中，对礼貌策略的使用产生影响。研究重点调查征稿启事中的"问候语"（salutation）和"包括式'我们'"（inclusive "we"）的使用情况，发现有时候职业身份认同超越了文化身份认同，表现在"问候语"的使用情况在土耳其和英国的征稿启事中没有显著区别，都采用了符合学术领域职业化信件规范的问候方式；有时候文化身份认同占了上风，由于土耳其文化中对群体内和群体外的理解与英国文化不同，出现了"包括式'我'"在两国征稿启事中的使用有显著差异。在鼓励收件人积极投稿这部分内容上，土耳其的征稿启事多使用属于积极礼貌策略的"包括式'我们'"，而英国的征稿启事倾向于消极礼貌策略，很少使用"包括式'我们'"。这个研究案例体现了身份认同对礼貌策略的影响。而且此处的身份认同并不是静态的，体现了一定的建构性。根据不同的交际目的，身份认同是动态转换的。

第三节　会话分析与认同建构

会话分析在社会语言学和语用学中都是重要的研究内容，也是两个研究领域共享的一个研究内容。会话分析是由美国的社会学家萨克斯、谢格罗夫和杰弗逊于20世纪60年代末70年代初开创的，被社会语言学和语用学分别借鉴过来。社会语言学主要是对他们提出的会话结构的理论加以运用，在此基础上结合交际民族志学，发展了互动社会语言学。语用学在运用的基础上进一步发展和完善了会话结构分析的研究内容。

　　开创会话分析学的社会学家萨克斯、谢格罗夫和杰弗逊是通常所说的"民族方法论者"（ethnomethodologists）。他们从大量的自然会话语料入手，把重点放在会话中反复出现的模式上，总结出会话结构。莱文森认为，这种会话结构的研究方法是一种经验的方法。莱文森指出，尽管语用学产生的背景主要是哲学传统，但这种哲学传统今后将让位于对语言使用的经验性研究，利用内省材料进行的概念分析将让位于以观察为依据的细致的归纳工作。[①] 也就是说，莱文森为语用学研究指明了一个重要的路径，那就是采用以经验为基础的归纳法，从大量的会话素材中找出反复出现的模式，总结规律、提炼出理论。这就是源于社会学领域的会话分析带给语用学研究的深远影响。经过发展，会话结构分析成为语用学的重要领域，甚至可以说是最重要的领域。因为，语用结构的各个方面都是以自然交际中的会话为中心组织起来的。[②] 通过对会话结构的分析，可以揭示会话构成的规律，解释自然会话的连贯性，有益于话语意义的恰当表达和准确理解，而这正是语用学研究的终极目标。

　　同时，我们可以看到，以会话分析的引入和发展为标志，语用学发展出了两种研究范式，一种是以经典语用学理论为代表的语言哲学范式（如，言语行为、会话含义、合作原则、预设、指示等），另一种是以会话分析为代表的经验归纳范式。前者追求对自然会话一般规律的提炼和概括，后者追求对具体自然会话的细致分析，而且后者已经发展成为当下语用学研究的主流。

　　基于萨克斯、谢格罗夫和杰弗逊的会话结构分析理论（主要是话轮转换、相邻语对和纠偏机制）的身份认同建构研究已经在社会语言学的相关章节讨论过了，此处不再赘述。本节主要介绍语用学家新发展出来的内容，以及基于此所做的身份认同研究。

　　莱文森从新格莱斯原则角度对会话结构做出解释。他把谢格罗夫等人

---

① 索振羽：《语用学教程》，北京大学出版社，2014/2020，第 167 页。

② Levinson S C, *Pragmatics*（Cambridge：Cambridge University Press, 1983），pp.284—285.

（1977）关于会话存在自我纠偏偏好的观点引申到相邻语对，认为一个相邻语对的第一部分会有偏好程度不同的第二部分与之匹配，提出纠偏机制也是一个 "偏好组织"（preference organization），分为 "偏好的第二部分"（preferred second part）和 "非偏好的第二部分"（dispreferred second part）两类。此处 "偏好" 不是心理学概念，而是结构概念。"偏好的第二部分" 是无标记的，"非偏好的第二部分" 是有标记的，二者结构差别很大。"偏好的第二部分" 的结构很简单，有时只要简单一个 "yes" 就可以。而且，它跟第一部分的联系很紧密，不会有什么间隙，例如：

A：Why don't you come up and see me some.

//times

B：I would like to.

说话人 A 话还没说完，说话人 B 就接上了，出现了重叠（// 表示重叠开始）。"非偏好的第二部分" 则很复杂，例如，它有 "hehh" 这样的故意拖延，"well" 这样的 "非偏好标志词"（dispreferred marker）和 "That's awfully sweet of you."（你真的太好了。）这样的致谢，然后才出现 "I don't think I can make it this morning."（我想我今天上午去不了了。）这样的婉辞，最后还有 "I'm running an ad in the paper and-and uh I have to stay near the phone."（我要在报纸上登广告，我得待在电话旁边。）这样的解释。[①]

比较重要的理论还有预示序列（pre-sequence），最小化原则（minimization）和会话总体结构（overall organization）的研究。

莱文森（1983）提出的预示序列，是说话人在以言行事之前用以探听虚实的一类话语，用以考察有无向听话人实施某一言语行为的可能性，即说话

---

① 姜望琪:《当代语用学》，北京大学出版社，2003，第 233 页。

人实施某一言语行为能否从听话人那里得到"期待的"反应。预示序列是为了表达"邀请""请求""宣告"等语力的最典型的会话结构，可以分成预示邀请、预示请求、预示安排、预示宣告、预示提议等。例如：

1　A：Whatcha doin？

2　B：Nothin'

3　A：Wanna drink？

（莱文森，1983：346）

这是一个邀请预示序列的例子。话轮 1 说话人 A 问"Whatcha doin?"（你在干什么？）是在谈听有无向听话人发出邀请的可能性。话轮 2 中说话人回答"Nothin'"（没干什么。）之后，说话人 A 认为具备了发出邀请并获得正面回应的可能性，话轮 3 中说话人 A 才发出邀请。

再举一个请求预示序列的例子。

1　A：Do you have the blackberry jam？

2　B：Yes.

3　A：Okay. Can I have a pint then？

4　B：Sure.

话轮 1 中说话人 A 先问"Do you have the blackberry jam?"（你有黑莓酱吗？）是在探听如果发出请求的话是否能得到"合意的"的反应，即请求不会被拒绝。当得到话轮 2 中说话人 B 的肯定回答后，确认这个请求能得到正面回应，话轮 3 中说话人 A 才正式发出请求"Can I have a pint then?"（可以给我一品脱吗？）。[1]

---

[1]　索振羽:《语用学教程（第 2 版）》，北京大学出版社，2014，第 181 页。

以上两个预示序列的例子都体现了莱文森（1987）提出的最小化原则，即最小化的信息量原则。可以看出，使用预示序列的目的是试探将要实施的行为是否有必要，如果没有必要，比如，预知发出的邀请会被拒绝或发出的请求会被拒绝，就可以在实施之前加以避免，选择不发出邀请或请求。这就是人们会设法"说得尽可能少"的最小化信息量原则。①

会话的总体结构是一个比较复杂的研究问题，目前研究得比较充分，也最典型的是打电话的会话总体结构。例如，高一虹、龙迪考察了电话心理咨询导语的结构和功能，揭示了电话会话导语的总体结构与来电者和咨询员关系建立的内在联系。②

会话分析为人们解析会话的各种结构提供了理论依据，为身份认同的建构研究提供了从会话结构角度进行分析的视角。大多数情况下，研究者关注的是具体话语对身份认同的建构。而袁周敏（2013）的研究则把身份认同建构与会话总体结构联系起来，揭示了身份认同在会话的不同结构阶段的动态变化。

袁周敏考察了在医药电话咨询中，咨询顾问建构的不同身份认同在会话的总体结构中的分布情况，并分析了其背后的语用动因。袁周敏在收集的医药电话咨询会话中发现，咨询顾问建构了三类身份：专家身份、同伴身份和销售代表身份。存在典型的会话整体结构，包含四个阶段：咨询启动阶段（包括问候确认序列）、问题建构阶段（包括问题启动序列、问题表述序列和问题商讨序列）、问题解决阶段（包括建议给予序列、药品推荐序列和药品问询序列）和会话结束阶段（包括会话结束序列）。

经过定量统计发现，医药电话咨询典型会话结构中各类身份认同建构的分布情况如下。第一，在咨询启动阶段，大多建构的是专家身份。第二，在问题建构阶段，启动序列中大多建构的是专家身份；在问题表述序列，则大多建构

---

① Levinson S C, Minimization and Conversational Inference. In Verschueren J, Bertucelli M P. *The Pragmatic Perspective*（Amsterdamand Philadelphia：John Benjamins，1987），pp. 61—129.

② 高一虹、龙迪：《电话心理咨询导语：结构与功能》，《语言文字应用》2001年第3期。

同伴身份；而在问题商讨序列中，专家身份和同伴身份交替出现，体现了商讨的互动性。第三，在问题解决阶段，总的来说，同伴身份的建构频次比之前两个阶段大大增加，而专家身份则大幅减少；另一个使用频次增加的身份是销售代表身份，表明在问题解决阶段咨询顾问的一个重要交际目标是推销药品。第四，在会话结束阶段，咨询顾问交替建构专家身份和销售代表身份。

通过将会话整体结构和身份认同建构相结合的分析方法，袁周敏揭示了身份认同动态建构背后的语用动因。在会话起始部分，专家身份大量出现，旨在建立权威，建构了在专业知识领域权势不平等的社会关系；随着会话的推进，其功能取向发生变化，同伴身份和专家身份均有不同程度的参与，同伴身份的介入建立了交际双方比较平等的社会关系，咨询顾问身份建构频次的人际功能也从一开始较为单一的"权威"功能转向拉近社会距离，亲近听话人、取得一致性的"亲和"功能；随着会话的继续推进，咨询顾问销售代表身份得以建构，其主要功能是向咨询人提供药品信息，进而实施劝说，希望咨询人相信并且购买该商品，从而建构了交际双方买卖的社会关系，促进了其交际目的的实现。从这种分布情况可以看出，专家身份和同伴身份的建构有利于引出和促进销售代表身份的调用，有利于帮助销售代表身份推介功能的实现。换句话说，专家身份和同伴身份建构主要是为建构销售代表身份做铺垫；而在权威与亲和的基础上，咨询顾问推介药品的成功率更高。[①]

第四节　语言顺应论和语用身份

语言顺应论，全称为"作为语言顺应论的语用学"（pragmatics as a theory of linguistic adaptation of adaptatiity），有两个理论层面：第一，是关于语

---

① 袁周敏：《商业会话中咨询顾问的语用身份建构》，转引自陈新仁《语用学视角下的身份与交际研究》，高等教育出版社，2013，第186—212页。

用学学科性质的理论；第二，是关于语言使用过程的理论。该理论由语用学家维索尔伦（Verschueren）于1987年提出。1999年他的《语用学新解》（*Understanding Pragmatics*）出版，标志着该理论走向成熟。

陈新仁在语言顺应论的宏观框架内建构语用身份论，将语用身份的选择与构建看作一种语言顺应行为。[1] 语用身份论的主要内容体现了语言顺应论的基本思想，是语言顺应论在身份选择与建构方面的具体体现。

从以上几节内容可知，身份认同的建构研究已经深入语用学的各个理论领域，身份认同在言语交际中的建构与作用已经成为语用学领域中的一个研究热点。[2] 在这样的背景下，陈新仁提出了语用身份（pragmatic identity 或 identity in use）的概念，这是在社会建构主义身份观影响下形成的一个语用学概念。语用身份有别于交际者在进入交际之前所具有的社会身份，是在具体交际情境中语言使用者有意或无意选择的自我或对方身份，以及说话人或作者在其话语中提及的社会个体或群体的他者身份。语用身份是特定的社会身份在语言交际语境中的实际体现、运用甚至虚构。[3]

陈新仁提出的语用身份是一种语用资源，具有施为、评价等语用功能。此处身份作为一种施为资源，其实就是前文提到的由巴特勒结合身份构建和言语行为理论而提出的"身份行为"。陈新仁强调语用身份不仅是交际双方的，还可以是交际者为交际中涉及的第三方构建的。这与德克特和维克斯（Deckert and Vickers）的观点一致，他们在讨论面对面互动与身份构建的关系时指出，我们不仅在互动中构建自己的身份，也构建其他人的身份，还包括

---

① 陈新仁：《语用身份论：如何用身份话语做事》，北京师范大学出版社，2018，第214页。

② 景晓平、陈新仁：《语用·认知与习得——第十届全国语用学研讨会综述》，《外语学刊》2007年第6期。

③ 陈新仁：《论语用平衡》，《外语学刊》2004年第6期。

不在互动现场的人。^①可见，陈新仁的语用身份的内涵和外延在前人研究中或多或少都能找到类似的论述。但是陈新仁第一个将这些理念进行提炼和总结，第一个给出了"语用身份"的术语，拨开了众多学科对身份认同不同界定的层层迷雾，明确将交际语境中现出的身份定义为"语用身份"，给出了不同于社会心理和社会文化研究领域中的"身份认同"的全新的语用学视角。

陈新仁明确指出，语用身份是语用学层面的概念，而非社会学或社会心理学概念。语用身份可以通过话语建构或凸显，同时超语言形式（如手势和表情）也可参与到语用身份的建构中。作为语境化的某种具体的社会身份，语用身份是与特定话语相伴随的某一个或多个社会身份，是言语交际者或当事人特定社会身份的语境化或语用化产物，一旦交际结束，交际语境消失了，语用身份也就不存在了。因此，与社会身份相比，语用身份具有下列基本属性：第一，交际依赖性；第二，动态选择性；第三，交际资源性；第四，话语建构性。语用身份的研究目的并不止步于身份研究，而是通过探讨语用身份的建构来揭示会话的语用功能、交际目的和效果，语用身份只是一种交际资源，包括：施为用意的解读资源、施为资源、人际资源、话语方式的阐释资源和评价资源。^②

陈新仁认为语用身份具体包括三种情形：第一，说话人发出或听话人理解特定话语时所采取的身份，这种语用身份源于传统研究中对立场、角色等的理解；第二，说话人发出特定话语时给自己或对方所构建的身份，这种语用身份源于传统研究中对形象、自我特征、身份诉求、叙事性身份的理解；第三，说话人发出特定话语中所"提及""利用"的第三方身份。例如：

---

① Deckert S K，Vickers C H，*An Introduction to Sociolinguistics*：*Society and Identity*（London：Bloomsbury Publishing，2011）.

② 陈新仁：《语用身份：动态选择与话语建构》，《外语研究》2013 年第 4 期。

（1）祝贺你。

（2）我们做管理工作的应该多了解下面同志的想法。

（3）（妻子对丈夫说）跟你妈谈得怎么样了？

以上三句话说话人使用了不同的身份说话，体现了不同的语用身份选择。例句（1）体现了语用身份的第一种情形。说话人直接用自己的身份说话，即说话人发出话语时所采取的身份，可能是公司总经理，也可能是对方的亲友、同事，视当下语境对话双方的身份关系而定。例句（2）体现了语用身份的第二种情形。说话人通过"我们做管理工作的"给自己构建了"管理者"的身份，并以这个身份来说这句话。例句（3）属于第三种情形。说话者作为妻子在跟丈夫谈起婆婆的时候，使用的是"你妈"而不是社会规约下的称呼"婆婆""咱妈"或"妈妈"，建构了交际对话中的第三方"婆婆"的比较疏远甚至可能是有点敌意的身份关系。①

借鉴传播学家特蕾西（Tracy）总结的话语实践的类型，陈新仁提出与身份建构相关的话语实践类型包括：宏观话语层面的对语码、语体、语篇特征、话语内容和话语方式的选择，微观话语层面的对言语行为、称呼语、语法、词汇或短语、语音特征和副语言特征的选择，可谓涵盖了语言实践的各个层次和不同方面。可以看出身份的话语建构方式是非常丰富的。②

语用身份论提出了语用身份的动态选择机制。为满足当前语境下的特定交际需求，交际者会参照各种语境因素（尤其是与当下会话活动相关的百科知识）进行特定语用身份的选择；身份选择通过与当前语境（尤其是彼此的社会距离或情感距离）相称的话语选择来加以建构；身份选择的结果以及相

① 陈新仁：《语用身份论：如何用身份话语做事》，北京师范大学出版社，2018，第92—93页。

② Tracy K, *Everyday Talk: Building and Reflecting Identities* (London: The Guilford Press, 2002), p. 22.

应的话语选择结果会影响当前语境下交际的进行，表现为当前语境下特定的交际效果。可以看到，贯穿整个动态选择过程的是语境的制约因素。

语用身份的提出为从语用学视角进行身份认同的话语建构研究提供了富有阐释力的理论工具，启发很多学者做了相关研究。有的聚焦语用身份建构的语言表征和话语实现，如称呼语的身份标记功能，人称指示语的变异和身份建构，广告劝说中身份建构的元话语资源等；有的聚焦不同语境话语中的身份建构策略和动机，如电视相亲节目语境中的身份建构倾向和动因，博士论文开题报告会的学术口语互动中专家的身份建构类型及调整策略，夫妻冲突话语中的语用身份操作方式、认知机制和磋商过程等。以郭亚东的研究为例，该研究将社会认知理论引入语用身份建构的研究，考察了冲突双方的认知矛盾，解析从交际需求到语用身份选择和话语选择之间冲突主体的认知机制，是对语用身份理论的一种发展。

以下对话的语境是：丈夫与妻子因为丈夫想拿儿子的教育基金给父亲治病的事情发生争吵（语料来源：电视剧《孩奴》第13集）。[①]

1　丈夫："嗯……我想跟你商量商量，看看能不能把这笔钱给我爸应应急。"

（省略了8个话轮）

9　妻子："＝借？那什么时候能还上？什么时候能补上？刘志高，咱们家现在已经是两手空空了。你再把这个钱拿走，那就是身无分文了！……欢欢是谁啊，那是你亲生儿子！"

10　丈夫："＝那现在躺在医院的是谁啊？那是我爸！"

在丈夫执意要动用这笔钱的时候，妻子提醒他"欢欢是你的亲生儿子"，通过提及第三方"儿子"的身份，间接地为丈夫建构了"父亲"的身份，旨

---

① 郭亚东：《日常言语交际中的语用身份研究》，吉林大学出版社，2020，第110—111页。

在使其意识到自己作为父亲的责任和义务，从而终止动用教育基金的念头。但是，丈夫并未在这一身份框架下展开讨论，他通过提及第三方"爸爸"的身份，间接地凸显了自己作为"儿子"的身份，旨在说明自己有义务照顾自己的父亲，将其拿钱看病的行为合理化。双方从不同的立场出发，强调了同一人（对话中的丈夫）不同的身份纬度，身份认知完全对立。这是一种基于"自我中心"的心理运作，因此在冲突过程中，说话人的语用身份操作，以及听话人对此做出的回应，都具有自我倾向。所以，夫妻二人在心理空间中激活的身份框架完全不同，二者的心理空间无法有效整合，冲突无法得到缓和。①

　　本章回顾了语用学从创立以来的各主要理论和它们与身份认同建构研究的关系，其发展经历了四个阶段。第一阶段，虽然语用学的创立是以标榜关注具体语境中交际参与者的意义表达和理解而与语义学区分开来的，但是在语用学经典理论发展的初期阶段，交际者及其身份认同是一个隐而不显的话题。交际者被视为语境的一部分，是像背景板一样的存在，不需要进行特别讨论；交际者被进行了哲学抽象化的处理，在交际意义表达和理解的过程中充当一种信息发出和接收的符号化象征。第二阶段，随着语用学研究逐渐从单纯的哲学范式过渡到语言学范式之后，各个经典理论的相关研究开始意识到语言使用者在言语交际中的重要性，开始关注语言使用者的主体性、主观性、能动性，这些都与身份认同息息相关，但是这个阶段鲜有学者直接讨论身份认同问题，只是或明或暗地谈及身份。第三阶段，在民族志的会话分析学和话语分析方法大量引入语用学研究之后，交际者的身份认同才进一步得到凸显和重视，因为在大量的语料分析过程中，学者们发现对言语交际者本身特别是对其身份认同的专门的、深入的研究能有效促进对具体语境下发生的言语交际进行充分的、深刻的解释。因此，如本节各部分内容的研究举例所示，交际者身份认同的视角被引入各个传统语用学研究领域，一方面提升

---

① Kecskes I, *Intercultural Pragmatics*（Oxford：Oxford University Press，2014）.

了理论的应用性，另一方面丰富和发展了语用学经典理论。语用学的研究焦点在于"交际"二字，即自然会话的交际意义、交际过程、交际目的、交际效果等，语用学中的身份认同研究一直是服务于"交际"这个研究焦点的。由于交际本身具有的动态实践性，语用学中的身份认同研究从一开始就或多或少带有动态性和建构性。第四阶段，语用身份理论的提出，正是在社会建构主义视角下构建了服务于语用学的研究，服务于"交际"研究焦点的身份认同理论。语用身份理论是对前人研究的提炼和总结，也是对语用学研究视野的拓宽，为言语交际的语用分析提供了新的理论工具。

第四章　教育语言学与认同建构

第一节　教育语言学的诞生

教育语言学（Educational Linguistics）这一概念最早由时任美国新墨西哥州州立大学语言学教授兼研究生院院长的斯波斯基于 1972 年的国际应用语言学大会上提出。起因是斯波斯基对于应用语言学所涵盖的研究领域过于宽泛而感到"不满"。应用语言学狭义上可指二语教学研究，在广义上几乎囊括了除语言本体研究之外以语言为研究对象的所有领域。[①]另一个原因是，应用语言学中最主要的研究领域是语言教学，但是研究过于关注语言学的学科理论和研究方法，而对教育学、心理学、社会学等与语言教学密切相关的其他学科知识探索不足。[②]因此，斯波斯基认为应该建立一门学科——教育语言学，它聚焦语言教育研究，旨在解决教育中各类与语言相关的问题和语言教育中的各类问题。并且，它是一门语言学和教育学的交叉学科，同时广泛借鉴和采用其他社会学科的研究方法，如人类学、心理学、社会学等，研究教育中

---

① 陆珏璇、沈骑：《国外教育语言学研究综述（2007—2017）》，《云南师范大学学报（对外汉语教学与研究版）》2018 年第 5 期。

② 杨金龙、梅德明：《教育语言学研究在中国：领域与方法》，《外语教学理论与实践》2019 年第 2 期。

的语言问题。[①] 可以看出，斯波斯基定义下的教育语言学在教育和语言的互动关系的聚焦之下涉猎面是很广的。

斯波斯基从 20 世纪 70 年代末 80 年代初期，开始在全球范围进行各类项目调查，例如，以色列语言政策问题（在以色列学校研究移民儿童教育政策和课程开发）；俄罗斯移民的语言与身份认同问题（以高中英语教师的身份在澳大利亚和英国研究英语教师和政策）；北美多语言地区的教学问题；等等。[②] 在斯波斯基的影响下，许多学者开始关注教育语言学研究并投入教育语言学的学科建设中。1976 年，美国宾夕法尼亚大学教育学院在人类语言学家海姆斯的带领下设立教育语言学博士专业。21 世纪初，该校的霍恩伯格（Nancy Hornberger）教授通过总结 20 多年来的研究发展，认为教育语言学已经具备独立学科的基本条件，将教育语言学的理论基础归纳为三点：第一，语言与教育相结合；第二，以问题为导向、以教育实践为出发点；第三，视语言的教与学为关注的焦点。[③] 可以看出，霍恩伯格对教育语言学的界定基本延续了斯波斯基的学科观点。

除了美国的学者，教育语言学的研究也引起了欧洲的功能学派的关注，代表人物就是系统功能语言学（Systemic functional linguistics）的创始人韩礼德教授。20 世纪 90 年代，韩礼德（1990）对教育语言学的研究领域与范式做出了进一步阐述，认为教育语言学不应仅被视为语言学的一个分支，其研究领域应以主题为基础（theme-based），采取超学科（transdisciplinary）研究范式。可以看出，韩礼德的理解是对斯波斯基和霍恩伯格的"教育语言学是

①　Spolsky B，Introduction：What is Educational Linguistics？ In Spolsky B，Hult F M，*The Handbook of Educational Linguistics*（Malden：Blackwell Publishing，2008）.

②　夏侯富生、李玮：《教育语言学学科发展国外理论研究综述》，转引自俞理明主编《教育语言学研究在中国》，华东师范大学出版社，2018，第 6—18 页。

③　Hornberger N H，"Educational Linguistics as a Field：A View from Penn's Program on the Occasion of Its 25th Anniversary，" *Working Papers in Educational Linguistics*，no.1-2（2001）：1—26.

交叉学科"和"以问题为导向的研究"等观点的发展。系统功能语言学对教育语言学更突出的贡献是为理解和研究教育中的语言提供了系统功能的理论视角和研究路径。韩礼德认为，从教学角度来讲，教育语言学研究可讨论教材的语言与语域问题、课堂话语研究、语类研究等；从学生的学习角度来讲，教育语言学可讨论语言用途、语言学习环境（尤指校外的语言学习环境）、功能语法及语篇等问题。①

以上对教育语言学诞生和学科发展的简要介绍为我们勾勒出了教育语言学研究的基本特点。第一，教育语言学的学科特性是以现实问题为导向，以实践作为研究的出发点。②这就意味着教育语言学研究并不以某一语言学理论为中心，通过理论解释实践；而是以语言教育中的现实问题为研究中心，将与之相关的理论、研究、实践等融合在一起。③第二，教育语言学源于教育学和语言学，聚焦的是教育过程中所产生的语言问题，因此学科基础是教育学和语言学。同时，它的研究范式具有明显的多学科（multidisciplinary）甚至超学科（transdisciplinary）特性。因此，与它结缘的相关学科，如社会学、心理学、人类学、民族学、经济学、传播学、法学等，构成了教育语言学的学科边界。④基于以上特点，本节下面的讨论不是按照理论来划分的，而是按照研究话题来划分的。

教育语言学的研究之所以既聚焦又广博，跟它所持的语言观和教育观是分不开的。教育语言学作为研究语言与教育之间互动关系的学科，其成立的

---

① Halliday M A K, On the Concept of 'Educational Linguistics. In Giblett R, Carroll J O（eds）, *Discipline-Dialogue-Difference*：*Proceedings of the Language in Education Conference*（Murdoch：4D Duration Publication, 1990）.

② 沈骑：《教育语言学何为？教育语言学的学科特性及其启示》，《当代外语研究》2012 年第 11 期。

③ 杨金龙、梅德明：《教育语言学研究在中国：领域与方法》，《外语教学理论与实践》2019 年第 2 期。

④ 梅德明：《教育语言学的学科内涵及研究领域》，转引自俞理明主编《教育语言学研究在中国》，华东师范大学出版社，2018，第 28—37 页。

基本前提在于语言与教育具有互动关系，而这取决于研究者如何理解语言与教育的本质。赖良涛通过维果茨基和伯恩斯坦（Bernstein）的理论思想分别从个体发生视角和系统发生视角阐述了语言的社会符号性和教育的社会符号性，以及教育和语言的关系。[①]

维果茨基从个体发展的视角把教育定义为儿童的人为发展（artificial development of the children），而教育是促进个体发展的一种社会符号活动（以语言符号为主）。[②] 首先，通过教育所要发展的人类高级心理功能是一种以符号为中介的心理功能，即符号是思维的中介。其次，符号是以社会互动为基础的学习过程的中介，即符号构成了具体的教育过程。促进心理发展的学习过程是一种在社会文化环境中进行的社会互动过程；而学习者和教育者之间的互动也需要通过语言以及其他符号来进行。[③]

伯恩斯坦从系统发生的角度把教育视为社会文化知识的传承活动，由处于具体社会语境下的教育机制来实现，语言符号系统在其中起着重要作用。首先，语码和意识形态本质上是某一社会阶层所特有的表意倾向。[④] 其次，教育的内容（即社会文化本身）也是由语言及其他符号系统构建起来的，语言是文化传承的主要载体。最后，语言是教育机制发挥作用的主要载体，有三种方式，一是社会知识的创造通过语言，二是知识重构通过教育话语（如教材），三是具体教育实践通过语言（如课堂教学）。

综上，语言和教育的关系是什么呢？语言作为社会符号参与到教育的整个过程和各个层面，教育是一种以社会（语言）符号为中介的过程。这明显

① 赖良涛：《教育语言学的理论基础》，转引自俞理明主编《教育语言学研究在中国》，华东师范大学出版社，2018，第60—64页。

② Vygotsky L S, "Sobranie Sochinenie (Complete Works)," *Pedagogika*, no.I-VI (1982—1984): 107.

③ Vygotsky L S, *Mind in Society* (Cambridge, Mass: The MIT Press, 1978).

④ Bernstein B, *The Structuring of Pedagogic Discourse*: *Class*, *Codes and Control IV* (London: Routledge and Kegan Paul, 1990), pp.13—14.

体现了社会建构主义的教育观和语言观。在明晰了语言和教育的关系后，教育语言学研究中非常广博的一面淋漓尽致地展现出来，研究话题围绕个体发展和系统发生这两个视角，涉及语言和教育互动的不同层面。

第一，从个体发展的视角，主要的研究话题有两个层面。第一个层面，话题涉及语言学习者的认知和人类高级心理发展：儿童早期与学前语言发展，语言如何建构我们从教学中学到的经验，语言社会化，语言读写教育中的身份认同，二语／外语学习与身份认同等。第二个层面，话题关注教育互动中的符号中介：读写能力发展，失聪儿童的语言可及性，双语／多语教育，外语和第二语言学习，多语读写中的文体与语域，多模态学习，教育语境中的方言等。这里第二个层面的话题与系统发生视角下的部分话题是共享的，只是研究的切入点从个体在教育互动中的符号中介变成了教育的内容和教育机制发挥作用的载体。

第二，从系统发生的视角，主要研究话题也包含两个层面：第一个层面，除了与个体发展视角共享的话题，研究话题还包括：语言文化相关教育，语言测试与评估，教育语篇分析，双语／多语教育中的课堂语言意识，课堂教学用语，教师的语言决策权及其使用规范，语言教师的身份认同，课程教材教法，教育技术研究等，这些话题聚焦教育内容、教育话语，教育实践的过程和教育实践的执行者教师。第二个层面，话题主要关注影响教育机制发挥作用的宏观语境和语言生态：语言规划和语言政策，语言生态与教育，语言（教育）政策与管理，语言教育政策与身份认同等。

以上两个视角四个层面的话题基本涵盖了现有的教育语言学的主要研究话题。借助以上话题分类，我们可以在丰富的教育语言学研究中对本书关注的身份认同进行定位。可以看到，身份认同几乎出现在了个人发展和系统发生视角的各个层面中，身份认同是教育语言学十分重要的研究话题。从个体发展视角，研究者关注语言读写教育中的身份认同，二语／外语学习与身份认同；从系统发生视角，研究者关注语言教师的身份认同，语言（教育）政策与身份认同。以下内容将对这4个话题的研究概况做进一步讨论。

第二节 语言写作教育中的认同建构

读写教育（literacy education）在建构主义教育思想的影响下，关注"人的发展"。真正有价值的学习是以学习者为主体，强调认知活动中新旧知识的联系，知识和技能的应用、迁移，教学的过程和体验以及教学活动对情感、态度、自我认同和价值观的影响。[①] 因此，关注语言读写教育中的身份认同建构是采用人本和发展的理念来理解语言读写教育的重要体现。

本节所讨论的语言读写教育主要包括两种情况，一种是母语的读写教育，另一种是外语/二语的读写教育。虽然外语/二语的读写教育也可以被纳入外语学习/二语习得的大框架下，但是本书在讨论外语学习/二语习得和认同建构的话题时，是将外语学习/二语习得视为一个整体的学习实践活动进行考察的，因此，读写教育作为组成外语学习/二语习得的具体内容放在本节进行讨论。

语言读写教育的研究还分为微观视角和宏观视角。微观视角聚焦读写教育对学习者个人的影响，宏观视角考察读写教育的整体状况对社会、族群或社区的影响，宏观视角的讨论往往与教育政策和语言规划关系密切，因此本节只讨论语言读写教育的微观视角，宏观视角会在语言（教育）政策与认同建构那一节涉及。

语言读写教育包含听、说、读、写这几个语言运用的基本方面，是人们

---

① 罗丹:《当代西方国家第二语言读写能力评价改革述评》,《四川教育学院学报》2008年第5期。

接受教育和参与社会互动的基础。微观视角下，语言读写教育与身份认同的研究，从教育的具体内容来讲，大部分研究关注写作教育；从教育的对象来看，大部分关注外语／二语学习者，一部分关注母语学习者；从身份认同的视角来看，绝大多数研究考察学习者的身份认同，少部分从语言教师的身份认同入手，后者将在语言教师的认同建构部分进行介绍。本节着重讨论写作教育与认同建构。

20 世纪 60 年代以来，写作教育的研究经历了从文本到认知过程，从认知过程到社会活动的发展和演变。写作教育的身份认同建构研究是在"社会活动转向"阶段蓬勃发展起来的。随着对写作过程研究不断深入，人们逐渐发现，写作者之间的差异不仅体现在认知能力上，还根源于个人、文化、动机、社会背景等因素。20 世纪 80 年代，写作研究开始了社会转向，人们认为文本意义的产生，并不是简单地把作者的想法和观点翻译成文字，而是作者和读者以文本为媒介的一种社会构建。不仅如此，写作活动总是发生于某一个特定的话语社区，每个话语社区都有不同的价值标准、知识体系与交流方式等，因此，从某种意义上说，写作过程就是写作中个人与社会身份的构建过程。[①]身份认同研究有助于强化语言学习者的语言敏感度和意识，提升语言使用能力，写作者身份的建构过程在写作研究领域得到关注。总体来说，目前写作者身份及认同建构的研究有两种范式，一种是实证调查，另一种是语篇分析。

以实证调查为范式的研究多关注写作者身份信念和态度，写作者身份的协商过程，以及写作者身份建构模型的设计等。

写作信念与写作者身份对教育者和学生具有积极意义。由于大学生对学

---

① 秦枫：《美国写作研究回顾与展望》，《外语电化教学》2017 年第 2 期。

术语境中的自我感觉比较陌生，学术写作经常造成大学生身份冲突。[①] 在决定如何学习写作方面，学生的写作者身份对于围绕写作的自我调节起着重要作用。[②] 为调查大学生的"作者身份"信念和态度，皮塔姆等人（Pittam et al.）首创"作者身份调查问卷"。该问卷包含 6 个维度，其中的 3 个维度——写作信心、对作者身份的了解和避免抄袭的知识，是作者身份的 3 个侧面。调查发现，学生对作者身份缺乏了解会导致在完成写作任务过程中出现作者身份建构障碍，作者身份意识的淡薄还会增加无意抄袭的概率。[③] 伊兰德等人（Elander et al.）设计了一项干扰措施来避免学生的无意抄袭，并促进其对作者身份的了解。这项干扰措施鼓励学生将自己看成学术写作中的作者，帮助他们理解作者的积极含义，而不只是训练他们掌握诸如"转述"等狭隘的写作技巧。经过 4 年的跟踪调查发现，学生在 4 年学习中一直受益于此项干扰措施，其写作信心、避免抄袭的意识和对作者身份的了解都得到显著提升。

写作者身份协商（negotiation）的过程在斯塔菲尔德（Starfield）的研究中有比较好的展现。所谓的身份协商（identity negotiation）就是，写作者或者说话人通过运用语篇资源或话语资源，在既定的社会历史情境和权力关系中构建出该情境语境中被认可的写作者身份或说话者身份。这个身份建构过程是一种协商的过程。斯塔菲尔德通过民族志调查，包括对学生、评分老师的访谈，结合系统功能语法的分析工具，对比了一位成功的写作学习者和一位失败的写作学习者的身份协商过程。这两位写作者都是以英语为二语 / 外

[①] Ivanič R, *Writing and Identity*：*The Discoursal Construction of Identity in Academic Writing*（Amsterdam：John Benjamins Publishing Company，1998）.

[②] Hofer B K，Yu S L，Pintrich P R，Teaching college students to be self-regulated learners. In Schunk D H，Zimmerman B J（eds.），*Self-regulated Learning*：*From Teaching to Self-reflective Practice*（New York：Guiford Press，1998）.

[③] Pittam G et al.，"Student Beliefs and Attitudes about Authorial Identity in Academic Writing，" *Studies in Higher Education 34*，*no.2*（2009）：153—170.

语的学习者。在该研究中，权威的语篇身份和话语身份的建构，以及丰富的语篇资源的运用，帮助写作学习者成功实现了写作者身份的协商；而写作者身份协商失败的原因是，该写作学习者并没有成功建构"作为写作者的权威身份"，同时过度依赖本学科公认的权威词汇，缺乏丰富的语篇资源，因而被评分老师判定为"抄袭者"。①

写作者身份建构模型的提出是基于以下假设：语言使用者在学术和专业语篇中建立和维持某种社会互动，并通过自我展现和对行为方式进行解释塑造写作者的性格。这个过程说明写作者自我和身份意识是通过在特定社会群体中产出的语篇来建构的。② 在这个假设基础上，学者们提出了不同的写作者身份建构模型。李嵬通过问卷调查、访谈、提供写作样本等方式，调查了11名在加拿大攻读硕士学位的中国留学生，提出了"跨文化研究生写作者身份（再）建构模型"。该模型包含8种身份：写作者、学生、观察者、局外人、移民、学者、非本族语学生和人类。③ 另外，斯沃茨（Swartz）对教学实践过程进行细致调查，基于此提出"身份建构式作文教学中的写作过程模型"，呈现了身份各要素在写作过程中的运行机制，揭示了写作者身份建构过程及写作者的写作经历与写作者个人的身份建构变化之间存在因果关系。④

以语篇分析为主要范式的研究有以下几个关注点：写作者身份自称语，元话语标记语，和文化传统和学科差异因素等。

从语篇角度研究写作者身份自称语一直受到广泛关注。写作者身份自称

① Starfield S, "'I'm a second-language English speaker': Negotiating Writer Identity and Authority in Sociology One," *Journal of Language, Identity, and Education*, 2002（2）：121—140.

② Burkitt I, *Social Selves: Theories of Social Formation of Personality*（London: Sage Publications, 1991）.

③ Li X M, *Identity Reconstruction of Cross-Cultural Graduates*（Kingston: Queen's University, 2008）.

④ Swartz S M, *Composition and Identity: A Theoretical Approach to First-year Composition*（Indiana: Indiana University of Pennsylvania, 2008）, p.154.

语主要探讨作为写作者身份显性标记的第一人称代词"我""我们""I"和"we"，第三人称代词和表示非人称抽象主体的词语，如无灵主语（inanimate subject）。① 唐和约翰（Tang and John）认为学术写作中的第一人称代词指示的并不是单一的写作者自我，而是包含了6种不同身份——作为代表的我、作为向导的我、作为设计师的我、作为研究过程描述者的我、作为观点持有者的我，作为发起者的我。作者通过语篇分析探讨写作者如何在第一人称使用中表现出这6种不同的身份。研究发现，"作为代表的我"使用频率最高，"作为观点持有者的我"使用频率最低，而后者最能展现写作者身份，也最具挑战性。② 唐建萍对120篇英汉学术语篇的分析发现，采用无灵主语结构，如"本文""结果""this paper"和"this study"等，是写作者间接地呈现作者身份的有效方式。这些无灵主语结构虽然不能明晰地建构极具权威的作者身份，却并没有完全忽略作者在语篇中的存在。而是通过隐含的方式避免因断言有误而凸显写作者责任承担人的身份。③

许多研究将作者身份自称语与文化传统、学科差异因素结合起来考察。海兰德（Hyland）关注了专业及学科因素对写作者第一人称代词使用的影响，发现学术论文并不一律是毫无个性的，不同学科的论文具有不同特点：自然科学和工程学论文作者倾向于淡化个人角色以强调所研究的问题，而人文社会科学的论文体现出更强烈的写作者身份。④ 欧阳护华、唐适宜从文化角度考察了中国大学生英语议论文写作中的作者身份。在对本科三、四年级的大学生的英文议论文语篇进行量化和质化的分析后发现，受到中国集体主义文化的影响，中国大学生使用"I"和"you"这两个代词的语篇功能和语

---

① 唐芳、许明武：《英语写作者身份研究：回顾与展望》，《外语界》2015年第3期。

② Tang R, John S, "The 'I' in Identity: Exploring Writer Identity in Student Academic Writing through the First Person Pronoun," *English for Specific Purposes* 18, no.1 (1999): S23—S39.

③ 唐建萍：《英汉学术语篇中作者身份构建的对比研究》，中国社会科学出版社，2017。

④ Hyland K, "Options of Identity in Academic Writing," *ELT Journal 56*, no.4 (2002): 351—358.

义所指有如下特点：他们很少使用代词"I"，而是把作者"I"的身份隐藏起来，用"隐性的我"把个人观点常识常规化；他们喜欢用"包含性的你"（inclusive "you"），把自己的观点和别人的一致化、情移化，体现出强烈的"集体化声音"。这些特点体现了中国大学生英文议论文中构建的作者身份与西方强调的"个性化声音"是相悖的。同时，这使得他们难以用责任人的立场对其他的个人观点进行批判和讨论，难以形成"个性化"的创新思想。这有助于理解为什么中国学生的英文议论文或学术论文会有明显的"说明文"特点。最后，作者对中国的英语写作教育提出建议，要重视对诸如怎样引用文献、防止剽窃、怎样称呼读者、怎样表达权威性等相关知识的学习。这将有利于中国学生英语写作的规范化和个性化。①

拉希米万德和古希（Rahimivand and Kuhi）和唐建萍都考察了学术语篇中的标记语（marker）与写作者身份的关系。拉希米万德和古希关注二语/外语写作者如何呈现、建构和创造自我，通过分析语篇发现，学术写作者十分注重通过文章中的标记语建构自己的身份，其中模糊语（hedge）的使用频率最高，证据标记语和增强语（booster/intensifier/emphasizer）使用频率逐个降低，态度标记语（stance marker）的使用频率最低。唐建萍发现态度标记语是用来间接地表达作者对命题或读者的态度和评价的语言资源。与拉希米万德和古希的分类不同，唐建萍将模糊语（如，possible，might，某种程度，或许）和增强语（如，must，believe，表明，能够）视为态度标记语中的两种进行重点考察。研究发现，模糊语和增强语表达人际意义，体现了作者对命题或读者持疏离或投入的态度。模糊语有助于构建一个谨慎、谦虚、对读者持尊重态度的写作者身份；而增强语则通过对命题的确定态度，凸显作者作为学术社区中有能力的研究者身份。这些态度标记语有助于学术语篇的作者

---

① 欧阳护华、唐适宜：《中国大学生英语议论文写作中的作者身份》，《解放军外国语学院学报》2006年第2期。

根据语境和交际目标的需要适时转换塑造权威的内行人或学科社区的服务者的身份。

从以上文献回顾可以看出，写作教育与认同建构的研究把焦点放在了大学生写作者和学术写作语篇上。对于这类写作者群体和写作语篇，身份认同是非常重要的一个问题。这是因为，在学术研究和高等教育领域，文本生成学术语篇是学术界成员协商互动关系以及获取和建构学术身份认同的核心。语篇实践和对话是身份建构中不可或缺的组成部分，同时也是一种表现过程。同时，由于学科在学术中的重要性，身份认同通常是根据具体学科团体实践的规则来建构的。新成员为了融入学科团体，需要遵守特定的规则及满足把关人员的要求。

把英语作为二语或外语来使用的学者已经成为国际学术团体的重要组成部分。针对这类人群的研究集中在学术写作初学者如何处理写作中及在英语期刊上发表研究论文中的困难。其中，权力是特别受到关注的一个身份认同的语篇建构维度。在学术情景中，二语学术作者可能发现他们处于权力较小的地位，因为他们需要符合把关者的期望，而把关人通常是以英语为母语的人（或母语为非英语者，但以母语为使用规范）。弗劳尔迪和王（Flowerdew and Wang）提出，如果对语言所有权进行重新定义，如果能根据交际效果或可理解性，而不是根据母语使用者的标准来评估二语学者的写作的话，这一不平等的权利关系就可能得到缓和。[①]

除了以上列举的研究话题，学术语篇中的身份认同建构研究还关注互文性（intertextuality）、写作者身份历时研究和学术博客中的写作者身份等。

互文性指学生、学术专业人士如何占用其他文本中的文本特点，它是学术身份认同建构的一个重要主题。互文性很可能不会被视为抄袭问题，而是

---

① Flowerdew J，Wang H S，"Identity in Academic Discourse，" *Annual Review of Applied Linguistics* 35（2015）：81—99.

更多地被看作运用他人声音和语篇中不同的语言资源来表明身份的方式。

为了充分了解作者身份认同的建构，并为研究语篇和时间的关系提供了很重要的线索。可以将作者身份认同建构作为多重时间维度中的一个过程来进行研究，对学术语篇中的身份认同建构做历时性的研究。

随着数字技术的发展，已产生了新流派。互联网主页是一个可以构建个人身份的新语境。学者所写的博客提供了另一种发展原始想法并展示学者自己情感世界的途径。学术博客没有严格的同行评审，为学者们提供了一个他们能探讨自己的研究并且和读者交流意见和信息的非正式平台。在某种意义上，学术博客是个体学者摆脱研究团体严格的期望并构建一个更加个人化身份的方式。

第三节　二语/外语学习与认同建构

二语/外语学习与身份认同的研究将语言学习与整体的"人"联系起来。根据研究侧重点的不同，二语/外语学习者的身份认同在具体研究中有不同的表述，如"语言学习自我概念""二语文化认同""自我认同""二语动机自我""认同"等。研究主要有社会心理和社会文化两种研究范式。

一、二语/外语学习者身份认同的社会心理研究

二语/外语学习中身份认同的社会心理研究，受到了教育心理学、人本主义心理学的影响。在社会心理学派的经典研究中，自我认同是语言学习的"非语言结果"（non-linguistic outcomes），多关注语言学习者的群体文化归属，即文化认同的问题，具有较强的结构主义认同观的特征。加德纳的早期合作者兰伯特（Lambert），提出语言态度和文化认同的社会心理模式（The Social

Psychological Model），用来解释双语发展和自我认同变化的关系。[①] 这一模式认为，二语学习会影响学习者自我认同的转变，产生"削减性双语现象"（subtractive bilingualism）或"附加性双语现象"（additive bilingualism）。[②] 前者是指学习者的母语和母语文化认同被目的语和目的语文化认同所取代；后者是指在习得目的语和目的语文化的同时，学习者的母语和母语文化认同得以维持。高一虹在对"最佳外语学习者"访谈的基础上，借鉴人本心理学家弗洛姆（Erich Fromm）的"生产性取向"理论，提出有别于削减性、附加性双语现象的"生产性双语现象"或生产性二语文化认同，即母语和目的语认同积极互动，在认知、情感和审美层面产生"1+1 > 2"的增值效果。[③] 之后，高一虹及其团队将研究对象扩大到普通大学生群体，通过质化和大样本量化相结合的研究方法，发现普通大学生英语学习者身上也存在生产性二语文化认同，但同时发现削减性二语文化认同在英语学习过程中有较大幅度增长。削减性二语文化认同涉及二语/外语学习对母语文化认同或本民族认同的削弱。[④] 针对这个问题，陈新仁等通过大样本问卷调查和个别访谈相结合的方式，探索了中国的外语教育与民族认同以及母语文化认同的关系。研究发现，当代大学生的母语文化认同高于外语文化认同，但外语学习确实对母语文化认同产生了一定的冲击。[⑤] 社会心理范式下，有关语言学习者的文化认同的经典理论还有舒曼（Schumann，1978）的濡化理论（Acculturation Theory），圭亚

---

① Gardner R C, *Social Psychology and Second Language Learning*：*The Role of Attitudes and Motivation*（London：Edward Arnold，1985），p.132.

② Lambert W E, Culture and Language as Factors in Learning and Education. In Aboud F E，Meade R D（eds.），*Cultural Factors in Learning and Education*（Bellingham，Washington：Fifth Western Washington Symposium on Learning，1974），pp. 91—122.

③ Gao Y H，*Foreign Language Learning*："1+1 > 2"（Beijing：Peking University Press，2001）.

④ 高一虹：《中国大学生英语学习社会心理：学习动机与自我认同研究》，外语教育与研究出版社，2004。

⑤ 陈新仁主编《全球化语境下的外语教育与民族认同》，高等教育出版社，2008。

拉（Guiora，1972）的二语自我（L2 ego）发展模式等，均强调目的语文化认同对语言学习结果的正面影响。

在二语 / 外语学习研究中，社会心理学范式以个体心理为研究核心，注重研究学习者相对稳定的心理特征，如学习动机、学习策略、认知风格、内外向人格等"学习者因素"，并以此预测学习结果。社会心理学派的身份认同研究经常与这些语言学习者的心理特征结合起来考察，探讨相互之间的关系。其中，得到最广泛关注和深入探讨的心理特征是学习动机（motivation）。

1959 年至 20 世纪 70 年代初，社会心理学家加德纳和兰伯特在较长时间探索的基础上，提出"融合型"（integrative）和"工具型"（instrumental）两大语言学习动机类型。前者指与目的语群体接触、交流乃至融入其群体的兴趣和愿望，后者指对所学语言的实际价值和优势的追求，例如求职的便利。加德纳认为，融合型动机与附加性二语文化认同相联系，工具型动机与削减性二语文化认同相联系。兰伯特对学习动机和学习者认同变化的关系的理解比较复杂一些。他认为在语言学习的初级和中级阶段，融合型动机有助于语言学习，但在高级阶段，具有融合型动机的学习者容易产生削减性二语文化认同，感到与母语群体的疏离和对融入新群体的恐惧。①

社会心理学领域有另外一些学者从语言接触的视角来探讨二语 / 外语学习动机和身份认同的关系。代表人物是社会心理学家贾尔斯（Howard Giles）。20 世纪 70 年代起，贾尔斯与其合作者发展了数个语言社会心理模式，包括"交际顺应理论"（comuunication accommodation）、"民族语言认同理论"和二语学习的"群际模式"。② 这些研究将"内群体"（个体经常参与其中并有强烈

---

① 高一虹：《大学生英语学习动机与自我认同发展——四年五校跟踪研究》，高等教育出版社，2013，第 2 页。

② Giles H, The Process of Communication Accommodation. In Coupland N, Jaworski A（eds.），*The New Sociolinguistics Reader*，2009，p. 278.

归属感的社会群体）和"外群体"（内群体之外的其他群体）成员身份以及与此相联系的积极自我概念（即自我认同）作为影响语言使用和学习动机的重要因素。交际顺应理论是核心，民族语言认同理论和外语学习/二语习得的群际模式是在其基础上派生出来的。[①]民族语言认同理论可用来解释外语学习/二语习得动机。当本民族语言维持了很高的民族认同感，本民族群体具有很强的生存实力，并且群体边界僵化闭合，此时外语学习/二语习得动机会被严重削弱；反之，只要以上情况部分不符合，外语学习/二语习得动机就会显著增强，本民族群体会有与其他民族交流和融合的意愿。这就是从民族语言认同的视角来解释外语学习/二语习得动机的"群际模式"。[②]

以上社会心理学派对语言认同和学习动机的研究具有比较明显的"结构主义"色彩。附加性文化认同、削减性文化认同、民族语言认同对标的是相对固定的社会结构因素，如民族、目的语国家和人群等。并且，这些研究将学习动机视为稳定的个人心理特征。

20 世纪 90 年代开始，以多叶尼为代表的社会心理学家发展了加德纳等的经典社会心理模式，以"全人"的视角统合了动机和认同，把二语学习动机视为"自我系统"的一部分。外语不仅是交际工具或课程内容，它"也是个人的人格'核心'的一部分，参与大多数心理活动，并且是个体之认同的重要部分。所以，我越来越倾向于从全人类的角度来研究动机"。多叶尼借鉴人格心理学中希金斯（Higgins）的自我不一致（self-discrepancies）和自我导向（self-guides）理论，提出了"二语动机自我系统"（L2 Movivational Self System），包括三个层面：理想二语自我（Ideal L2 Self）、应该二语自我（Ought-to L2 Self）和二语学习经历（L2 Learning Experience）。这个理论将

---

① 祝畹瑾主编《新编社会语言学概论》，北京大学出版社，2013，第 274 页。

② Giles H，Johnson P，"Ethnolinguistic Identity Theory：A Social Psychological Approach to Language Maintenance，" *Journal of the Sociology of Language*，no.68（1987）：69—99.

"动机"与学习者的"自我"（认同）挂钩，以理想自我直接驱动二语学习。同时，多叶尼认为这个驱动过程不是一成不变的，动机是动态发展的，因此，他提出了一个"学生动机的过程模式"（Process Model of Student Motivation），在不同的情境下，随着二语学习经历的改变，动机具有动态性和时间变异性。对二语学习动机的动态解读自然使得"二语动机自我"，即受二语动机影响的学习者认同，也被赋予了变化性和建构性。至此，社会心理范式下的二语/外语学习者认同研究具有了比较明显的"建构主义"色彩。①

受到多叶尼动态动机的"二语动机自我系统"的启发，高一虹团队采用四年全程跟踪的方式，结合量和质的研究手段，试图捕捉我国本科大学生英语学习动机和相关自我认同的动态变化过程。在大量实证材料的基础上，该研究概括了动机、认同以及二者关系在四年间的发展趋势。研究发现，中国大学生英语学习的主要和稳定的驱动力是长期工具型动机和积极的自我认同。近期的学习成绩和学习环境动机影响较弱。文化型动机和自我认同变化的作用随着英语学习的深入而增强，其中削减性文化认同变化四年间上升较明显，但这种变化总体上没有对母语和母语文化认同造成实质性威胁。高一虹团队的研究虽然使用了量化的方法，但是历时的量化数据与历时的质性访谈相结合，呈现出介于结构观与建构观之间的一种研究范式。②同时，研究涉及的"文化认同"中的"文化"是被调查者主观视野中的文化定型，而非客观的文化集合，与认同变化有关的调查结果是学习者的自我认同倾向而非行为实施，因此，该研究带有社会建构主义的特点。③

除了动机，还有学者探讨了思维风格与二语文化认同的关系。沈一凡、刘媛媛借鉴高一虹团队编制的二语文化认同的量表和斯腾伯格与瓦格纳

① Dörnyei Z, *The Social Psychology of the Language Learner: Individual Differences in Second Language Acquisition*（Mahwah: Lawrence Erlraum Associates. 2005），p.83.

② 高一虹:《大学生英语学习动机与自我认同发展——四年五校跟踪研究》，高等教育出版社，2013。

③ 高一虹:《外语学习与认同研究在我国情景中的必要性——回应曲卫国教授》，《外语教学理论与实践》2008 年第 2 期。

（Sternberg and Wagner）编制的思维风格量表，[①] 以大学本科生为研究对象，采用简单相关分析和典型相关分析的量化统计方法，考察了思维风格与二语文化认同之间的关系。研究发现，创造性倾向思维风格与生产性、附加性文化认同呈显著正相关，遵循规则倾向思维风格与削减性、分裂性文化认同呈显著正相关；思维风格与二语文化认同的整体相关达到较高水平，二者通过以下 3 对显著的典型相关关系联系在一起：全局多任务型思维风格与冲突性二语文化认同、开放创新型思维风格与获得性二语文化认同、自主决策型思维风格与分化性二语文化认同。因此，要培养母语和目的语语言与文化相互促进发展的双语人才需要加强学习者创新思维能力的培养。[②]

可以看出，二语 / 外语学习者身份认同的社会心理研究，是以结构主义认识论为主，社会建构主义为辅，并且随着研究的发展，在研究中逐渐转变，开始以动态和发展的眼光看待语言学习者的认同变化和认同建构。充分体现社会建构主义研究范式的是从社会文化视角所做的研究。

二、二语 / 外语学习者身份认同的社会文化研究

社会建构主义的认识论和教育观对二语 / 外语学习者身份认同的研究的影响是，使其逐渐摆脱单纯从静态的心理机制角度看待问题，而更多地探讨社会文化和情境因素对语言学习者的影响，以及语言学习者在其中的主观能动作用。在这个研究新视野之下，语言教育学者们纷纷从社会建构主义的思想领域汲取理论支持和研究灵感。其中最受推崇和被广泛引用的思想家是法国社会学家布迪厄，美国教育社会学家莱夫和温格，以及苏联心理学家维果茨基。

[①]　Sternberg R J，Wagner R K，*Thinking Styles Inventory*（New Haven：Yale University Press，1991）.

[②]　沈一凡、刘媛媛：《大学生思维风格与二语文化认同的关系》，《教育评论》2018 年第 11 期。

（一）以诺顿为代表的社会文化范式的研究

二语/外语学习者认同的社会文化范式研究的第一个代表人物是加拿大语言教育学家诺顿。诺顿提出，第二语言的学习不仅仅是一个通过刻苦和专注的学习获得语言技能的过程，而且是一个复杂的社会实践，在各个方面牵涉语言习得者的身份。诺顿的理论和思想来源是布迪厄的"资本理论"和莱夫与温格的"实践共同体""想象共同体"理论。[①]

布迪厄认为客观社会结构对认同有重大影响，但并非直接决定认同，而是通过"市场"的中介作用调节的。"市场"的结构是由其中的各种"资本"的分配情况决定的。"资本"包括"经济资本""社会资本""文化资本"和"符号资本"，不同形式的资本可以相互"兑换"。语言（作为技能）是一种文化资本，它能为说话人兑换经济资本、社会资本等。同时，不同的语言种类和语言形式在特定社会中具有高低不等的文化资本价值。语言使用者会向价值高的语言种类或形式进行"投资"，投入更多的时间、精力、金钱等，以期获得更高的文化资本价值，在需要时可以兑换到更高价值的经济资本、社会资本或符号资本。例如，掌握标准语或某种外语，可能会获得更好的就职机会和薪水（即经济资本），进入更高的社会阶层（即社会资本），乃至成为公众的学习榜样或偶像（即符号资本）。[②]诺顿借鉴了布迪厄的"资本理论"和"投资"，提出了"二语投资"的概念："学习者如果向某种第二语言投资，是由于他们明白自己将会获得范围更广的象征性和物质性资源，从而提高自己的文化资本的价值。"[③]

---

① Norton B, Toohey K, *Identity and Language Learning*：*Gender*，*Ethnicity and Educational Change* (Harlow：Pearson Education，2000), p.132.

② 祝畹瑾主编《新编社会语言学概论》，北京大学出版社，2013，第 282 页。

③ Norton Pierce B, "Social Identity, Investment, and Language Learning," *TESOL Quarterly* 29, no.1 (1995): 9—31.

　　莱夫和温格于 1991 年首次提出"实践共同体"概念。通过实践共同体来看人们的学习活动：学习不是个人的独立认知行为，而是学习者以不同的层次参与到情景性的学习实践活动中；学习者组成的"共同体"不一定是共同在场、定义明确、互相认同的团体，也不一定具有看得见的社会性界限，而是学习参与者共享他们对于该学习活动系统的理解；学习的过程中，学习者不断改变身份或认同归属，由实践共同体的边缘性参与者不断向充分参与者的方向发展，参与意义建构的过程。[①]1998 年，温格进一步发展了该理论，提出了"实践共同体"的三种归属形式：直接参与、想象和结盟。其中，"想象"是指"将自己的经验作时空延伸，创造想象的世界图景，以实现某种联系"，建立"想象共同体"。在温格看来，想象是我们对于世界之体验的重要因素，也是对自己在世界中位置的感觉，它对我们的认同以及可能的学习有着巨大影响。[②]诺顿将"想象共同体"引入二语学习的研究，作为"投资"的目标。她认为"对于许多语言学习者来说，共同体是想象的，是能为未来认同提供更多可能性的期望中的共同体。它也可能在某种程度上是以往共同体或历时关系的重构。从本质上看，每一个想象共同体都前设了一种想象认同。学习者对于目的语的投资必须置于这一情境中理解"。[③]

　　当投资的范围从直接的实践共同体扩大到主观期待中的想象共同体，学习者主体的能动性就更加突出了。在实证研究中，诺顿用投资和想象共同体的概念来解释二语学习者对于目的语共同体有着不同的投资，投资最大的是能够代表学习者本人的想象共同体，或者为其进入想象共同体提供可能性的

---

① Lave J，Wenger E，*Situated Learning*：*Legitimate Peripheral Participation*（Cambridge：Cambridge University Press，1991）.

② Wenger E，*Community of Practice*：*Learning*，*Meaning*，*and Identity*（Cambridge：Cambridge University Press，1998），p.173.

③ Norton B，Second Language Identity. In Brown K（ed.），*Encyclopedia of Language and Linguistics*（2nd edition）（Oxford：Elsevier，2006），pp.502—508.

活动和人。这种对想象共同体的投资影响认同的建构和对学习的投入。[①]

诺顿分析了加拿大成年移民英语学习者的调查材料。其中有一个拒绝参加学习的案例，通过投资和想象共同体的概念加以解释，非常具有启发意义。卡塔丽娜（Catalina）是在成年后从波兰移民至加拿大的。当卡塔丽娜向英语老师表示自己想上计算机课时，老师表示不赞成，并且暗示她说的是"移民英语"，英语水平"还不够好"。卡塔丽娜感到备受羞辱，从此拒绝再去上英语课，转而成功进入了计算机课程班，并完成了18个月的学习。诺顿分析，卡塔丽娜在波兰是有经验的教师，移民加拿大后虽然暂未找到教师工作，但在想象中认同于过去曾经的和未来的教师共同体，她给自己建构的想象认同是教师、是知识分子。而英语教师的回应却把她建构成"英语水平不好的移民"，是属于占有的文化资本和社会资本价值比较低的人群。这与卡塔丽娜的自我认同严重错位，英语教师的回应让卡塔丽娜认为该教师的英语课并不能提供让她向自己的想象共同体发展的可能。因此，她不再进行投资，即不再在该教师的英语课投入时间、精力和金钱，她退课了。

这个案例分析给我们的启示，正如诺顿指出的，二语学习者的身份是多重的，是一个斗争的场所，并随着时间变化。她反对传统的身份概念，即把学习者看成是单一维度的、静止的和不变化的。诺顿还强烈反对传统二语习得研究中把学习者削减为几个变量。她指出，要理解学习者在语言习得中的投资，就要理解他们的多重身份，而不仅仅是看他们在课堂上的表现。[②]

诺顿的理论创新启发了很多学者从社会建构主义的角度，以"投资"和"想象共同体"这些概念为理论框架，对二语/外语学习和学习者认同进行

---

① Norton B，Non-participation，Imagined Communities，and the Language Classroom. In Breen M（ed.），*Learner Contributions to Language Learning*：*New Directions in Research*（Harlow：Pearson Education，2001）.

② Norton Pierce B，"Social Identity，Investment，and Language Learning，" *TESOL Quarterly*，no. 29（1995）：9—31.

实证研究（如，达格奈斯，Dagenais，2003; 戈隆贝克和乔丹，Golombek and Jordan，2005; 巴甫兰科，Pavlenko，2003；等）。同时，为了更加深入地研究语言学习者身份的多重性，有学者引入了叙述研究（narrative inquiry），并且通过研究学习者的生平故事中的身份叙事（identity narratives）以及其中的叙事链接（narrative links），探讨学习者如何在这些身份之间建立明晰的和隐含的联系。菅野靖子（Yasuko Kanno，2003）的研究是此类研究的代表。

　　菅野靖子（2003）在《协商双语和双文化的身份》（*Negotiating Bilingual and Bicultural Identities*）一书中使用叙事研究和实践社区作为研究的理论框架，重构和分析了四个日本青少年学生的身份叙事，他们是日本驻海外商人的子女，在北美生活了几年，然后回到日本。起初，他们认为一个人不可能同时既是加拿大人又是日本人，回国后经过一段困难的适应期，他们开始接受自己混杂的身份，认识到一个人是有可能成为双语和双文化人的。通过对身份叙事中叙事链接的细致分析，作者发现双语学习者是有可能在两种语言和文化之间保持平衡的。他们身份发展和成长的轨迹表明了他们可以从呆板的、简化的双语和双文化模式中逐渐发展出更细微的技巧来协商归属和控制。①

　　随着全球化的进一步深入和网络科技和移动终端技术的发展，通过网络连接和社交媒体，学习者可以自由出入跨越国界的网络虚拟空间，在线上和线下两个世界穿梭，深刻重塑着公共和私人领域、公民意识和自我认同。达文和诺顿提出了一个新的"投资模型"，来分析移动网络和全球化时代学习者的认同。这个模型将"投资"置于认同、资本和意识形态的交汇处，学习者的"投资"由这三个方面共同决定。这个新的"投资模型"突破了原来的"投资理论"只聚焦于交际实践的微观视角，通过"意识形态"将影响学习者投资行为的全球性的社会因素引入分析框架中。意识形态，特别是语言意识形态，决定了语言在特定共同体中所被赋予的象征权力。因此，语言学习者

---

① 李战子:《身份理论和应用语言学研究》,《外国语言文学》2005 年第 4 期。

所拥有的和所向往的文化资本（即语言）在特定语言意识形态下将决定学习者在该共同体中如何定位和被定位，进而深刻影响学习者认同的建构。[①]

（二）以兰托夫为代表的社会文化范式的研究

接下来，我们考察一下在维果茨基理论启发下发展起来的二语／外语学习的认同建构研究。在本书第一章介绍过，维果茨基对于学习和心理发展的社会文化理论是社会建构主义思想的主要来源之一。维果茨基认为认知不是天生的，而是社会建构的；语言不是任意性的，而是历史和文化的产物，是人类认知和社会关系发展的最重要的象征性工具。在与成人互动的语言学习过程中，儿童通过语言这种符号中介内化有关行为的文化规则，并不断重构自己的心理结构。[②] 将维果茨基的思想进行发展，并用于解释二语／外语学习者认同的，是以兰托夫为首的"新维果茨基学派"。虽然都被冠以社会文化研究范式，兰托夫为代表的"新维果茨基学派"的学者的学科背景是心理学，是社会文化的认知发展视角。而以诺顿为代表的研究是社会文化语境中的社会学视角。这两个视角有交叠之处，但也有明确的区别，但是因为都被冠以"社会文化"的标签，都采取社会建构主义的认识论来解读学习者的身份认同，不少初学者会把二者混为一谈，没有分清两者在学理上的不同渊源。笔者认为，诺顿一脉的语言与认同研究关注的是社会建构主义的社会心理发展，而兰托夫一派的语言与认同研究聚焦社会建构主义的认知发展。

由兰托夫为代表的"新维果茨基学派"在维特根斯坦经典理论的基础上发展形成了认知发展的"社会文化理论"。社会文化理论不是关于"社会文化"的理论，而是关于"认知发展"的。该理论突出语言符号在个人认知和

[①] Davin R, Norton B, "Identity and a Model of Investment in Applied Linguistics," *Annual Review of Applied Linguistics*, 35（2015）: 36—56.

[②] 高一虹：《大学生英语学习动机与自我认同发展——四年五校跟踪研究》，高等教育出版社，2013，第5页。

自我发展与社会文化环境之间的中介作用。也就是说，该理论认为语言符号是社会文化的产物，而人的个人认知和自我发展是在语言学习的过程中完成的，那么社会文化就通过语言符号影响了个人认知和自我发展。如果将这一套逻辑应用于二语／外语学习，那么二语／外语学习的过程就是通过新的语言中介工具进行个人认知和自我认同转换的过程。这个认同转换的建构过程并不是单向的，通过融合巴赫金的"对话性"、皮尔斯（C. S. Peire）的符号理论和米德（Mead）的符号互动论等，社会文化理论强调个体作为语言符号使用者具有能动性以及社会实践活动的重要作用。①

　　在这一理论视角下，兰托夫等一批学者从 20 世纪 90 年代开始作了许多实证研究，揭示二语学习者的"自我建构"过程（兰托夫，2000；兰托夫和索恩，Lantolf and Thorne，2006）。该学派的认知属性比较浓，研究比较少用"identity"（身份认同），而是用"self"（自我）或者"construction of self"（自我建构）这样的表达。克拉姆什（Claire Kramsch）研究了二语学习中学习者自我的社会语篇建构。该研究将维果茨基的符号分析理论（semiotic analysis）与皮尔斯的符号三重论（triadic theory of signs）和巴赫金的对话性理论（dialogism）结合起来，分析了一个课堂二语写作练习中的社会语篇，即美国亚裔成年移民如何对阅读材料进行归纳概括和修改，以及他们与英语老师在此过程中如何对话，最后揭示了语言学习是一个符号生产、交换、解读的对话性过程，这是一个在建构他者的同时建构学习者自我的过程。②

　　另一个是巴甫兰科和兰托夫合作的代表性研究，该研究认为二语学习不仅仅是对一套新的语法、词汇、语音形式的习得，而更重要的是，在特定社会和情境制约下学习者努力挣扎着参与到充满了目的语的文化象征的新世界

---

① 李霞、兰英：《基于社会文化学派理论的第二语言学习观及其述评》，《国外外语教学》2007 年第 2 期。

② Kramsch C，Social Discursive Constructions of Self in L2 Learning. In Lantolf J P(ed.)，*Sociocultural Theory and Second Language Learning*（Oxford：Oxford University Press，2000）。

的过程。他们将二语学习视为一个关于参与和自我（再）建构的过程。该研究引入斯法德（Anna Sfard）的二语学习"参与隐喻"，将二语学习视为逐渐参与到某个共同体的过程，二语学习者的学习目标就是拥有"用这一共同体的语言交流，并依照其规范活动的能力"。在此理论下，巴甫兰科和兰托夫分析了东欧裔美国作者和东欧裔法国作者的二语学习个人叙事，发现二语学习作为一种"参与"，经历了自我的挣扎和重构的"转换"过程。第一阶段是丧失，即作为社会交际和思维工具的原有语言被弱化，学习者感受到身份、主体性、意义框架和内部声音的丧失；第二阶段是恢复，学习者通过新的语言获得他人的声音，进而发展出自己的声音，重建过去，并逐渐建立新的自我主体性。[1]

很明显，以诺顿为代表的社会文化范式的研究与兰托夫为代表的社会文化理论一脉的研究侧重点是完全不同的。它们的哲学基础都是社会建构主义的身份认同观和学习观，可是诺顿一派视角更加宏观，社会和文化因素直接影响二语/外语学习者的认同并深刻影响他们的学习决策；兰托夫一派的理论架构中社会文化因素对学习者的影响是间接的，是通过语言符号中介影响二语/外语学习者的微观认知发展和自我建构。前者明显具有社会学属性，后者具有认知心理学属性。

第四节　语言教师的认同建构

语言教师的身份认同研究主要围绕二语/外语教师展开。全球视野下，二语/外语教师的内涵是非常丰富的。从教学经验划分，分为职前、新手和有一定经验的二语/外语教师；从教学层次划分，分为小学、中学、大学和成

---

[1]　Pavlenko A，Lantolf J P，Second Language Learning as Participation and the（Re）Construction of Selves. In Lantolf J P（ed.），*Sociocultural Theory and Second Language Learning*（Oxford：Oxford University Press，2000）.

人教育中的二语/外语教师；从教师在教学中所处的社会文化语境，分为跨国/跨文化和本国二语/外语教师；从教师的母语划分，分为本族语者和非本族语者二语/外语教师。从二语/外语教师丰富的分类可以看出，对二语/外语教师身份认同的研究视角可以涉及教育学、社会学、语言学、心理学、跨文化交际等各学科，以及这些学科的交叉组合。虽然现有研究基本涉及以上所有分类下的二语/外语教师，但是研究焦点是相对集中的。教学经验上主要关注职前和新手二语/外语教师，教学层次上主要关注大学二语/外语教师，社会文化语境下跨国/跨文化与本国二语/外语教师都是研究热点，在教师母语方面，非本族语者二语/外语教师是研究重点。

以上介绍了研究对象的分类和主要关注。那么对于二语/外语教师的身份认同问题，又分为以下几个研究主题：一是二语/外语教师身份认同建构的影响因素；二是二语/外语教师身份认同的转变过程；三是二语/外语教师身份认同的话语建构；四是二语/外语教师身份认同对语言教学的影响。每个主题基本都会涉及上一段中提到的主要的二语/外语教师的观注类型。同时，二语/外语教师身份认同的不同侧面在不同的理论和研究语境的观照下得到凸显。二语/外语教师身份认同的不同侧面包括专业身份认同、文化身份认同、母语者/非母语者身份认同、社会实践中的身份认同、自我认定的身份（即自我认同），等等。

教师身份研究自20世纪50年代开始就受到了社会科学研究领域的广泛关注，它是教师教育领域的核心概念之一，对教学决策、教学内容以及师生关系具有重要影响。但是，对二语/外语教师的身份认同研究在20世纪90年代中期才开始获得关注。从历时发展的角度来看，早期研究多关注职前教师培养中的二语/外语教师的身份认同转变，个人成长和社会环境因素对二语/外语教师身份认同建构的影响等。随着全球化的进一步深入和世界人口流动加速，研究焦点转向全球英语和多语背景下母语/非母语身份对二语/外语教师身份认同建构的影响，以及在跨文化/跨境的经历影响下二语/外语教师身份认同的转变过程；在社会科学领域出现的语言学转向的影响下，近10年，二语/外语教师身份认同的话语建构研究既成为一种重要的研究方法，又成了重要的研究主题。同时，在对二语/外语教师的身份认同有了较多探讨后，研究者开始进一步探索其对语言教学的影响。[①]

一、二语/外语教师身份认同建构的影响因素

菅野和斯图尔特（Kanno and Stuart，2011）和伊扎迪尼亚（Izadinia，2013）的研究都聚焦个体成长经历对二语/外语教师身份认同构建的积极和消极影响。作为社会中的个体，教师的自我认同发展离不开与他人的互动，同学、同事、学校管理者、学生等都会对二语/外语教师的认同建构产生影响。同时，认知心理因素与教师的身份认同构建关系密切。高雪松、陶坚和龚阳（2018）从社会文化理论出发，探讨了二语/外语教师的能动性与身份认同之间的关系。当教师感知自己能够更好地发挥能动性时，它们就更加倾向于把教学当作一种职业而不是一份工作，从而对自己的职业认同塑造和专业发展带来积极影响。

社会大环境的因素也对二语/外语教师的身份认同建构有重要的影响，包括宏观语言政策、语言意识形态、英语作为全球语言的地位、学校对外语教学的支持力度、课程改革、学生家长对外语的态度等，也包括教师对未来工作环境中的自我形象的想象和期待等。

长期以来，存在一种将英语母语/非母语教师进行二元对立的语言意识形态：一方面，强化了英语母语的二语/外语教师的自我优越感；另一方面，贬低了非英语母语的二语/外语教师的地位，使他们受到不公平的对待甚至

---

① 滕延江:《国外二语教师身份研究（1997—2017）：现状与展望》,《外语界》2018 年第 4 期。

歧视。这严重削弱了非英语母语的教师的职业信心和工作积极性，容易导致对自己作为二语/外语教师的身份的合法性产生怀疑。近年来，越来越多学者批判了母语/非母语的二元对立，提出应该将英语为母语的教师和非英语母语的教师都视为英语的使用者，并无优劣和主从之分。以斯坦巴赫和卡扎洛加（Steinbach and Kazarloga）为代表的很多学者呼吁，打破以英语母语教师为尊的错误观念，为提升非英语母语二语/外语教师的职业自信，促使其建构恰当的教师认同。更令人鼓舞的是，通过实证研究，学者们提出非英语母语的二语/外语教师因其跨文化的知识结构和更具包容性的文化认同能够为二语/外语学习者提供更多的帮助，教学效果更好。这些研究一方面揭示了跨境和跨文化的生活和学习经历，为二语/外语教师提供了协商和构建跨文化的语言教师身份认同的机会；[①]另一方面向语言教育领域传递了一种全新的语言意识形态，即跨文化的二语/外语教师身份认同从某种程度来说比单一文化背景的以英语为母语的语言教师更具有优势。这无疑能提振广大非英语母语的二语/外语教师的职业自信，为他们的语言教师身份认同建构提供了一种新思路。[②]除了全球性的语言意识形态，二语/外语教学的具体社会语境也受到了关注。

二、二语/外语教师身份认同的转变过程

对二语/外语教师身份认同转变过程的研究颇具社会建构主义色彩。此类研究中，教师身份认同不是单一的、静止的，而是随着时间推移、经历的改变而变化的。

---

① Menard-Warwick J，"The Cultural and Intercultural Identities of Transnational English Teachers：Two Case Studies from the Americas，" *TESOL Quarterly* 42，no.4（2008）：617—640.

② Morgan B，"Teacher Identity as Pedagogy：Towards a Field-internal Conceptualization in Bilingual and Second Language Education，" *International Journal of Bilingual Education and Bilingualism*，no.7（2004）：172—188.

张、克拉克和李（Zhang，Clarke and Lee，2018）关注二语 / 外语教师的职前教育经历，分析了通过课程学习和教育实习，职前教师适应、调解、克服外部环境因素与个体身份认同的冲突，逐渐完成从学生到教师的认同转变。菅野和斯图尔特（2011）以入职后的新手教师为研究对象，揭示了二语 / 外语教师在教学实践和在职培训中逐渐构建了与入职前不同的新的身份认同。新入职阶段是教师身份认同构建的关键期；但是莫顿和格雷（Morton and Gray，2010）的研究揭示了随着教龄增加，在职教师也会通过专业发展与周围群体和环境互动等重新调整和转变自己的身份认同。

一些学者特别关注跨文化学习和工作的经历中二语 / 外语教师身份认同的转变过程。张军和张冬兰（Zhang and Zhang，2015）展示了认同转变失败的案例。研究对象是两位在新加坡工作的中国籍英语教师。两位教师在新加坡遭受到以新加坡英语为母语者的歧视，无法在当地建立起合法英语教师的身份。两位教师尝试通过学习和使用新加坡英语来改变这种局面，试图将当地人眼中的不专业的非英语母语的教师身份转变为在新加坡当地合法的英语教师专业认同，可是失败了。

三、二语 / 外语教师身份认同的话语建构

近二十年来，教师身份认同研究出现了语言学转向，二语 / 外语教师身份认同的话语建构成为一个新的研究热点。佛费斯（Varghese）等指出，话语中的身份认同是通过交际情境下的会话实践而不断被建构、保持与协商的。除此之外，话语中的身份认同还可以通过书写文本来建构。[①]菲尔克劳（Fairclough）指出，"人们如何在文本中呈现自己体现了人们如何建构自身的

---

① Varghese M，Morgan B，Johnston B et al.，"Theorizing Language Teacher Identity：Three Perspectives and Beyond," *Journal of Language Identity & Education Identity* 4，no.1（2005）：21—44.

身份认同", 这就是"身份认同的文本性建构"。① 因此, 在社会建构主义思潮影响下, 学界开始关注语言在二语 / 外语教师身份认同中的重要作用, 主要包括会话实践和书面文本两种形式, 同时, 会话分析、话语分析、语篇分析、叙事分析等方法被运用于揭示二语 / 外语教师身份认同的话语建构。

交际会话实践中二语 / 外语教师身份认同的动态建构的实证研究相对来说比较少 (例如, 安塔基, Antaki, 2002; 理查兹, Richards, 2006)。伊朗的几位学者所做的最新研究, 是对此类研究的很好补充。卡里姆普尔等 (Karimpour et al., 2020) 运用会话分析方法考察了自然发生的课堂对话中几位英语教师的认同建构。研究发现, 课堂中师生之间的"是 / 否"问答和随后展开的话轮中, 英语教师建构了不同层次的身份认同; 英语教师在课堂上更倾向于建构提问者的话语身份, 以此激发出学生的即时话语身份, 促进他们将学习向前推进。

教师通过书写语言习得史和教学经历, 可以意识到他们特定的历史和观念是如何影响他们的教学的。对教师书面文本的分析主要有两种路径, 一个是功能语言学视角下的语篇分析, 另一个是民族文化学影响下的叙事分析。

钟兰凤 (2008、2010) 考察了网络时代教师的电子语篇中的身份认同建构。从功能语言学角度出发, 采用语篇分析方法来研究二语 / 外语教师的教育博客中人际资源的使用方式及其对教师身份的建构作用, 分析了教育博客所建构的各种教师身份特征。研究的意义在于它揭示了通过博客语篇的书写, 教师突出了语篇中展示出的那部分自我认同, 通过这一过程实现自我协商、自我激励和自我认同建构, 作者认为教育博客可以作为教师培养发展的有效途径。

在民族文化学的影响下, 对个人叙事的研究范式在语言教师的身份认同

---

① Fairclough N, *Analyzing Discourse: Textual Analysis for Social Research* (New York: Routledge, 2003).

研究中得到倡导。鲁赫梯－丽缇（Ruohotie-Lyhty，2013）运用叙事分析的方法对两位新手外语教师的身份叙事做了对比研究。研究发现，就职时最初的身份认同和个人叙事的过程，对新手教师的职业经历和外语教师的专业身份认同的形成有很大影响。一位教师的初始身份认同符合任职学校的现实情况，使她能调动目标能动性，促使其外语教师的专业身份认同得到持续的发展。另一位新手教师的初始自我认同与现实教学环境有很大的冲突，严重挑战了她对自己作为一名学科教师而不是一名语言教师的身份认同，因此这名教师的职业生涯之初一直处于缺乏有效的教师认同的挣扎之中。因此，在这名外语教师的个人叙事中，我们可以看到她发展出两个割裂的身份认同——理想的教师自我和被迫的教师自我；这样的个人叙事严重阻碍了她发挥语言教师的能动性，使其无法实现积极教师身份认同的重构。

四、二语／外语教师身份认同对语言教学的影响

二语／外语教师身份认同对语言教学的影响总的来说有两种情况：一种是身份认同塑造了教学实践，第二种是将身份认同本身作为一种教学实践。

二语／外语教师建构了一个怎样的自我认同将决定他们如何开展教学实践。例如，当一名二语／外语教师发展出了跨文化的语言教师的身份认同，他／她很可能在英语课堂上鼓励学生对不同文化进行对比分析。[1] 再比如，巴甫兰科指出，非英语母语的二语／外语教师是把自己看作国际英语教育（TESOL）群体的边缘成员，还是看作一个更大的想象的群体中的合法的、多能的成员，这会影响到他们在课堂里的教学行为。[2] 后者有可能很自信地以自

---

[1] Menard-Warwick J, "The Cultural and Intercultural Identities of Transnational English Teachers：Two Case Studies from the Americas," *TESOL Quarterly* 42，no.4（2008）：617—640.

[2] Pavlenko A, "'I never knew I was a bilingual'：Reimagining Teacher Identities in TESOL," *Journal of Language，Identity，and Education* 2，no.4（2003）：251—268.

己的特定身份认同来实施教学实践。这是二语/外语教师身份认同对语言教学的影响的第二种情况。

将身份认同本身直接作为一种教学实践，被称为"作为教学法的身份认同"（identity-as-pedagogy），这个理念由摩根提出。受社会建构主义思潮的影响，摩根强调"一名充分自主和自觉的教师能够选取自己的身份认同中具有教学价值的那个侧面，或者能够通过展现出自己身份认同中的某个侧面来迎合所面对的学生群体"。[①] 社会建构主义认为身份认同是多重的、流动的、变化的和建构的。因此，可被用作教学法的身份认同可以是教师个人身份认同的任何一个侧面：可以是生活中的身份角色，如作为一名居家好男人的男教师（如摩根，2004）；可以是文化身份认同（如阿尔苏普，Alsup，20060）；可以是母语/非母语者身份认同（如郑璇，Zheng，2017）；可以是跨语言身份认同（如马莎、杰恩和特克莱，Motha，Jain and Tecle，2011）；也可以是跨学科身份认同（如郑璇，2017）；等等。

摩根（2004）通过参与式观察、考察了双语和二语教育项目中教师身份认同的运用潜力。研究发现教师通过策略性的身份认同的建构和展现能纠正和改变特定学生群体的一些成见，有效促进教学的开展。研究中的案例发生在1998年的加拿大，摩根的学生是加拿大华人成人移民，学生以女性为主。在学生谈论到家务主要都是作为妻子的自己承担这个话题时，摩根主动分享了自己的故事，建构了一个喜欢下厨和采购生活用品的居家好男人形象。摩根居家好男人的身份认同引发了学生们的广泛讨论，某种程度上改变了她们对婚姻中夫妻角色的认识，以及她们的自我认同。这些讨论、思考和自我认同的转变形成了很好的二语/外语写作和口语素材，也极大地提高了学习的能动性。摩根最后的结论是，二语/外语教师以自己的身份认同引发学生的

[①] Morgan B, "Teacher Identity as Pedagogy: Towards a Field-Internal Conceptualization in Bilingual and Second Language Education," *International Journal of Bilingual Education and Bilingualism*, no.7 （2004）：172—188.

身份认同的转变，二语/外语学习过程不再是机械地学习和接近目的语的过程，而是以二语/外语学习为媒介的一种自我发现和发展的过程。

第五节　语言（教育）政策与认同建构

语言政策经常与语言规划一起被提及，都是指人类有意识地影响和改变语言的发展和使用的活动，但是二者也有一定区别。笔者认为，"语言规划"指由官方或个人，主要是官方，对社会中存在的语言多样性现象，规划语言之间相互关系的宏观图景，包括语言的地位规划、本体规划、教育规划、声望规划等。语言政策是官方或个人为实现其语言规划而具体实施的各种具体可操作的政策和办法。但是在该领域大多数文献中，对语言政策和语言规划这两个术语没有做详细区分。笔者认为这是因为语言规划可以视为宏观的语言政策，语言政策也可以视为微观的语言规划，二者确实在内涵和外延上存在一定的交叉。因此，本文在引用时基本按照原作者的用法直接引用，对二者也不做进一步区分。由于在涉及语言规划和语言政策与身份认同建构的相关研究中，主要文献都是使用语言政策或语言教育政策（language education policy），因此，本节标题中使用语言（教育）政策。

"语言规划"这一术语首次出现于 20 世纪 50 年代末。乌利尔·瓦恩里希（Uriel Weinreich）在 1957 年的一次研讨会首次使用该术语。论著中首次使用的是埃纳尔·豪根（Einar Haugen）于 1959 发表的"在现代挪威规划一种标准语言"。在半个多世纪的发展过程中，语言规划和语言政策研究基本可分为三个阶段，每个阶段的发展特点都以当时的社会政治大背景为依托。[①]

---

① Ricento T, "Historical and Theoretical Perspectives in Language Policy and Planning," *Journal of Sociolinguistics* 4, no.2（2015）: 196—213.

　　第一阶段是第二次世界大战后的 20 世纪 50 年代至 20 世纪 60 年代晚期，许多国家脱离殖民统治建立新的国家，基于这样的背景，出现了服务于新创建的国家实现统一和"现代化"的整体目标的语言规划和语言政策。这一时期大多是效仿西方"一种语言、一种文化、一方领土、一种政治概念"的理念，语言规划和语言政策以单一的语言变体和国家通用语的规划为中心，以解决由于语言的多样性带来的语言交际障碍，同时塑造统一的国家和民族认同。这一时期采取的是结构主义的认识论，从宏观角度论述语言与群体身份的关系，认为通过语言规划可以解决语言和社会问题。

　　第二阶段是 20 世纪 70 年代早期至 20 世纪 80 年代晚期。人们开始发现第一阶段的语言规划并没有取得预期的效果，语言政策作为社会政策的一部分，需要联系具体国情、各种社会因素和政治因素。以期从单一语言代码中心论来解决复杂的语言和社会现实问题，转变为对语言应用和社会政治因素关系的探索，推动以"语言社区"为单位进行语言规划。这一时期还是以结构主义认识论为主，只是视角从宏观变为中观，在分析语言与社会政治因素的关系时，把语言与社会群体对应起来。

　　第三阶段是从 20 世纪 80 年代中期至今。从 20 世纪 80 年代开始，随着经济全球化的推进和后现代主义思潮的发展，人们对语言多样性和文化多元性有了全新的认识。经济全球化加速了人员的全球流动，大量移民人群的出现使得许多国家和社区中语言和文化的多样性问题日益凸显。在后现代主义思潮的冲击下，思想领域的"世界新秩序"逐渐建立：反对霸权，寻求和谐共存；反简单性，拥护复杂性；倡导多元性、非确定性、建构性等。因此，不仅是跨境移民的语言和文化，而且境内多民族的语言和文化都成了语言规划和语言政策制定的重要内容。这一时期，社会建构主义逐渐成为主导的认识论，语言规划和语言政策与语言使用者的身份认同建构的互动关系，成为政策制定者和研究者非常关心的一个问题，而本节论述的内容主要就是基于这一时期的研究。

对语言规划和语言政策的理解和关注点的发展变化也充分体现在定义的变迁上。1968 年，陶利（Tauli）认为语言规划是调节和改善现有语言，或创造新的区域性、全国性和国际性语言的活动，涉及口头和书面形式各个层面：语音、词法、句法、词汇和正字法。1973 年，达斯古普塔（Das Gupta）认为语言规划是指一组有意识的活动，这些经过系统设计的活动在一定的时间里组织和发展了社区的语言资源。1990 年，韩礼德指出，语言规划是在一个自然发展的系统（即语言）中引入设计过程和设计特征。语言规划活动的重点在制度，而非本体，也就是说，它规划的不是语言的形式，而是语言与其使用者之间的关系。2003 年，米尔豪斯勒（Mühlhäusler）指出，按照生态学的观点，语言规划已不再是一种流水线式的作业过程，而是一种旨在保持人类交际系统最大多样性的活动。可以看出，经过半个多世纪的发展，语言规划经历了两个重大变化，一是从语码中心到言语社区中心和语言使用者中心，二是从突出单一语码到语言多样性的规划。①

在这样的发展趋势下，跨境或境内情境中多样的语言和不同民族文化背景的语言使用者交织出十分复杂的图景，越来越多学者从身份认同的视角出发对语言规划和语言政策进行分析和探讨。语言规划和语言政策通常由国家和各级政府制定，但是具体实施需要通过各级主体来实现，包括国家、地方、社区、学校、家庭和个人等。因此，本节介绍语言规划语言政策与身份认同建构的相关研究，首先划分跨境和境内两个大语境，在两个大语境中根据作为研究切入点的主体的不同再分为国家主体、社区主体、学校主体、家庭主体和个人主体。

首先，厘清本节中"跨境"和"境内"的界定。全球化的人员跨境流动

---

① 刘海涛:《语言规划与语言政策——从定义变迁看学科发展》，转引自陈章太等主编《语言规划的理论和实践》，语文出版社，2006，第 55—60 页。

已经有两百多年的历史了，世界上有一些国家的国民构成就是在一两百年的移民过程中形成的，这样的国家典型的有美国、加拿大、澳大利亚和南美的一些国家。这类国家从历史上就是移民国家，不同民族的混居和融合，不同族裔语和语言变体的并存是这些国家境内长期存在的问题。因此，这些国家针对历史悠久的多族群的语言规划被划入"境内语境"下，而在这些国家中的第一代新移民则被划入"跨境语境"下。其他非移民传统国家针对国内多民族语言的规划也属于"境内语境"。"跨境语境"主要涉及第一代新移民和跨境难民的问题，以及语言政策的跨境影响和实施等。

其次，要阐明如何理解"作为研究切入点的主体"。语言规划和语言政策的制定和实施一定涉及各个层次的主体，一般由国家和地方官方机构制定规划和政策的内容，具体实施则从国家到地方，再到学校或家庭，最后层层落实到每个个体。但是，研究者会根据不同的研究关注和研究目的，在语言规划和语言政策制定和实施的整个环节涉及的各个主体中选择某一个主体作为研究的切入点和探讨的焦点。例如，当关注的是国家语言政策的文本，那么研究主体就是国家；当关注的是家庭语言政策，那么研究的主体就是家庭；当关注的是个人对语言政策的解读，那么研究主体就是个人。

一、境内语境下语言政策与身份认同研究

（一）以国家为主体

以国家为主体的语言政策与身份认同研究有两种类型。占主导的是对语言政策与国家、民族身份认同的关系的理论探讨，这类研究多聚焦国家通用语、语言变体、方言与相对稳定的群体认同的对应关系，是属于偏结构主义认识论的研究。个别研究对语言政策文件文本进行语篇分析，突出政策文件语篇如何

建构语言认同、文化认同和国民认同，具有一定的社会建构主义色彩。

从国家语言规划和语言政策视角出发，有关通用语推广、方言保存的研究，往往蕴含着语言是群体认同的标志这一基本观点。[①]

从保护汉语方言，提倡多语言变体的角度，游汝杰（2006）指出语言忠诚和"民系认同"是汉语方言长期保持独立的重要原因之一，预测普通话与汉语方言将长期共存、和谐发展。曹志耘（2005）强调地区文化和族群的认同感需要通过语言来实现，面对中国当今少数民族语言和方言濒危加速的现实，需区分"语言保护"和"语言保存"，二者并行。周振鹤（2009）从历史角度回溯分析中国的方言认同、民族语言认同和共同语认同，提倡三者并存。

王浩宇在信息、商品和人员流动高度发达的新时代背景下，以动态性视角，从理论上探讨了国家通用语言文字对整合民族国家和构建国家民族认同的重要作用。通用语言文字是现代民族国家作为一个"想象共同体"实现整合的基础。作者认为"普通话"本身体现了较强的建构性特征。少数民族语言和汉语在漫长的历史发展过程中相互吸收和补充，伴随着中华民族共同体成长、中国国家形成和发展，逐渐形成的各民族之间的族际通用语言文字，即普通话。这既是中国各民族成员交际的重要工具，也是中国国家民族身份认同的重要标志。习得通用语是个体实现社会流动和全面参与国家政治经济建设的基础条件。同时，作者还指出，如果让民族国家内部的所有语言都获得同等的使用功能和地位，或是没有国家通用语言文字的教育和学习，只会进一步扩大不同民族群体之间的经济社会分层。只有建立现代民族国家语言秩序，让各种语言在社会环境中实现特定、明确的功能分化，不同语言之间才能真正形成共生的关系，通用语和非通用语的二元化机制能维系人们对本族语的认同。因此，国家通用语言文字的教育和使用为国家民族认同的构建

---

① 祝畹瑾主编《新编社会语言学概论》，北京大学出版社，2013，第293页。

与持续发展提供重要保障。①

对语言规划和语言政策的这种自上而下的讨论也经常出现在其他第二次世界大战后新建立的民主国家，如非洲的喀麦隆、南非。

喀麦隆在结束殖民统治建立民主国家后，是一个多语言并存的社会。在这样的背景下，笔者探讨了语言政策对多元身份认同建构的影响。在曾经的英国和法国殖民历史的影响下，喀麦隆官方设立了英法双语的语言政策，目标是建立英法双语的官方语言认同。然而在早期喀麦隆民众却没有建立双语认同，而是根据自己原有的优势语言，分别建立了法语认同或者英语认同。同时，喀麦隆丰富的民族语言只在民族语境中具有活跃度，喀麦隆民众普遍接受官方语言的使用有助于国家的统一。21世纪初，随着英语作为国际通用语言的地位的提升，作者调查发现，越来越多说法语的家庭把孩子送到英语教育机构，英语作为教学语言也越来越广泛地出现在各层次教育和研究领域，喀麦隆说法语者和说英语者的区分正在变得模糊。喀麦隆人的官方语言认同也在慢慢地发生改变。双语认同首先在孩子中逐渐建立起来。成年人中原来占少数的说英语者的英语官方语言认同变得具有一定的优势地位，占人口多数的说法语者经历削减性的法语官方语言认同，而出现了建立英法双语的官方语言认同的倾向。笔者认为，经过几代人的发展，这些新的趋势可能反过来影响官方的语言政策，逐渐从英法双语变成英语单语语言认同。②

安奇贝（Anchimbe）对喀麦隆国家语言政策与认同建构的研究，关注的是语言认同，揭示了语言政策所代表的官方语言认同虽然具有一定的引导作用，但是经常与民众的实际语言认同有出入。民众的语言认同的变化也可能

---

① 王浩宇：《流动视域下国家通用语言文字教育与中华民族共同体建设》，《统一战线学研究》2021年第1期。

② Anchimbe E A, *Language Policy and Identity Construction*：*The Dynamics of Cameroon's Multilingualism*（Amsterdam：John Benjamins Publishing，2013）.

在一定程度上影响和促成国家语言政策的调整。这种政策与实际的脱节在南非的语言政策中更加突出。

在南非独立之后的后种族隔离时代，南非政府通过制定官方语言政策，致力于打造多语言的国家，塑造多语言的国家认同。然而现实的情况是，公共生活领域呈现英语单语逐渐占据主导的局面。这是由于南非政府和公共机构实际上隐性地把持着以英语单语为尊的语言意识形态。这使得南非出现了说族裔语的族群与英语单语群体之间激烈的语言认同和身份认同的冲突。这严重阻碍了南非统一国家认同的形成。研究者建议若要改变这个局面，政府需要彻底改革现有的语言政策。①

对国家语言政策相关文件的语篇分析，从国家主体出发，揭示了语言政策语篇对国家认同、文化认同的构建的历时变化。

利迪卡斯特（Liddicoast）认为，政策语篇与政策实施的语境之间是相互塑造的关系。同样的，语言政策的制定一方面是对当下政策话语语境的回应，另一方面是对政策实施语境的重塑。因此，对政策文件做历时的语篇分析能够反映政策实施的现实语境中发生的变化。基于这样的观点，利迪卡斯特对作为传统移民国家的澳大利亚，从 20 世纪 70 年代到 21 世纪初，40 多年间的多文化和语言教育政策进行了语篇分析，并做了历时比较。研究发现，澳大利亚长期的多语言和多文化政策构建了澳大利亚国民认同中的跨文化维度。但是在这个总体趋势下，国家语言和文化政策语篇在对多文化和多语言的理解上在这 40 年间出现了转变。20 世纪七八十年代，基于多语言教育政策的多文化包容性被视为构建澳大利亚国民认同的关键，但是到了 20 世纪 90 年代和 21 世纪初，多语言教育对多文化国民认同的重要性被严重削弱了。这一时期澳大利亚的语言和文化政策语篇中，出现了以英裔白人移民群体和英语

---

① Orman J, *Language Policy and National-building in Post-apartheid South Africa*（Berlin：Springer，2008）.

作为澳大利亚国民认同的核心的意识形态抬头的现象。多语言教育的主要目的不再是为了构建多文化的包容性和多文化的国民认同，而是将语言多样性视作能更好地参与国际竞争的文化资本，是少数族裔维持其族裔认同的媒介，是主流的英裔移民增强其文化包容性的工具。[①]

对国家语言政策的语篇分析能清晰地勾勒出国家通过语言规划而实施的认同规划，或者是发现语言规划中认同规划的缺失。刘媛媛等（2019）的研究就指出了中国大学阶段的英语教育政策在将近 20 年时间里缺乏对中国英语学习者的文化认同的规划。该研究分析自 1982 年以来的 38 份中国大学阶段的英语教育政策文件，通过对政策文本语篇的分析，发现一直到 2000 年，才开始强调跨文化交际能力的培养和母语文化认同的保护。

（二）以地区为主体

以地区为主体的语言政策研究有一些共同点，就是作为研究切入点的地区具有比较强的行政自主权，以及具有影响深远的历史、文化、民族或宗教传统。

坦南鲍姆和柯亨（Tannenbaum and Cohen，2018）应用质化和量化相结合的研究方法，研究了以色列的一个犹太教极端正统派（ultra-Orthodox）社区——哈巴德（Habad）的语言教育政策和社区的语言态度，揭示了地区语言教育政策是如何为地区族群认同服务的。社区中的重要语源有四种：希伯来语（Hebrew）、"圣言"（Loshn Koydesh）、意第绪语（Yiddish）和英语。哈巴德社区作为一个少数族群的社区，社区的文化和宗教传统不仅区别于以色列主流社会，而且与其他极端正统派社区也不同。以色列是一个多文化和多语言的国家，国家通用语是希伯来语；而英语被视为国际通用语在以色列的

---

① Liddicoast A J, "Evolving Ideologies of the Intercultural in Australian Multicultural and Language Education Policy," *Journal of Multilingual and Multicultural Development* 30, no.3（2009）: 189—203.

经济、学术、教育和公共空间等领域都发挥着重要作用，还是大学入学考试的必考科目。以色列的犹太教极端正统派社区与以色列主流社会有很大不同，它们严格遵循犹太法典，拒绝现代的世俗生活方式，尽量减少与社区外的接触，社区中男性以宗教研究为人生追求，男性和女性的教育是分开的。除了这些总的共同点，各个极端正统派社区之间实际存在很大的差异。本研究关注的哈巴德社区，与其他极端正统派社区不同的地方在于，该社区在他们的宗教领袖的带领下确立了"为了救世主的降临，需要在全世界范围内最大限度地发展犹太信徒"的目标。这样的目标促使哈巴德社区形成了世界传教士的身份认同。因此，哈巴德社区相比其他极端正统派社区，更愿意与世俗接触；同时，不仅社区男性，社区女性也被鼓励积极参与到宗教传播的使命中来。这样的社区认同影响了社区语言教育政策，特别体现在英语教育和英语语言意识形态上。希伯来语和"圣言"是主要的教育语言和语言教育内容。虽然总体上英语被视为异教徒和现代世俗世界的语言，但是与其他极端正统派社区完全将英语排除在教育体系之外不同，哈巴德社区的语言教育政策规定学校开设英语外语课。在以色列教育部的英语教学大纲的基础上，根据维护社区认同的需要对英语教育政策做了相应的修改。英语被定位为帮助哈巴德实现传教使命的工具，根据犹太法典和哈巴德宗教领袖的语录来重新编写英语教材。①

加泰罗尼亚地区和巴斯克地区是西班牙两个高度自治的区。在这两个区取得自治权的初期都制定了西班牙语和本地区语言的双语语言教育政策。不同的是，巴斯克地区的双语教育政策允许中小学在西班牙语和巴斯克语之间自由选择以哪一个为主或双语并重；而加泰罗尼亚地区规定加泰罗尼亚语必须成为教育系统的语言，加泰罗尼亚语成为中小学的主要教学语言，西班牙

---

① Tannenbaum M, Cohen H, "Language Educational Policy in the Service of Group Identity: The Habad Case," *Language Policy*, no.17（2018）: 319—342.

语和加泰罗尼亚语都是地区官方语言。阿斯帕奇—布拉康（Aspachs-Bracons）等人通过定量数据分析的方法，对比研究了这两个区不同的语言教育政策对地区居民身份认同构建产生的不同效果。研究发现，加泰罗尼亚地区强制性地在教育中使用加泰罗尼亚语，随着受教育时间的增加，中小学生的加泰罗尼亚人的民族认同逐渐增强，西班牙人的身份认同逐渐弱化。对比之下，在没有强制推行巴斯克语作为教育语言的巴斯克地区，中小学生的国家和民族认同并没有随着受教育时间的增加而有显著改变，而是主要受到家庭语言政策的影响。学生父母根据自己的国家和民族认同来选择子女的教育语言，把自己的认同选择传递给下一代。[①]

（三）以家庭为主体

家庭语言政策，有别于政府制定的语言政策，是非正式的，体现了一个家庭主要成员的语言态度和家庭语言实践，经常与国家和地方的语言政策相互交织，也深受社会文化语境的影响，对家庭成员，特别是年轻一代人的语言认同、族群认同，甚至国家认同的构建产生影响。

阿格布拉和拉贾比（Aghblagh and Rajabi）聚焦伊朗西北部城市大不里士的一个女学生和她的家庭语言政策。她的父母在家里以在当地占优势地位的伊朗官方语言波斯语取代了当地语言阿塞拜疆语。研究者通过自传叙事和访谈，追踪了这名女学生从小到大的认同建构的发展过程。研究发现，女学生在童年和少年时期构建了波斯语言认同，在当地社区也并没有感受到认同的冲突。但是，到了女学生读中学的时候，阿塞拜疆语在当地逐渐受到重视和推崇，在那之后，女学生发现自己无法同时维持官方的波斯语言认同和阿塞

---

① Aspachs-Bracons O，Costa-Font J，Clots-Figueras I，et al.，"Compulsory Language Educational Policies and Identity Formation，"*Journal of the European Economic Association* 6，no.2-3（2008）：434—444.

拜疆的民族语言认同。最后，她感觉自己既不属于波斯语言社区也不属于阿塞拜疆语言社区，自己在大不里士当地被孤立了，身份认同被异化了。①

（四）以个人为主体

席尔德克劳特（Schildkraut，2005）通过对 14 个焦点小组的访谈，从美国民众个人理解的角度出发，探讨了什么是美国人的国民认同，及其与美国的英语语言政策的关系。作者认为，美国国民认同中包含了三个相互交织和一个与另外三个存在内在矛盾的理念。它们分别是自由、国民共和、合伙性和民族文化主义。前三个理念支持民权、移民的政治权利、种族宽容和移民国家的多样性；而民族文化主义，具有悠久的历史渊源，该理念认为美国人应该是北欧白种基督徒。由这些错综复杂的理念共同定义的美国国民认同，与美国的英语语言政策之间不存在简单的线性关系。美国的英语语言政策包含三个主要内容：一是英语是美国的唯一官方语言；二是英语是选票上的唯一语言；三是在正式教育体系中不实行双语教育。支持民权和移民政治权利的人反对将英语作为官方唯一语言；支持明确区分公共和私人领域的自由派则支持英语唯一语言的地位。但是这些观点也不是绝对的，例如，一名持国民共和理念的人可能支持英语官方语言的政策，因为懂英语的人能更好地参与公共生活领域；也可能持反对的观点，因为这个政策也会将很多不懂英语的人排除在社区生活之外。而与英语作为官方唯一语言的政策具有比较直接关系的是民族文化主义的国民认同，持此认同者大力支持英语的唯一官方地位，反之则坚决反对。这项研究为我们展示了美国作为一个移民国家，国民认同具有明显的多重性和复杂性，而

---

① Aghblagh M M, Rajabi S A, "Alienated in My Hometown: Pro-official Family Language Policies and Identity Conflict in the City of Tabriz," *Journal of Multilingual and Multicultural Development* 44, no. 198（2020）: 1—11.

对国民认同的不同理解导致了对国家语言政策的不同态度。其中的 3 个拉丁裔焦点小组均表示英语作为官方唯一语言的政策强化了民族文化主义，他们认为北欧白种人才是美国人的典型认同，而自己在这个国家始终有种疏离感，无法构建完全的美国国民认同。①

桑德伯格的研究与席尔德克劳特（2005）的研究可谓异曲同工。桑德伯格研究了文化和语言都呈现多元化的瑞典的年轻一代（20—35 岁）的语言意识形态和多语言认同对瑞典语言政策影响。发现年轻一代的瑞典人中有大量移民后裔，即使是土生土长的瑞典年轻人，他们的生活方式与老一辈人相比具有极高的跨境和跨文化流动性。但是瑞典传统的语言政策采取的"一国一言"的语言意识形态。在欧洲一体化和全球化以及移民数量激增的大背景下，2009 年，瑞典政府出台的最新的语言政策虽然明确鼓励语言多样性和支持每个公民的语言权力，但还是把保护和维持瑞典语的国家通用语地位放在中心位置。通过聚焦瑞典年轻一代的典型个人和他们有关语言意识形态和语言实践的自述，研究者发现，年轻一代大量运用跨民族和跨国别的多种语言变体来进行身份认同的构建。他们所持的多语言认同和多元文化认同明显与现有的瑞典官方语言政策存在很大出入。因此，作者建议瑞典政府应该反思以"瑞典语"为中心的"一国一言"语言意识形态，所制定的语言政策应该正视和回应一个更加多元的国家语言现实。②

以上两个以个人为主体的研究，都是从个人的语言认同和身份认同建构出发，反思国家语言政策的合理性。

---

① Schildkraut D J, *Press One for English*：*Language Policy*，*Public Opinion*，*and American Identity*（Princeton，NJ：Princeton University Press，2005）.

② Sundberg G，"Language Policy and Multilingual Identity in Sweden through the Lens of Generation Y，"*Scandinavian Studies* 85，no.2（2013）：205—232.

二、跨境语境下语言政策与身份认同研究

（一）以国家为主体

近二十年，随着欧洲一体化进程的深化和大量外国难民涌入欧洲，跨境语境下的语言政策和身份认同问题在欧洲特别凸显。沃达克和博卡拉（Wodak and Boukala）运用批评话语分析的方法对欧盟以及两个欧盟成员国奥地利和希腊的语言和移民政策文件语篇进行了比较分析。奥地利和希腊在欧盟的超国家语言和移民政策基础上，根据各自的国情进行调整，出台了本国的相应政策，细致的语篇分析揭示了：第一，两国的政策文件都通过语篇构建了欧洲人的"自家人"身份和欧洲以外国家的"外国人"身份；第二，欧盟成员国国家语言水平的相关政策要求成了构建来自欧洲以外地区的移民的"陌生人"身份的手段；第三，欧盟语言政策文件中的"多语言主义"实际是仅限于欧盟成员国内部的"多语言"。①

有的学者把研究关注点放在了一体化的欧洲，还有学者把关注点放在了拥有相似殖民历史的拉丁美洲地区。马尔－莫利内罗（Mar-Molinero）探讨了拉丁美洲的语言（教育）政策与国家认同构建和地区超国家认同构建的关系。通过回溯拉丁美洲的西班牙殖民历史和拉丁美洲国家取得独立后的语言（教育）政策，马尔－莫利内罗指出，由于多土著民族和多土著语言并存局面和西班牙语在统治精英阶层的主导地位，不可避免地使西班牙语成为教育和政府公文的语言，以及各土著民族人员流动和进行经济活动的交际语。拉丁美洲国家独立后基本都制定了语言（教育）政策来确立西班牙语的官方语言和通用语言地位，以期构建统一的国家认同。然而，随着受教育程度的提

---

① Wodak R, Boukala S, "(Supra) National Identity and Language: Rethinking National and European Migration Policies and the Linguistic Integration of Migrants," *Annual Review of Applied Linguistics* 35 (2015): 253—273.

高，习得了西班牙语的土著民族不仅没有构建统一的国家认同，而是进一步唤醒了自我民族认同和争取更多平等权利的意识。同时，在现代化和全球化浪潮的影响下，面对来自美国和欧盟的经济、文化压迫，面对英语世界语言的入侵，拉丁美洲国家反而通过西班牙语构建了地区超国家认同。[①]

（二）以学校为主体

以学校为主体的跨境语境下的语言（教育）政策与身份认同的研究通常涉及跨境和跨文化办学机构。祝华和李嵬（Zhu Hua and Li Wei）以设立于英国的一所孔子学院和在此学习的学生为研究对象，探讨了学习动机、语言意识形态和学习者认同等问题。研究特别关注了英国的华裔学生。研究者发现，语言教育没有考虑海外华裔学生对于语言学习和文化认同构建的特殊需求，而是把他们与其他外国学生放在一起，实施无差别的语言教育和文化推广，这使得华裔学生在汉语学习课堂上感到被当作"外人"。同时，由于华裔学生的祖辈来自中国的不同方言区，他们的传承语（heritage language）是不同的中国方言。可是孔子学院／课堂教授的是汉语普通话，这对华裔学生通过家庭和社区习得的汉语方言产生冲击。一些海外华裔社区领袖对此表示担忧，认为如果华裔学生通过孔子学院／课堂学习的汉语普通话取代了他们的方言，华裔年轻一代可能失去用方言与他们的父辈祖辈沟通的能力。[②]

---

① Mar-molinero C，"Language Policies in Multi-ethnic Latin America and the Tole of Education and Literacy Programmers in the Construction of National Identity，" *Internation Journal of Educational Development* 15，no.3（1995）：209—219.

② Zhu H，Li W，"Geopolitics and the Changing Hierarchies of the Chinese Language：Implications for Policy and Practice of Chinese Language Teaching in Britain，" *The Modern Language Journal* 98，no.1（2014）：326—339.

（三）以家庭为主体

跨境和多语言家庭在 21 世纪已经成为全球的普遍现象。然而，对这类家庭的家庭语言政策和家庭成员的语言意识形态和认同建构的研究普遍存在以偏概全的误区，家庭与家庭之间存在不同的移民背景，即使是家庭成员之间也存在着代际差异和个体差异。对此，祝华和李嵬对三个英国的华裔移民家庭做了细致的民族志调查，聚焦家庭中代际之间和家庭成员之间对双语和多语现象的不同态度，以及他们的经历如何影响家庭的语言政策和身份的构建。祝华和李嵬指出，跨境家庭和个人的语言学习、保持和使用的动机不仅仅在于"必要性"和"有机会"这两个因素，还与"归属感"和"想象"关系密切。研究的第一个家庭是来自中国的朝鲜族移民家庭。父母在 30 岁时带着 5 岁的女儿移民英国，全家都会说朝鲜语和汉语普通话，作为高级知识分子，父母的英语水平很高。他们具有极强的朝鲜民族认同，家庭语言政策将朝鲜语放在最重要的地位。同时，因为他们在英国的朝鲜族移民社区中找了强烈的归属感，因此，他们在家里保持说朝鲜语，选择发展英语语言能力，而放弃了汉语普通话。第二个家庭是第二代和第三代中国移民，他们的祖辈是来自香港的客家人，因此从家庭发展史来看，家庭语言至少涉及粤语、客家话和英语。长期以来，多语言能力和多语言认同使他们能够很好地维持和拓展跨境的社会网络。在鼓励多语言的家庭语言政策影响下，当他们意识到全球化背景下中国实力的崛起时，为了适应这一新变化，他们认为学习汉语普通话能为他们带来新的优势。他们对未来的想象包括：他们的下一代可能通过汉语普通话，在具有巨大市场潜力的中国获得发展的机会。第三个家庭是一个三代人的五口之家，爷爷奶奶是在儿子儿媳移民英国 3 年并且孙女出生后来到英国的。爷爷是北京某大学的退休英语教授，奶奶是北京某中学的退休英语教师。可是良好的英语水平无法使他们融入英国社会。英国比较大的华人社区主要讲的是广东话而不是汉语普通话，这使得他们无法与英国的中国移民进行沟通和交往。而他们虽然能顺畅地与英国人交流，但是无法找到共同感兴趣的话题。同时，他们发现由于与中国社会的严重脱节，他们与在英国的中国留学生、国内的亲朋交流时，以及看中文电视节目时，经常无法理解对方说的话是什么意思。这三方面因素一起作用下，这对老人深深感到自我认同和文化认同的迷失。[①]

纵观以上的研究归纳，可以发现，语言（教育）政策与身份认同建构的研究呈现以下三个特点：第一，研究的切入点越大，研究的社会建构性就越弱，特别是以国家主体作为研究切入点的研究，往往直接将国家认同的构建与官方语言或通用语的确立等同起来。第二，对语言政策文件的（历时）语篇分析，相较于对语言政策内容的宽泛讨论，更能体现其对身份认同的建构作用。第三，语言政策的相关研究越来越关注个人或特定群体的微观视角，自下而上地探讨，个体 / 群体的特殊经历对语言政策的解读的影响，以及如何通过这些解读来协商构建特定的身份认同，甚至反过来对语言政策的制定产生影响。此类研究是最具有社会建构主义色彩的，研究方法通常是访谈法和民族志调查法。

---

① Zhu H，Li W，"Transnational Experience，Aspiration and Family Language Policy，" *Journal of Multilingual and Multicultural Development* 37（2016）：655—666.

第五章　语言与认同建构研究的分野与融合

"当代科学技术和全球化进程迅猛发展正在解构和重塑着传统社会结构和身份主体，因此对身份认同和建构的研究具有十分重要的意义。"[①] 因此，无论是社会语言学、语用学还是教育语言学，无论在这三个学科下身份认同建构研究的具体话题是什么，都是对世界正在发生的深刻变化的回应。

社会语言学、语用学和教育语言学在身份认同建构研究上存在的分野和融合具备以下基本特点：第一，从发展渊源看社会语言学与语用学有比较多差异，但发展中期在理论和方法上出现了一部分的深度融合，在身份认同建构的研究上研究目的和切入点有很大差异，但是在研究方法上存在很多相互借鉴的空间。第二，教育语言学在发展之初深受社会语言学的影响，大量从中汲取理论和研究方法，与语用学之间没有直接的借鉴关系。但是在发展中后期，由于突出的问题解决性和话题导向性，教育语言学成了极具融合能力的学科，从自身的研究的目的和研究视角出发，大量灵活地运用社会语言学和语用学的理论和方法开展身份认同建构研究。第三，在融合的渊源部分，三个学科之间是不平衡的，但是在融合的发展部分，三个学科之间实现了充分的相互借鉴和相互成就。

本书第二章至第四章对社会语言学、语用学和教育语言学中身份认同建构研究分别做了系统的梳理，找到了它们各自的发展渊源和脉络。但是就三

---

① 靳琰：《导读》，转引自艾丽森·麦琪主编《应用语言学中的身份认同》，商务印书馆，2018，第45页。

个领域在认同建构研究上的分野还没有进行横向的比较论述。因此，本章首先从三个领域的区别入手，既探讨了三个领域不同的发展渊源以及对各自身份认同研究的影响（本章第一节），又探讨了三个领域在近 20 年的主要研究范式中存在相异之处（本章第二节）。之后探讨它们的融合的学科和理论基础（本章第三节）以及近 20 年融合的最新发展和未来展望（本章第四节）。

第一节 分野溯源

一、发端、理论和研究目的

社会语言学源于对语言学的发展。社会语言学发端于语言学，是对形式主义的，本质主义语言观的批判。社会语言学的发展从人类学、社会学、语用学中汲取理论养分。语用学源于哲学对语言逻辑的探索。语用学发端于哲学和逻辑学，源于这些领域对语言句法，语义和语用的划分。语用学在 20 世纪 30 年代发端于哲学和逻辑学，从修辞学、社会学中汲取理论养分，许多哲学家和语言哲学家为语用学的建立提供了理论基础，如奥斯汀、塞尔、格赖斯。但是，到了 20 世纪 70 年代语用学才作为一门语言学的独立学科得到承认。因此，社会语言学似乎没有太多纯理论，理论多是分析和应用型的，多涉及研究视角、路径和分析方法，例如，言语社区，实践共同体，互动社会语言学方法，变异研究等。这似乎是因为它从一开始就更多地关注自然语言的个性特征，最初是对其做统计分析，后来做案例分析。这种情况很难有高度概括的理论的出现。相较之下，语用学有很多系统自足的理论。因为语用学的创立是基于哲学和语言哲学对自然语言中的表意的一般性共性规律的经验总结上，其高度概括性有利于构造一定程度上系统自足的理论。索振羽罗列了九个语用学定义，其中几个他评价说与社会语言学没有区分度。他强调"语用学的定义首先应该强调与语义学的区别"。[1]首先，从这些定义中看语用学与社会语言学中的言语交际民族志和互动社会语言学确实有交叉之处。其次，索振羽总结的定义中"寻找话语意义得以恰当表达和准确理解的基本原则和准则"，真正指明了语用学研究的重要目的，这与社会语言学的研究目的是有明显区别的。社会语言学多关心语言与社会的互动关系。在这样的区别下，两个学科在论及会话的"上下文"时，内涵是完全不同的。互动社会语言学关注会话的"上下文"，包括广义的情景上下文，也包括狭义的上下文，即语言上下文。语用学研究一般只着眼狭义的上下文，即语言上下文，包括语用身份研究也是这样。

教育语言学脱胎于对"应用语言学"的反思和批判。因为，斯波斯基等开拓者认为，"应用语言学"术语下的研究将语言教学框在了语言学理论体系之内，忽视了语言教学的特殊性和复杂性，严重限制了"教育语言学"本可以作为一门更加广博的学科的发展。因此，一旦桎梏被打开，教育语言学呈现出交叉学科的特点，以问题为导向，旁征博引，广泛借鉴，从社会语言学、心理语言学、教育学、人类学、生态学、民族志等视角开展研究。[2]教育语言学的发端明显与具有理论的系统自足性的语用学很不同，而更类似于为解释语言与社会的关系而引入各种研究视角的社会语言学。相异之处在于，着眼点完全不同。无论是从心理的、社会的、民族的，还是交际的视角出发，社会语言学关注社会中的人，其身份认同相关研究是用于解释社会现象或阐释语言社会化过程的；而教育语言学关注教育环境中的人，探讨身份认同与语言教育的相互影响。

---

① 索振羽：《语用学教程》，北京大学出版社，2014/2020，第 10—13 页。

② 夏侯富生、李玮：《教育语言学学科发展国外理论研究综述》，转引自俞理明主编《教育语言学研究在中国》，华东师范大学出版社，2018，第 9 页。

二、早期身份认同研究

传统语用学从一开始就关注社会中的交际语言，关注语言使用者如何用语言。虽然语言使用者是语言学理论中的重要一环，但是身份认同并不是语用学的传统研究话题。陈新仁指出，将语言使用者纳入语言分析是语用学研究的一大特色。现有的语用学理论，如合作原则、面子理论、关联理论等，都假定语言使用者是理性人，都认同甚至强调交际双方的关系，如双方的权势关系和情感距离，对交际方式的影响。[①] 也就是说，语言使用者及其身份认同在语用学的研究传统中是一种如背景信息一般的存在，研究者似乎处处在讨论，却无法找到任何具体的论述。这个时期，语用学中的似有若无的身份认同因素就是微观交际中的人际关系。

相比之下，社会语言学从学科建立之初就关注身份认同，只是一个相对隐性的因素。社会语言学从一开始就将身份类别看作反映社会结构的因素。社会语言学重点探讨语言变异的社会制约因素，主要包括年龄、性别、社会阶层等，这些社会因素其实就是身份认同，是由社会结构定义的群体身份。[②] 也就是说社会语言学研究从早期开始，从他的研究传统开始就广泛涉及身份认同这个论题。只是当时的研究，大部分是将各种身份作为静态的变量，发现他们与语言变体的关系。例如，拉波夫（1966）对纽约三个百货公司售货员的调查，发现了［r］音的变异在社会阶层内部呈现趋同的趋势，而在不同的阶层中则发音相异，具体表现为：在比较高档的百货公司，其售货员发［r］变式的频率高于较低档次的百货公司，因为他们面对不同阶层的顾客。有一小部分研究其实带有身份建构的因素。例如，拉波夫在美国马萨诸塞州的玛莎葡萄园（Martha's Vineyard）开展的研究。生活在玛莎葡萄园所在的海岛上

---

① 陈新仁:《语用身份论：如何用身份话语做事》，北京师范大学出版社，2018，第 1 页。

② 徐大明主编《社会语言学实验教程》，北京大学出版社，2010，第 27—28 页。

的居民通过元音央化来凸显自己的独特，让他们自己听起来像来自玛莎葡萄园的人。只是这些研究并没有把身份当作动态的影响因素来考察，之后才慢慢发展为显性话题。拉波夫并没有从身份标记的层面来讨论玛莎葡萄园岛屿居民的元音央化现象。

语用学在早期对交际者身份的考量可以说是无处不在却又从未提及，社会语言学在早期是有直接涉及身份认同却没有将其放在突出的地位来考察。与这二者不同的是，教育语言学从一开始就十分关注语言学习者的身份，例如，母语教育、少数民族和移民者教育等问题。斯波斯基在 20 世纪七八十年代，考察了俄罗斯移民的语言和身份认同问题，在以色列学校研究移民儿童教育政策和课程开发等。可以看出，身份认同在教育语言学学科建立之初就已经是一个显性的研究话题了。只是，早期研究中身份认同还不具备动态性和建构性。

第二节　分野发展

现在我们来讨论一下，身份认同研究在三个学科领域得到发展后，相互之间的一些主要区别。

一、身份认同的界定

社会语言学、语用学和教育语言学在身份认同的定义上拥有共同的理论来源，那就是社会心理学。它们既承认身份认同的社会属性，也重视个体的情感和态度，因此，身份认同包含自我认同和社会认同两个层面。[①]但是，随着社会语言学、语用学和教育语言学对身份认同相关研究的探索逐渐呈现出

---

① Henri Tajfe, "Social Identity and Intergroup Behaviour," *Social Science Information* 13, no.2（1974）: 69.

各自的特色，它们对身份认同的界定也有了不同的侧重。

社会语言学的身份认同研究重点关注社会认同中的地域身份、社会身份、族群或国家身份。[①] 在社会语言学研究中，自我认同层面是一种主观能动性的体现，在互动中交际者可以通过使用某个语言变体表明自己隶属于哪个社会集团，也可以通过特定言语特征来有意识地强调自己作为某社会集团成员的身份，进而建构特定的社会认同。因此，社会语言学的身份认同研究往往既承认言语互动的建构作用，也承认既定社会认同的客观性。

语用学虽然把认同分成社会认同和个人认同，但是二者在语用学的语用身份论中都被视为交际资源。陈新仁认为，从交际出发，结合交际动机来考虑身份的分类，无须区分静态还是动态。从交际角度看，不管什么身份，都是通过语言或非语言手段加以建构的。对于交际来讲，重要的不是事先具有什么社会身份，而是选择、呈现、建构什么身份。[②] 这种对身份分类的理解是开创性的，打破了过去对身份划分。在社会语言学中，基于这种划分做的研究多被称为带有结构主义性质的建构研究。而陈新仁在"交际"下打破了身份的分类，因为不论是什么类型的身份，都是语用资源，无须做分类。

同时，可以看到，语用身份的交际实践性是具有语用学理论渊源的。奥斯汀的言语行为理论首次将语言视为一种行为，说话的同时就是做事情。这种理论把语言同人的行为联系起来。交际中选择、呈现、建构的身份在语用学视角中是拿来做事情的。

语用身份与社会语言学和教育语言学中的身份认同的另一个区别是，语用身份作为一种交际资源，不仅指说话人自己的身份建构，还包括说话人对交际对方或交际第三方建构的身份。

建构性特别强的教育语言学研究则很少对身份认同做社会范畴的划分，

---

① 祝畹瑾主编《新编社会语言学概论》，北京大学出版社，2013，第177页。

② 陈新仁：《语用身份论：如何用身份话语做事》，北京师范大学出版社，2018，第19页。

而是完全把它当作一个动态建构的产物，是人们探索、追求和确认自己身份的建构过程。这时候"身份认同"是特定时空中的身份定位的连续体。[①] 在外语教学中，学生和教师的身份认同被认为是多元的，非固定的，可以从多重文化资源中汲取养料进行动态建构。[②]

二、研究目的

在谈论语义学和语用学的区别时，利奇指出，用 X 意指 Y 是语义学，通过话语 X，说话人 S 意指 Y 是语用学。通过这个对语用学定义，可以看到当语用学把关注点放在话语中的身份认同建构上时，就是在探讨说话人 S 如何通过 X 意指某种身份 Y。[③] 因此可以看出，陈新仁语用身份的界定和语用学的研究传统是一脉相承的。关注的是交际中意义的表达，所以一切都框定在交际语言和交际语境中来进行探讨。因为这种框定，范围被限制了，可是反而因为这种限定排除了很多干扰因素，使得语用身份的探讨生发出许多可能性，显得生机勃勃，富有阐释力。陈新仁提出，与在其他学科里从社会建构主义视角研究身份建构不同，在语用学领域开展身份建构研究虽然共享一些基本的社会建构主义理念，且都以话语作为分析对象，但有着不同的研究主旨，回答不同的研究问题，关注不同的交际维度。陈新仁指出，从语用学角度研究身份，不能只关注身份的类型、建构的话语方式与构成，不只关注话语与身份的关系，更要关注交际者为何选择与建构特定身份、如何将身份选择与建构作为实现交际目标的手段、通过身份选择与建构传达什么样的意义及取得什么样的交际效果，选择与建构特定身份对交际双方人际关系带来什

---

① 高一虹：《大学生英语学习动机与自我认同发展——四年五校跟踪研究》，高等教育出版社，2013，第 1—2 页。

② 李战子：《身份理论和应用语言学研究》，转引自俞理明主编《教育语言学研究在中国》，华东师范大学出版社，2018，第 285 页。

③ Leech G N, *Semantics*（*2nd ed.*）（Harmondsworth：Penguin，1981）．

么样的影响、身份选择与建构的动态过程中体现什么样的人际策略。[①]

　　陈新仁对语用身份的界定把语用学与互动社会语言学中的认同建构研究区分开来了。社会语言学中的身份建构研究，目的是映射社会现象和社会问题，研究范式具有辐射性和外向性。因此在身份的界定上无法像语用学这样一刀切，还是要区分社会身份和即时的建构身份，因此有学者认为此类社会语言学的身份建构研究其实还带有结构主义的色彩。

　　教育语言学中的认同建构研究往往将语言教学与整体的"人"联系起来，所以揭示语言教学与教师 / 学生作为"人"的发展的某些方面的相互关系是其主要的研究目的。[②]例如，王初明（2004）探讨了英语语音学习对学习者对自己整体外语学习能力的评价的影响；诺顿（2001）研究发现，一个学习者的想象群体可以唤起他的一个想象身份，而这个想象的身份认同能帮助塑造一个学习者的特定语言学习经历；沈一凡、刘媛媛（2018）揭示了英语学习在影响文化认同发展的同时还能促进大学生思维风格的发展。此类研究涉及长期的语言学习过程中和具体语言学习互动中的认同建构，这种建构是对学习者自我认知的塑造过程的探究，它似乎天生就具有较强的建构特性。

三、身份认同的建构性

　　从建构性连续体来看不同研究中体现的建构特性，言语交际民族志和互动社会语言学的研究还只是部分建构部分结构，基于实践共同体的社会语言学才具有了比较强的建构性，语用身份研究和自下而上的语言学习者和教育者认同建构研究则具有最强的建构性。

　　但是在做身份认同建构研究的时候，一定要尽量追求社会建构性吗？一

---

① 陈新仁:《语用身份论：如何用身份话语做事》，北京师范大学出版社，2018，第 2 页。

② 高一虹:《中国的语言与认同研究》，转引自俞理明主编《教育语言学研究在中国》，华东师范大学出版社，2018，第 279 页。

定要批判结构主义本质主义的认同观吗？笔者认为，并不能一概而论。本质主义认同观有需要批判的地方，但也有可取的地方，要看研究视角是什么。比如，如果从宏观上从群体角度探讨民族认同、国家认同、文化认同，还是要结合结构主义的认同观来考察的。建构主义认同观只是给我们打开了新的一扇窗，让我们可以更加深入和微观地探讨身份认同的作用。

　　语用身份论把所有社会身份纳为交际中的语用资源，只在交际中探讨身份建构的语用价值、语用功能等。这种框定可以看出，语用身份论正如陈新仁强调的，研究目的并不在于身份建构本身，它的研究目的是语用学的，是语用研究的一个新视角和新媒介。那么作为语用资源的这些身份，它们是社会赋予的还是建构的？并不是语用学关心的问题。这里似乎形成一个怪圈，社会建构主义认为自我/身份/认同是社会建构的。受社会建构主义思潮影响而建立起来的语用身份论，在不管被其作为语用资源的社会身份是怎么来的前提下探讨人们如何通过在交际中建构身份来实现语用效果。所以，语用身份论只是一种语用微观的社会建构主义。社会宏观层面是建构还是结构，似乎完全被其排除在讨论范围之外。但是反过来想，这些也可以是不矛盾的。社会建构主义所强调的对话性，其中的共时性对话落到实处可以理解为语用学所研究的语言实践。只是，语用身份论把研究关注限制在语用学框架下，不去做过度深发和延伸，语用身份是即时身份，话语结束后就消失了，它没有从微观共时性对话再回到中观或宏观的共时和历时对话中，根据其界定这些也不是它的研究目的和范畴。相比较而言，基于实践共同体的认同建构研究是属于中观层面的，建构的身份认同是具有一定时间延续性和情景类型依附性的。如果是国家身份的建构则是宏观层面的，具有时间延续性但不具有情景类型依附性。

　　言语交际民族志和互动社会语言学的研究中，身份建构在很大程度上依赖交际语境和社会语境。它们认为身份建构与个体的自我意识有关，但并不与自我意识等同；也就是说，如果没有充分考虑交际语境和社会语境的制约因素，一些并不想"要"的身份可能会被建构出来。因此，与其说"建构"，一些学者认为"同构"（co-construction）更准确。基于特定交际语境，再结合社会的、文化的、民族的及政治的语境等，身份认同在与他人的即时交流中被"同构"出来。[①] 说话人根据语境，选取映射特定社会身份的语素，通过凸显和定位（positioning），体现出说话人的群体身份归属及其对被描述对象的态度。[②] 可见，社会语言学对身份认同建构的主流观点是部分建构主义部分结构主义的。他们一方面承认交际中说话者身份的实时性和动态性，另一方面认为身份认同的实时动态建构是以社会语境中既定的社会身份为蓝本和基础的。例如，沈一凡（2013）研究了非裔美国女律师安妮塔·希尔的听证会辩论。该研究认为，对语素的解读是意识形态化的，因此特定语素所能传达的意涵及其所能建构的身份是与语素本身的社会、文化和历史内涵分不开的。安妮塔·希尔所调用的语素分别映射了非裔美国人身份、主流欧裔美国人身份和欧裔美国女性身份。正是充分考虑听证会现场和美国主流媒体的反应，安妮塔·希尔通过这些语素的组合和灵活调用，最终成功塑造了为美国主流社会接受的非裔美国女性证人的身份。这个研究是社会语言学身份认同研究中结构主义和建构主义相结合的典型案例，也充分体现身份认同的"同构"。

教育语言学的身份认同研究涉猎广泛。一部分体现较强的结构身份观，如，语言政策对国家认同、文化认同和族群认同的塑造，社会心理范式下的学习者认同研究。这些研究多是自上而下的，或者从国家机构政策出发，或

[①] 莎伦·K. 德克特、卡罗琳·H. 维克斯：《社会语言学导论：社会与身份》，何丽、宿宇瑾译，中国书籍出版社，2015，第9页。

[②] Bucholtz M，Hall K，"Identity and Interaction：A Sociocultural Linguistic Approach，" *Discourse Studies* 7，no. 4-5（2005）：585—614.

者从社会文化归属出发，探讨对学习者身份认同和自我认同（心理）的影响。而最能体现出教育语言学身份认同建构研究区别于社会语言学和语用学的是，自下而上的对语言学习者和教育者的语篇、叙事进行微观考察，发掘作为写作者、作为二语学习者，或者作为语言教师整体"人"的身份认同建构变化过程。一次次具体的建构虽然也离不开特定语境，但建构的过程具有超越具体微观语境的延续性，而对"全人"的塑造是超越实时语境的，是持续的和影响深远的。例如，刘媛媛、沈一凡（2019）对 20 世纪初新女性语言学习叙事的研究。徐亦蓁（Xu）在她的个人回忆录里对自己的英语和标准国语的学习经历进行了记录。叙事研究发现，徐亦蓁的英语学习使其拥有资本构建超越 20 世纪初中国社会主流的女性依附地位的独立女性身份；同时对标准国语的学习使徐亦蓁构建了中华民族的身份认同；这两种身份一起贡献了徐亦蓁的"新女性"身份认同构建的重要内容，并且影响其一生。徐亦蓁后来走出国门，在国际舞台上树立了爱国自强的中国"新女性"形象，她来到联合国为中国女性的受教育权利奔走募捐。

四、研究范式

社会语言学关注点涵盖语用身份涉及的问题，只是在具体交际情景的分析上没有那么微观和细致，但是就考察的语素来说，如语音变体，又比语用身份研究考察的大多数语素更加微观。在特雷西和罗伯斯（Tracy and Robles）归纳的话语实践类型中，除了传统语用学关注的指称、言语行为、风格、体裁等，还包括"语言选择"（语言种类，语码转换）。[①] 陈新仁也进一步做了类型归纳，其中也包括语言类型和语言变体。不过，语言变体的使用在语用身份的研究中是较少涉及的，而是多见于社会语言学的身份认同研究中，包括

---

① Tracy K, Robles J S, *Everyday Talk*: *Building and Reflecting Identities*（*2nd ed.*）（New York: Guilford, 2013）.

从语音、词法、句法、语义到话语（言语）、语体、语际，从微观到中观的语言各个层面。即使在语用身份的个别研究中有涉及语言变体，只是聚焦于词法，其他语言层次，特别是语音层面并未涉及。

社会语言学既关注宏大的社会结构，也关注微观的语言实践，通过语言反映宏观和中观层面的社会结构变化。例如，埃克特（2000）以一所美国高中为社会之缩影，研究了高中生语言变体的使用情况，目的是揭示语言变体是一种社会实践。高中生们通过语言变体的使用参与或远离某些实践社区，以此构建特定的身份认同和社会意义，进而形成人际交往的网络，这是对自己选择的生活方式的一种表态。语用学关注交际本身，多属于微观研究，用社会结构来解释交际的微观过程。因此，语言和社会在社会语言学中是双箭头的，而在语用学中是单箭头的。

教育语言学在研究范式上与社会语言学和语用学都有一定的区别。由于在学习者身份认同和教师身份认同建构上采取的是"全人"视角，叙事研究成了教育语言学对微观的历时建构过程进行分析描摹的绝佳选择。通过研究语言学习者和语言教师的生平故事中的身份叙事以及其中的叙事联结，探讨他们如何在这些身份之间建立明晰的和隐含的联系，可以充分展现身份认同建构的动态和复杂的发展过程。

第三节　融合溯源

一、社会语言学与语用学

若从语言哲学角度来探讨语用学的产生，是出于对结构主义语言学的批判，认为语言运用、语言交际是不可忽视的语言研究的一部分。这与社会语言学的发端颇为相似。只是语用学建立的理论基础在于哲学和逻辑学。社会语言学还是在语言学内部发展起来。因此，社会语言学和语用学可以理解为发端于同一语言哲学理念下，但是从不同的角度对语言运用进行研究，走出了两条路。这两条路发展到一定时候出现了相互借鉴和一定程度的交叉。两个学科在发展过程中在两个理论架构上出现了融合，一是会话分析理论，二是互动社会语言学。

会话分析在社会语言学和语用学中都是重要的研究内容，也是两个研究领域共享的一个研究内容。这是融合溯源，也是融合发展的重要基础。会话分析理论早于互动社会语言学的建立。会话分析最早是从人类学、言语民族志学和社会学发展起来的。其中，言语民族志学注重个案研究，对于建立和发展微观社会语言学作出了不可磨灭的贡献。对会话实践的微观探索使社会语言学与语用学有了共同的研究关注。言语的功能，除了看其如何交流信息、表达情感和协调人际关系外，还特别注意说话人如何互动建构语境和话语的意义。[①]因此，可以看到，会话分析从一开始就注重"互动建构"，强调交际者的能动性。现今言语活动已经成为话语分析、语言变异研究、语言社会心理学、社会语用学等多个领域共同关注的焦点。

启发会话分析学发展的言语民族志学，同时也是互动社会语言学建立的基础。推动互动社会语言学发展的学者同时也为语用学的理论发展作出了贡献。因此，这些学者的理论思想同时成为社会语言学和语用学的重要理论来源，为两个学科的交叉和融合奠定了基础。

社会学家戈夫曼通常被称为符号互动论者和结构功能论者，其实他自己觉得称他为城市民族志学者更加合适。戈夫曼关注"聚焦式互动"，即"个体在一个特定的时间段内对彼此的言谈举止都注意的一种互动关系"。会话正是最典型的聚焦式互动。戈夫曼研究了社会交往中的"面子行动"（face-work）。他关于社会交往秩序所做的详尽论述直接带动了社会语言学关于言语交际的

---

① 祝畹瑾主编《新编社会语言学概论》，北京大学出版社，2013，第26—27页。

研究。戈夫曼对互动中会话的关注和他对面子的研究直接影响了社会语言学布朗和莱文森对礼貌的会话策略的研究。布朗和莱文森因此将他们 1987 年出版的单行本专著《礼貌现象：语言使用中的一些普遍性特征》（*Politeness：Some Universals in Language Usage*）献给了戈夫曼，声称："没有他，就不会有今日社会交往的观察研究。"两位学者运用人类学、社会学、语用学的方法，比较研究了三种截然不同的文化环境中交谈者的话语策略所具有的共通性，获得了重要的成果。戈夫曼在互动论上并没有走上极致，他同时又采用了结构主义观点。但是他的关于人们相遇交谈的一系列描述直接影响到互动社会语言学的建立。

互动社会语言学是在 20 世纪六七十年代业已确立的会话理论和会话分析学基础上形成和发展起来的。互动社会语言学倡导者甘柏兹是首先发现语言的使用与说话人身份相关的学者之一。互动社会语言学与会话分析学有着明显的差别：互动社会语言学需要有关说话人的背景知识；互动社会语言学特别注意话语的韵律和副语言现象；互动社会语言学需要听取与说话人背景相同的人的意见，以检验原先的假设是否基本正确。归根结底，会话分析学强调会话者自己对会话过程的领悟，而互动社会语言学则用研究者的眼力对会话过程进行由表及里、从语言线索进入社会文化层的解析。

互动社会语言学强调语境的作用，而不是直接把语言现象与静态的语言文化系统挂钩。互动社会语言学认为，语境化提示不一定是共享的，语境化提示阐释的方式也会有不同。互动社会语言学的研究范式与语用学已经很接近了。但是有一点不同，他们在分析语料的同时还加上了访谈，分析的目的是非常具有社会语言学特色的，是"为了了解交际群体的交际风格以及这些风格对这些群体的含义，区分不同群体在构建意义过程中的差异"。所以研究焦点还是在于群体的文化的差异。

也有学者认为互动社会语言学包含了社会语用学的研究。徐大明认为互动社会语言学从社会学方面引进了社会互动理论，试图证明语言传情达意的功能是通过言语互动来实现的，包括"会话策略""现出语法"和"社会语用"等几部分。"社会语用"的研究将社会因素引入言语行为的研究，发现不同社会背景的人在言语行为上的系统性差异。①

也就是说，社会语言学和语用学在微观的会话互动实践这个研究对象上找到了融合的通道，因此双方的理论、研究范式在这一研究界面上可以充分地相互借鉴。例如，奥斯汀（1975）和瑟尔（Searle，1990）提出的言语行为理论对社会语言学产生了巨大的影响。他们将对话的最小单位定义为话语。传统社会语言学多关注各语言层面的变体，话语这个分析单位的提出，提供了新的观察和分析的路径。正如萨克斯（1984）所说，话语为那些对社会和语言感兴趣的人提供了丰富的资料来源。②

这样的发展在 20 世纪七八十年代得到进一步凸显。西方的社会理论中出现了"语言学转向"，将话语实践看成是社会实践的一种形式，并且能够干预社会和经济秩序；它是积极建构社会的力量，包括建构社会"客体"和社会"主体"，即人的身份认同。话语被视为研究社会变迁的一种媒介，可以揭示话语如何由权利与意识形态的关系所构成，话语对社会和个人身份、社会关系以及知识和信仰体系的建构作用。③ 就这样，社会语言学和语用学都开始聚焦身份认同的话语建构问题。

本小节探讨了社会语言学和语用学在身份认同建构研究上共享理论和研究范式的渊源。社会语言学与语用学的语言哲学观点是一致的，发展了语言系统的异质性研究，强调语言的社会本质，都是关注实际使用中的语言，强

---

① 徐大明主编《社会语言学实验教程》，北京大学出版社，2010，第 15 页。

② 莎伦·K. 德克特、卡罗琳·H. 维克斯：《社会语言学导论：社会与身份》，何丽、宿宇瑾译，中国书籍出版社，2015，第 108—111 页。

③ 祝畹瑾主编《新编社会语言学概论》，北京大学出版社，2013，第 27—28 页。

调语言的交际运用。他们都脱胎于对传统结构、形式语言学的反思。因此，经常发现你中有我，我中有你的研究是很自然的。区别在于一个从社会出发，一个从交际出发。

二、社会语言学与教育语言学

（一）研究主题融合溯源

在教育语言学的发展历程中，社会语言学是它的基础理论来源之一。斯波斯基是教育语言学的创始人之一，他对社会语言学的研究和思考，极大地影响了他的教育语言学中的社会语言学思想。斯波斯基学术体系的起点是他对第二语言学习的关注。他认为语言的社会角色在二语学习研究中至关重要。[①]他将双语/多语问题、语言教育与社会的关系、言语社区与学校的关系、社会条件下的二语学习和语言习得问题等列为教育语言学研究的基本主题。[②]其中的双语/多语问题同时也是社会语言学的重大研究课题，涉及历史、政治、教育等诸多方面，也和语言的变化密切相关。

广义的社会语言学涉及几乎所有语言与社会相关的研究话题。很自然的，教育和语言教育作为社会的重要环节，也是广义社会语言学的研究对象。在谈到社会语言学主题线索时，祝畹瑾说："研究社会语言学课题，存在不同的视角，或语言学的，或民族学的，或社会学的，或语用学的，或社会心理学的，或社会教育学的，等等。"社会语言学对语言、教育和认同相关议题的关注源于社会语言学对双语/多语现象、语言接触和语言规划的探索。多民族国家、少数族裔和移民的双语/多语和语言教育问题，语言教育规划如何处

---

① Spolsky B, "Attitudinal Aspects of Second Language Learning," *Language Learning* 19（1969）: 271—275.

② Spolsky B, *Educational Linguistics: An Introduction*（Rowley, Massachusetts: Newbury House Publishers, 1978）.

理这些问题，很自然地成了社会语言学与教育语言学共同关注的研究主题。在这些议题中，语言认同、民族和族群认同、国家和个人认同问题都很突出，进而引申出二语／外语教学和学习中的认同建构话题，以及语言规划和语言教育政策中的认同建构研究。

斯波斯基将教育语言学称为"教育性应用社会语言学"。[①] 斯波斯基把真实的教育过程看作言语交际过程。基于雅各布森（Jakobson，1960）的言语交际事件要素图式，斯波斯基把对教育影响最大的要素归结为交际参与者、渠道和语码三个维度。教育交际中的发话者和受话者主要涉及教育者（教师）和受教育者（学生）。斯波斯基从学生与教师语言的同质或异质性来考察潜在的教育障碍。渠道是指教育交际的物理渠道，包括纯口语、书面语、电子化口语和混合模式。语码指用作教学目标和媒介的语言及其变体，涉及所选语言的数量、种类及被选目的。斯波斯基主要关注教育系统对语码或语言变体的选择，即哪一种或几种语言及其方言变体被选为教学媒介和目标语言。[②] 以上将教育过程解构为言语交际事件的三个维度的视角回应了社会语言学中互动社会语言学的研究主题。互动社会语言学探索各类社会情境下言语交际的过程和结果。教育语言学聚焦教育过程这一特定情境，发掘师生互动中产生的社会和语言意义，为了实现教育过程的有效交际，教育者和受教育者如何相互协商、协作，依据双方共享的语言知识和非语言的社会文化背景知识来表达自己、理解对方，完成教育的交际过程。而无论是社会语言学还是教育语言学，对言语交际事件（教育过程）中交际参与者怎样利用各种语言手段（语码）来构建和表达自己的社会文化身份都是研究的重要内容。

---

① Spolsky B，Linguistics：Educational. In Husen T，Postlethwaite T N，*The International Encyclopedia of Education*：*Research and Studie. Oxford*：*Pergamon*，no.10（1985）：3095—3100.

② Spolsky B，Overcoming Language Barriers to Education in a Multilingual World. In Spolsky B（ed.），*Language and Education in Multilingual Settings*（Clevedon：Multilingual Matters，1986），pp.184—193.

（二）理论融合溯源

从发展伊始社会语言学和教育语言学就共享了许多研究主题，两者理论融合的基础是相当深厚的，特别是教育语言学向社会语言学借鉴了大量的理论，用于从社会语言学和社会学角度探讨二语／多语现象和二语教育的问题。

首先是言语社区理论、语言接触和语码转换。社会语言学关注语言的社会环境，其中最重要的就是"言语社区"[①]。斯波斯基在考察学校的语言教育过程中引入言语社区的概念和视角。20 世纪 70 年代，以贾尔斯为代表的学者从语言接触的视角探讨二语／外语学习者学习动机和身份认同的关系。在双语／多语教育过程中影响语码转换的身份认同因素也都受到关注和探讨，如教育参与者的社会经济地位、年龄、性别、民族背景、权力关系等。

其次是广泛共享的理论和实践共同体理论。社会语言学对语言和语言教育的关注本质上是探索社会如何影响人的语言发展。实践共同体理论尝试回答这个问题。该理论认为，语言是在社会互动中发展的，而其中无法回避的问题就是身份认同。因为社会活动总是围绕着社会群体进行，通过语言表现出对某群体的亲近或排斥，因此，身份的建构成了人们在社会互动中发展语言的一个重要动因。从实践共同体的视角来看语言学习的过程，教育语言学认为，学习不是个人的独立认知行为，而是学习者以不同的层次参与到情景性的学习实践活动中；学习者组成的"共同体"是学习参与者共享他们对于该学习活动系统的理解；在学习过程中，学习者不断改变身份或认同归属，由实践共同体边缘性参与者不断向充分参与者的方向发展，参与意义建构的过程。

（三）方法融合溯源

教育语言学在创立之初，与社会语言学有颇多借鉴和互动，这同样体现在研究方法上。斯波斯基主张将社会语言学的手段与方法纳入双语教育研究，来考察语码转换、本地语读写能力、语言维持以及双语教育涉及的社会与经

---

① 徐大明：《中国社会语言学的新发展》，《南京社会科学》2006 年第 2 期。

济等问题。其中较突出的共享的研究方法有叙事研究和会话分析。

拉波夫作为社会语言学的奠基人，也是最早使用叙事研究法的学者之一。叙事研究在教育语言学研究中得到发扬光大，成为其重要的分析工具，特别是用于考察身份认同和语言文化意识形态的议题。

拉波夫早在 20 世纪 60 年代，为了减少"观察者矛盾"的影响，让访谈对象用"讲故事"的方式交流。1972 年，拉波夫发表了研究口语叙事的开拓式文章《叙事句法下的经验迁移》(*Transformation of Experience through Narrative Syntax*)。随着研究的深入，拉波夫（1972）发现，随着年龄的增长，人们会习得更强的叙事能力，这源于使用了越来越复杂的评估手段，而其中一些评估手段构建了身份。[1] 西夫林（Schiffrin）指出"言语表达和将经验转成文本的叙事能力为自我和身份的展示提供了很好的途径"。[2] 叙事使人们有机会考察自己是如何置身于一个较大的社会文化范畴中或者是屈身于一个较局限的语境中的。通过分析叙事成分，考察参与者立场、角色、文化主题、语言使用、指示性表达等，可以分析叙事过程中的身份认同。社会语言学家主要关注的叙事是口语或手语的使用，同时也关注期刊或文档等书面语。教育语言学反思了二语习得研究中对个体的人的去语境化的倾向，转而倡导回到个人话语，去捕捉个人的经历和故事，采用叙事研究的方法。[3] 具体使用的术语比较多样，如个人叙事、自我叙事、个人经验叙事、自我故事、第一人称叙事、个人散文、批评性自传等。学生通过书写语言习得历史对自己的学习策略、行为和信念变得更加有意识。教师通过书写语言习得历史，可以意识到

---

① 莎伦·K. 德克特、卡罗琳·H. 维克斯：《社会语言学导论：社会与身份》，何丽、宿宇瑾译，中国书籍出版社，2015，第 201—204 页。

② Schiffrin D, "Narrative as Self-portrait: Sociolinguistic Constructions of Identity," *Language in Society* 25, no.2（1996）：167—203.

③ Janesick Valerie J, The Choreography of Qualitative Research Design. In Denzin N K, Lincoln Y S (eds.), *Handbook of Qualitative Research*（*2nd ed.*）（Thousand Oaks：Sage，2000），pp. 394.

他们特定的历史是如何影响他们的教学的。[①] 叙事研究对个人成长经历的关注催生了二语习得领域对语言学习者和教学者身份认同建构过程的细致考察。

斯波斯基从创立教育语言学之初就运用社会语言学的会话分析方法来分析宗教仪式，发现宗教仪式中的语码与人们的社会生活密切相关。会话分析的方法主要用于分析语言教学情景下学生和教师特定身份认同的话语建构。例如，卡里姆普尔等（2020）运用会话分析方法考察了自然发生的课堂对话中几位英语教师的认同建构。研究发现，课堂中师生之间的"是/否"问答和随后展开的话轮中，英语教师建构了不同层次的身份认同；英语教师在课堂上更倾向于建构提问者的话语身份，以此激发出学生的即时话语身份，促进他们将学习往前推进。可惜的是，此类研究方法在很长一段时间并未受到教育语言学研究者的重视。

三、教育语言学与语用学

从学科发展渊源上看，教育语言学很多时候是通过社会语言学与语用学产生联系。前两节已论述，社会语言学与语用学都发端于对结构主义语言学的批判，前者从语言学内部发展起来，后者根植于哲学和逻辑学，但是二者发展过程中出现了相互借鉴和交叉。再从教育语言学的发展历程可知，社会语言学是它的基础理论来源之一。因此，教育语言学从社会语言学借鉴的理论和方法很多都包含了其与语用学共享的部分，最突出的就是基于会话分析理论和互动社会语言学理论，在研究中关注在微观层面的会话互动实践。

同时，教育语言学与语用学二者直接的融合源于社会科学的语言学转向。语用学从 20 世纪下半叶兴起，强调语言使用者和语境的作用，强调语言的实质在于表达和理解，改变了实证主义倾向，使人文和社会科学发生了语言学

---

① 李战子：《身份理论和应用语言学研究》，《外国语言文学》2005 年第 4 期。

转向，引发了教育研究者对语言潜能在教育中价值的关注。① 自此，越来越多教育语言学学者借鉴语用学的研究方法，对语言学习者的个人叙事、写作语篇，对语言教育者的个人叙事，对语言政策文件的文本等进行语篇分析，或者对语言教育情境下的会话进行语用分析。其中涉及的写作者身份、叙事者身份和语用身份都是在语篇和话语中建构的身份认同，天生带有社会建构属性。

由于语用学研究早期以模块论为主导，因此教育语言学和语用学在融合溯源上，可以探讨的比较有限。但是在欧陆的语用学的视角论逐渐获得关注后，二者有了深入而广泛的融合，这将在第四节"融合发展"中进行详细讨论。

第四节　融合发展

社会语言学、语用学和教育语言学在身份认同建构研究上经历了相似的发展历程，从静态为主到动态导向，从主要关注身份的社会属性到突出身份认同的交际属性。而正是这样殊途同归的发展路径，为各学科身份认同建构研究的融合发展提供了基础。融合发展主要体现在两个方面，一个是理论上的相互借鉴、共享和融合，另一个是研究方法上的相互转借和研究范式的共享。

一、社会语言学与语用学

社会语言学与语用学认同建构研究的融合发展体现在：身份认同的界定出现融合、理论的借鉴和研究范式的转借。

（一）身份认同内涵的融合

社会语言学与语用学对身份认同的界定殊途同归，出现了融合。

社会语言学对"认同"的界定经历了从结构主义到建构主义的转变。原

---

① 赖良涛:《我国教育语言学研究综述》，转引自俞理明主编《教育语言学研究在中国》，华东师范大学出版社，2018，第19—20页。

来"认同"是边界明晰的社会范畴。而在建构主义思潮影响下,认同"某个人究竟是谁"的问题,首先存在于具体交际事件中,其次既不是外部环境给定的产物,也不是纯粹的个人想象,而是个体与社会环境相互协商的过程,再次它蕴含了话语的使用。[①]

当社会语言学家试图把世界和社会当作面对面互动形成的复杂体来理解,互动中的身份建构成为不可或缺的一环。在言语交际民族志研究中,通过对互动对话的分析,社会语言学家发现,不同特定身份会在互动中显现。这些身份不仅与持续中的即时互动有关,也与更广泛的语境相关。因此,身份不仅存在于个体身上,而且在互动过程中通过社交得以建构起来。人们不仅在互动中构建自己的身份,也构建起其他人的身份,还包括不在互动现场的人的身份。[②]

在身份概念从本质主义向社会建构主义转向的背景下,陈新仁提出了语用身份的概念,认为语用身份有别于交际者在进入交际前所具有的社会身份,是在具体交际情境中语言使用者有意或无意选择建构的自我或对方身份,以及说话人在其话语中提及的社会个体或群体的他者身份。语用身份是特定的社会身份在语言交际语境中的实际体现、运用甚至虚构。语用身份是语境化的某种具体的社会身份,是与特定话语相伴随的某一个或者多个社会身份。

可以看出,社会语言学家对互动建构的身份认同的认识与陈新仁提出的"语用身份"在内涵上出现了高度重合。第一,他们把对身份认同建构的考察放在具体的交际互动语境中;第二,他们都明确交际互动中呈现的身份认同既与具体语境紧密相关,又与更广泛的社会语境和交际者的社会身份相联系;

---

① De Fina A, Schiffrin D, Bamberg M, *Discourse and Identity* (Cambridge: Cambridge University Press, 2006), p.2.

② 莎伦·K. 德克特、卡罗琳·H. 维克斯:《社会语言学导论:社会与身份》,何丽、宿宇瑾译,中国书籍出版社,2015,第89页。

第三，交际互动中建构的身份认同是多样和流动的，是随着交际意图/语用目标的变化而即时变化的；第四，身份认同的建构不只是对说话人本身，也包括对受话人或者交际第三者个人和群体的身份认同的塑造。

在越来越多的社会语言学认同建构研究中，虽然没有直接使用"语用身份"的术语，但是探讨和分析的过程中可以看到，身份认同建构的语用功能成为讨论的焦点。例如，德克特和维克斯讨论了在 2007 年 11 月一次美洲首脑会议上，西班牙首相萨帕特罗和委内瑞拉总统查韦斯针锋相对的对话，矛盾的焦点是对西班牙前首相阿斯纳尔是否是法西斯分子，是否需要对他表示尊重的争论。对话双方主要通过对本人和他人的身份建构来作为主要的论据。

可见，随着对身份认同的交际属性越来越关注，社会语言学与语用学研究中"身份认同"的内涵和对其交际功能的探讨趋向一致。

（二）理论的借鉴

实践共同体是在讨论身份认同问题时被社会语言学广泛运用的理论。有一批学者在实践共同体视角下对传统语用学的研究话题"（不）礼貌"进行重新审视，并做了许多实证研究进行探讨。研究者达成比较一致的观点是，对礼貌的解读不能脱离说话者和受话者所在的实践共同体和由此形成的身份认同，因为这决定了人们如何理解某句话以及这句话是否礼貌，以下是两个研究的例子。

1. 族裔化的实践共同体与礼貌规范的建构

这个研究关注的是新西兰毛利人实践共同体和欧裔白人实践共同体形成的不同的礼貌规范。作者施努尔、马拉和福尔摩斯（Schnurr, Marra and Holmes, 2007）还结合研究对象的实际，创新地提出了"族裔化的实践共同体"（Ethinicised Community of Practice）。处于不同"族裔化的实践共同体"的新西兰的上司和下属发展出了属于自己的行为规范，建构了属于他们的礼貌规范，基于此，上司在与下属的互动中通过融合自己的职业认同和民族认同来建构有效的领导者的身份认同。

在一个以毛利人少数族裔为主要构成的工作场合，人们如何实践礼貌，作者将其与新西兰主流的欧裔白人工作场合的礼貌实践作对比。关注焦点是领导者的语言和如何建构了有效的领导者的身份认同。这个研究明显带有互动社会语言学研究方法的特点。对礼貌的界定，既关注说话者的意图，也关注听者如何解读。本文对于面子采用了斯宾塞－欧地（Spencer-Oatey）的定义，分成了相对固定的"体面面子"（respectability face）和具有情境特殊性的"身份面子"（identity face）。①

本研究选取一个白人上司主持的白人会议的开场对话，和一个毛利人上司主持的毛利人会议的开场对话进行对比。白人上司会议开场随意而简短，毛利上司会议开场包含非常正式的毛利族人特有的祈祷仪式，因此两者出现了巨大差异，导致毛利人参加白人主持的会议时经常感到不被尊重，不礼貌，甚至被冒犯。其次，研究者选择上司们的幽默话语进行对比。白人的上司和下属运用幽默的方式相互提出不同意见，把原本威胁到身份面子话语转化为得体的交谈。而毛利语境中，毛利上司为了对一个事件表示谴责，直接用很风趣的方式向在场所有人演绎了一段小品，谴责不指向任何具体人，而是面向所有人，这种非常委婉的方式是毛利人可接受的批评方式。同时，这位毛利上司在演绎故事的过程中经常穿插使用一些毛利语进行语码转换。这些方式充分展现了毛利人偏爱随性的交流风格，并且充分尊重了在场所有人的身份面子，即他们的职业身份认同。

由于礼貌范式具有社会和文化情境性，因此本文认为工作场合中形成的实践共同体会协商出一套特定的礼貌规范。在此，实践共同体与礼貌行为研

---

① Spencer-Oatey H, "(Im) Politeness, Face and Perceptions of Rapport: Unpackaging their Bases and Interrelationships," *Journal of Politeness Research: Language, Behaviour, Culture*, no.1（2005）: 95—119.

究完美结合，使礼貌研究具有了社会建构性，使礼貌实践中的身份认同建构受到了关注。

2. 网络实践共同体与礼貌规范的重塑

实践共同体视角下的（不）礼貌研究还拓宽到了基于网络的实践共同体这个层面。在格雷厄姆（Graham，2007）所做的这个研究中，一个网络宗教论坛上的成员们因为一个教徒的发帖而发生了争执和冲突的过程被呈现出来。过程中，对于在网络论坛上发言，对于作为教徒在宗教论坛上发言，所需要遵守的发言规范，以及什么样的言论是（不）礼貌的，进行了一番协商和共构。每一个发言者都处于一个特定的实践共同体中，要么是尊重网络论坛发言规范的群体成员，要么是尊重回应教徒忏悔应有的规范的群体成员，要么是肩负解救教徒同担的责任的教徒群体的成员。在相互的争论中，在该宗教网络论坛中的礼貌和得体的行为规范不断地得到协商和调整，最后新的实践共同体的行为规范逐渐得到确立和巩固，新的实践共同体成员身份认同也逐渐清晰起来。

本研究揭示了网络论坛作为交流的媒介对礼貌行为规范的界定具有重要的影响。同时，在该实践共同体中，在一个冲突争论事件中，由于成员对礼貌／得体行为的不同解读，促使大家对自己和其他成员的实践共同体身份认同进行重新审视和调整。这使得新的交流规范、新的礼貌／得体规范在协商中形成，进而再反过来促使共同体成员的身份认同得以调整和重塑。

（三）研究范式的转借

1. 在考察语用身份时引入社会语言学语言变异的研究范式

夏丹和廖美珍（2012）在民事审判话语的研究中采用了语言变异的研究范式，分析了人称指示语的变异如何在庭审中实现身份建构的功能，进而实现庭审互动博弈的语用目的。

　　庭审中人称指示语的变异是指从一种人称指示语向另一种人称指示语转变的现象。人称指示语存在有标记性和无标记性两种类型。庭审中，符合法庭机构规范的人称指示语是无标记的，主要包括姓名型人称指示语，机构型人称指示语如"原告×××"等使用了机构角色进行支撑的人称指示语。这类指示语顺应了庭审的机构性语境。而偏离庭审规范，符合日常社会生活规范的人称指示语是有标记的，包括亲属型人称指示语、姓名＋尊称型人称指示语、类指性人称指示语和泛指性人称指示语等。这类人称指示语的使用表明说话人将被指称对象置于社会文化的框架下，基于被指称对象自身具有的社会身份，通过对其社会身份和社会关系中某个方面的凸显或搁置，塑造法律上对当事人有利的身份。在这样的分类下，庭审中人称指示语的变异有四种基本情况：（1）从有标记性人称指示语到无标记性人称指示语的变异；（2）从有标记性人称指示语到另一有标记性人称指示语的变异；（3）从无标记性人称指示语到有标记性人称指示语的变异；（4）从无标记性人称指示语到另一无标记性人称指示语的变异。

　　研究发现，说话人个体内的人称指示语变异体现了说话人的策略和技巧，而对话主体双方之间的人称指示语变异体现了身份建构中的互动性和协商性，在庭审中特别体现为抗辩性。同时，研究还揭示了人称指示语变异如何参与庭审语境中最重要的四种身份的建构，即上诉双方最注重的权益身份、情感身份、权势身份和机构身份。其一，庭审中可以将一位女演员的无标记性姓名变异为有标记性的类指性指称"女性""女人"和"演员"，通过突出其普泛性，而不是强调其个体特殊性，来突出一个人的权益。即在民事庭审中，通过变异为类指性指称，贴上群体性的标签，从而强化其权益身份。其二，情感身份往往通过亲属型人称指示语的变异来建构。说话人将姓名型人称指示语变异为"妈妈×××""母女""弟弟"和"亲姐姐"等，拉近或疏远某种人际关系，建构利于自己一方的情感伦理身份。其三，权势身份的建构可以是强势身份也可以是弱势身份。但是两者是共构的，即在建构一方弱势或强势身份的同时，也赋予另一方强势或弱势的身份。例如，原告律师在指称原告当事人肖××时由姓名型人称指称语变异为泛指性人称指示语"一个人"和评价性人称指示语"弱者"，建构了一个普普通通弱势的奉献者的身份，同时赋予了被告"一个强势、持有公权"的身份。其四，分析的案例中机构身份的建构发生在对话主体双方之间。当被告律师使用了许多亲属型人称指示语来指称被告后，原告律师将其变异为机构型人称指示语"原被告双方"和姓名型人称指示语"周××"，表明其不认可被告律师试图建构的被告的母亲身份，而重构了被告的机构身份，即"被告"。

基于语言变异的研究范式，本研究将庭审辩论放在社会建构论的框架下进行探讨，从语言变异的视角揭示了语用身份建构如何助推庭审互动中的抗辩和博弈。

2. 在语码转换研究中引入会话分析模式

语码转换多在双语或多语交际环境中发生，是指双语者／多语者在不同场合，或在一次交谈中轮换使用两种或多种不同的语言、方言或语体。[①]语码转换是语言接触中的一个普遍现象，因此一直是社会语言学研究的一个焦点话题。但是，传统社会语言学对语码转换的考察往往将一种语言对应一种情景，或预设一种语言与一种交际活动类型相关。奥尔（Auer，1998）对此质疑。他认为，宏观的社会因素无法完全决定语言的选择和语码交替的类型，并且语码转换从来没有仅限于句子内部，而是可以对其进行句法分析的。因此，奥尔提议，不能单纯以研究者的视角从社会因素的外部分析，而有必要从会话参与者的角度入手，对语码转换进行研究。奥尔（1995）还指出，语码转换与其在会话序列中的位置密切相关，对其意义的理解必须关注话语的

---

① 祝畹瑾主编《新编社会语言学概论》，北京大学出版社，2013，第255页。

前后序列。奥尔的观点得到了米尔罗伊和李嵬（Milroy and Li Wei，1995；Li Wei，2005）的回应。他们纷纷开始运用会话分析这个原来更多地运用于语用学研究的方法来研究语码转换现象。李经纬和祝畹瑾评价道："会话分析学者从会话参与者的视角将会话分析手段引入语码转换的微观研究中，加深了我们对语码转换性质的理解以及对其动态过程的认识。这无疑为语码转换研究开拓了一片新的研究天地。"①

李嵬（2005）还专门撰文，系统阐述了会话分析方法下语码转换研究的特点。他指出，会话分析的研究方法强调考察自然发生的会话的组织顺序和结构规律（如，会话结构、会话秩序、会话的程序）。他还强调会话分析方法没有预设，而是展现一种动态的语言与社会的相互建构过程。这与社会建构主义的动态身份观具有完全契合的哲学逻辑。因此会话分析方法对语码转换的研究非常适合用于探讨身份建构的问题。提米斯托克利（Themistocleous，2013）的研究就做了这样的尝试。

提米斯托克利是一位希腊裔的学者，她运用会话分析方法探讨了网络实时聊天系统中人们如何通过标准希腊语和塞浦路斯方言的语码转换来建构和展示在线身份认同。会话参与者的真实身份都隐藏在网络背后，在线身份完全通过会话建构。提米斯托克利遵循奥尔和李嵬等提出的语码转换的会话分析方法，关注会话的序列发展，考察希腊—塞浦路斯网民是如何在网络实时聊天中建构特定的会话结构的。同时，正是通过会话结构，社会结构和身份认同得以建构、操纵、归因，被反对或者被接受。

在一段被作者命名为"忍者导师"的会话中，会话各方共同建构了一种被称为"塞浦路斯教师体"的会话结构。在希腊塞浦路斯言语社区中，标准希腊语是课堂规范语言，但是教师会通过转换为塞浦路斯语来展现权威、训

---

① 祝畹瑾主编《新编社会语言学概论》，北京大学出版社，2013，第267页。

斥学生、开玩笑和厘清观点。这被称为"塞浦路斯教师体"。①这些特点几乎贯穿于"忍者导师"这段会话中。名为"Ninja"（忍者）的网民以标准希腊语开始他的"忍者课程"。接着，名为"Chief"和"xoraitis"的网民自主加入会话，用塞浦路斯希腊语嘲笑"Ninja"。下一个话轮开始时，"Ninja"转换为塞浦路斯希腊语来训斥"Chief"。紧接着，他又转换回标准希腊语，继续他的"忍者课程"，再一次扮演起"忍者导师"的角色。会话中，有个名叫"galaxias"的网民质疑"Ninja"的身份，怀疑他是自己认识的另一个人，只是把网民改成了"Ninja"，"Ninja"予以否认，并且再次使用塞浦路斯希腊语来斥责"galaxias"。当另一个名叫"p0is0n"的网民问了一个与"忍者课程"有关的问题时，"Ninja"犹如教师厘清观点一样，以塞浦路斯希腊语来回答。在下一个话轮中，"Ninja"又转换为标准希腊语，继续他的"忍者课程"。当参与的这几个聊天者发现"Ninja"真的一本正经地当起了"忍者导师"，他们也起了玩兴，突然像记者做采访一样，从之前的塞浦路斯希腊语转换为标准希腊语，就"啤酒""足球场暴力"和"难民"等社会热点问题请教这位"忍者导师"的看法。有趣的是，面对这几位"记者"的"采访"，"Ninja"似乎不予理会，而是煞有介事地继续他的"课程"，但是已经从标准希腊语突然转换为塞浦路斯希腊语。"课程"的内容是关于如果忍者学员忤逆老师会受到何种荒诞滑稽的惩罚。从内容上看，这显然是在逗笑，形式上看又是"老师"在"警告"学生。这暗合了塞浦路斯言语社区中的教师会用塞浦路斯希腊语在课堂上开玩笑和展示权威。这个话轮之后，"Ninja"转换回标准希腊语，继续之前的"课程"。而当"课程"结束后，"Ninja"又转换为塞浦路斯希腊语，从内容到语码形式上标志着"忍者导师"身份也随之结束了。

---

① Tsiplakou S, Linguistic Variation in the Cypriot Language Classroom and its Implications for Education. In Papapavlou A, Pavlou P, *Sociolinguistic and Pedagogical Dimensions of Dialects in Education* (Cambridge: Cambridge Scholars Publishing, 2007), pp. 236—264.

198

以上这个研究充分展示了会话分析方法下，通过话轮的推进研究者将语码转换与会话结构序列结合起来考察。研究者从会话参与者的视角，对会话结构和序列的发展脉络进行微观分析，语码转换被赋予了新的互动意义，加深了人们对语码转换的动因和动态变化过程及其如何实现会话结构对社会结构和身份认同的建构的理解。

二、社会语言学与教育语言学

教育语言学与社会语言学认同建构研究的融合发展体现在：理论框架的相互借鉴和研究范式的融合。

（一）理论框架的相互借鉴

1. 交际民族志视角下的语言政策研究

交际民族志（Ethnography of Communication）是海姆斯（1972）提出的，是一种于广阔的社会、人文语境下分析自然交际语料的方法，研究语言在各种语境下的使用情况，描述特定语境社区中的话语模式。交际民族志重视人的社会行为及其文化内涵，研究语言交际行为与社会文化之间的关系。[①] 因此，当有学者希望了解语言政策如何影响人们的交际模式及其背后的社会意图时，在研究中引入语言政策的交际民族志视角是极有洞见的。同时，语言政策的交际民族志视角可以进一步揭示语言政策如何影响人们相互的社会认同建构，语言政策被视为一种通过社会互动实现的"意义建构活动"（meaning-making activity）。[②] 可以看出，这个研究视角极具建构主义色彩，属于社会建构主义的语言政策研究。布里顿（Britton）和奥斯汀（2020）的研究是此类研究中

① 邓颖慧：《语言学话语分析方法——交际民族志简介》，《山西青年》2016 年第 10 期。

② Mortimer K S, Language Policy as a Metapragmatic Discourse：A Focus on the Intersection of Language Policy and Social Identification. In Barakos E, Unger J W, *Discursive Approaches to Language Policy*（London：Palgrave Macmillan UK, 2016）, pp.71—96.

很有代表性的一例。

美国联邦政府于 2014 年颁布了《劳动力创新与机会法案》第二篇（*Title II of the Workforce Innovation and Opportunity Act*）。该法案关注成人教育和职业培训，包含了语言/语言教育政策的内容。在美国这个世界最大的移民国家之一，该法案具体内容涉及二语习得项目，其中的新规是英语教育项目需要帮助学习者实现就业的过渡，赋予了语言课堂新的定位，即语言课堂需要成为培养职业相关认同的场所。该法案鼓励将职业培训和语言教育融合的新模式，这种模式还能申请联邦基金的资助。该法案颁布后，已经有大量的成人教育机构采用了该模式。在这样的大背景下，布里顿和奥斯汀（2020）的研究关注点落在了美国某社区针对母语非英语的成年移民开设的注册助理护士的课程。

莫蒂默（Mortimer，2016）指出，同时关注语言政策的微观（课堂层面）和宏观（政府层面）话语可以揭示政策的本质及其影响。布里顿和奥斯汀（2020）在研究中运用语言政策民族志的方法对宏观和微观的语言政策语篇进行对比分析，同时运用交际民族志方法细致考察课堂上反映语言政策的特定语言事件中的交际模式以及其背后蕴含的社会目的。通过对注册助理护士课程的田野观察，研究者选择课堂上对词汇进行定义和讨论的系列话语作为研究的微观语言事件。研究者发现，在这些语义讨论中，会话各方不仅在努力厘清词义，还同时参与到元语用话语中，谈及具有特定身份的人群（例如，注册助理护士）和这些人通常会做的社会活动，例如，（注册助理护士）鼓励老年人进食。宏观层面的政策话语决定了课堂话语中的元语用特点，也就是说，语言政策会影响人们如何定位和塑造对方的社会认同。

当教师在课堂上以语言仲裁者的身份明确课堂语言规范的时候是具有绝

对影响力的，他／她实际上决定了语言政策如何被解读和如何被具体实施。[①]
本研究中教师通过一些元语用话语将社会群体身份与恰当的言语行为联系起来，以此来明确语言规范，进而，将特定的想象认同传递给学生。

所谓元语用，是指交际者"使用语言反映自己关于与他人进行互动和交际各种方式的意识"。[②]我们作为交际者会使用语言来谈论、监控、评价语言使用的方方面面。[③]在卡菲（Caffi）看来，元语用涉及语言使用者如何监控自己或他人当下进行的互动以及如何谈论这一能力，即涉及各种各样的"话语管理"（management of discourse）。[④]

本研究中一位名叫玛丽亚（Maria）的就业指导教师在对"gap"这个词的意义进行讲解的同时也实现了认同建构的过程。玛丽亚用英文提问，让大家讲讲自己"空缺期"（gap）的经历，并解释这是在工作面试时最常问的一个问题。可是在座的母语非英语的成年移民学生们对"gap"的意义不甚理解。玛丽亚解释是"一段你不工作的时期"。当有学生进一步问"学习算不算空缺期"。玛丽亚给予了大段的回应，特别指出"学习深造在雇主眼中是一个不工作的正当理由……雇主特别关心应聘者一段时间不工作的原因，所以对此准备一个'专业'（professional）的回答非常重要"。此时，另一个学生试着做出回答，将她的"空缺期"（gap）解释为"I quit my job."（我辞工不干了）。玛丽亚建议在面试中用更加"professional"（专业）的词"resigned"（辞职）。可以看到，面对"gap"的词义，玛丽亚并没有涉及这个多义词的其他意义，而是

---

① Hornberger N H，Tapia A A，Hanks D H. et al.，"Ethnography of Language Planning and Policy," *Language Teaching* 51，no.2（2018）：152—186.

② Culpeper J，Haugh M，*Pragmatics and the English Language*（Basingstoke：Palgrave Mc Millan. 2014），p.239.

③ 陈新仁：《基于元语用的元话语分类新拟》，《外语与外语教学》2020年第4期。

④ Caffi C，Metapragmatics. In Asher R（ed.），*The Encyclopedia of Language and Linguistics*（Oxford：Pergamon Press，1994），p.2464.

专注于其在工作场合最重要的情境意义。玛丽亚的解释和指导，以及她的用词"gap""professional""resigned"，都是元语用话语，体现了在玛丽亚眼中学生们应该构建的身份认同，他们应该是"求职者"，是"专业人士"。这些在田野观察后进行的访谈中得到印证。这正是玛丽亚在微观课堂上对宏观政策话语的积极回应和实施，这是一个英语教育和职业教育融合的课程模式。

课堂语言政策通过教师的课堂语言指示来实现，例如，本研究中教师会将多义词意义的讨论限制在该词在工作场合的情境意义中。这个过程既是一种规范，也是对身份认同的塑造。例如，对 cue 的解释，不涉及或联系普遍意义，而是一直强调医疗看护领域里的特定意义。因为语言政策通常或明确或暗示地描述出社会广为认可的个人特质。因此，当教师在解读语言政策时，他们不只在考虑语言使用应该如何教授，他们还在思考语言政策希望他们培养什么类型的学生。教师在课堂讲授中通过元语用话语在特定语言和特定社会文化身份认同之间建立起连接，例如，护理者身份、雇员身份，某种职业/专业身份等。

最后，本研究从微观课堂话语回到宏观政策话语，提出疑问，提供启发。研究者指出，语言政策强调的情景化教学模式在给教师提供引导的同时也套上了枷锁。例如，多义词的学习如果只强调特定职业情景意义，而完全不谈其本义和其他引伸义、比喻义，很多时候是很抽象模糊难以理解的，反而给学生的学习带来困难。因此，语言政策制定者需要意识到其政策话语对课堂实践的误导性，最好能对此作出相应的补充说明。

2."投资模型"下的性别认同研究

诺顿（1995）的二语习得投资理论，通过认同、投资和想象共同体的相互关系，揭示了语言学习者与社会的复杂关系，揭示了语言学习过程中伴随的权力关系。诺顿的二语习得投资理论自提出后影响深远，改变了长期以来从心理结构层面对语言学习动机进行研究的范式，而且展示了语言学习者认同与学习投入之间的关系是社会和历史因素建构的。诺顿的二语习得投资理论最初是在 20 世纪 90 年代移民浪潮的全球背景下提出来的，其理论的应用多局限于具体交际事件中权力的微观结构。诺顿和达文（2015）意识到近 20年世界经历的翻天覆地的变化。全球经济秩序的变化催生了宏观和微观层面的新的权力关系，重塑了语言意识形态、语言资本，改变了多语/多文化环境下的互动模式。特别是移动通信设备普及，互联网畅通，社交媒体发达，这使得现在的语言学习者能够轻易跨越国界空间，线上线下世界无缝切换，这些都在深刻改变着公域/私域、国民和身份认同的内涵。人们的交流空间是流动的、动态变化的，这使得原来本族语者和语言学习者之间不对等的权力两分格局被打破。语言学习者可以参与到更多样的面对面的，或者线上虚拟的交流空间，在不同程度上成为合法的言说者。同时，权力机制变得越来越隐晦了。在新的世界秩序建立的大背景下，达文和诺顿提出了新的升级版的二语习得"投资模型"，旨在超越具体交际事件中权力的微观结构，揭示其映射的系统控制模式。

达文和诺顿的新"投资模型"有三个构成，分别是：意识形态（ideology）、资本（capital）和身份认同（identity），三者相互交织相互影响。意识形态决定了学习者在所在社区中如何被定位（positioning）以及他们如何自我定位。当符合意识形态的权力关系时，学习者在学习语境中所拥有的或者希望拥有的资本的价值赋予他们的"定位"合法化的意义，进而建构和强化了他们的身份认同。这里的资本借鉴了布迪厄的"资本"理论，在学习语境下主要指文化和社会资本。反过来，如果与意识形态的权力关系相左，学习者拥有的资本将不受认可，进而他们试图建构的身份认同将无法实现合法化。然而，对想象认同（imagined identity）的投资能赋予学习者对抗不利"定位"的能力，一定程度上打破主导意识形态和权力关系的桎梏。

这个投资模型是在网络在线学习的浪潮下诞生的，语言习得和语言社会化过程越来越去区域化和无限制。文中介绍了一名 18 岁的乌干达女孩亨丽埃塔（Henrietta）的网络学习经历。亨丽埃塔所居住的村庄物质非常匮乏。一次她获得了去邻镇的网吧学习艾滋病相关知识的机会。过程中，她发展了在线搜索信息和在线交流的能力。进而，她还发展了想象的自我认同，她希望通过网络学习提高自我认识，希望加入世界上有知识的群体。同时，英语作为网络通用语，亨丽埃塔发现在线学习提供了非常好的英语学习机会。这一切通过新"投资模型"的视角进一步解读，一些更深层次的发现被揭示出来。全球化和网络科技的语境在亨丽埃塔的观念中建构了一套价值体系，潜移默化形成一种强势的意识形态：全球的优于本土的，北半球的比南半球的更有知识，城市的优于乡村的；她的语言能力将由网络上的"他们"以"他们的"标准来衡量。

可见，达文和诺顿在全球化的数字时代提出来的新"投资模型"特别关注意识形态的交锋以及不同象征权力的文化资本的竞争。因此，该模型能够为以语言学习为切入点的性别认同研究提供富有阐释力的分析框架。性别研究往往涉及社会权力关系的博弈，特别是女性如何在主流意识形态中或压抑、或挣扎、或有所突破。但以往的性别认同研究一直缺乏一个逻辑结构较完备的理论框架将社会、性别、权力关系、意识形态和象征资本这些要素进行有机整合，而达文和诺顿的新"投资模型"完美地实现了。

（二）研究范式的融合发展

1. 语言变体研究与二语 / 外语教师认同建构

斯博斯基在研究早期就关注了语言变体。他将教育视为交际过程，研究语言变体目的是排除教育交际的语码障碍。此时的关注点在于：语言变体在师生教学互动过程中的作用；如何在异质多样化的言语社区中丰富学生的语言能力库。斯博斯基认为培养学生掌握社会中各种不同的语言及其变体的能力是个体社会化发展的重要组成部分。虽然斯博斯基谈了很多教师和教育系统对语言变体的选择的问题，但是研究的关切点是学生是否会因此遭遇语言障碍和个体社会化受阻，对教师个人发展的影响几乎没有涉及。①

在语言教师的认同发展研究中关注语言变体的作用是社会语言学与教育语言学融合发展的新尝试。语言是社会文化的载体，外语／二语教师往往充当沟通不同社会文化之间的桥梁。然而当处于一个语言变体多样交织的社会情境中时，外语／二语教师身份的合法性可能遭受质疑和挑战，导致其陷入进退两难的尴尬局面。在以下研究案例中可以看到，教师通过语言变体的实践，为实现特定社会情境下英语教师身份的合法性做出尝试和努力。

张军和张冬兰（2015）的研究关注了在新加坡的大学任教的两位中国英语教师艾伦（Allan）和简（Jane）的经历。艾伦和简的求学过程很相似，他们都在中国大学取得英语相关专业的本科和硕士学位，并且具有10年以上的英语教学经验，在新加坡取得英语语言学博士学位后，任职于新加坡的大学。他们两人无论是英语水平还是教学水平一直都颇受同行认可。由于从小在中国的英语学习都是以英国英语和美国英语为语音学习的范本，他们的英语语音表现为非常突出的美音或者英音。这在中国读者看来是属于优秀英语教师所具备的素质。然而，当艾伦和简处于新加坡的教育环境中，收到的并不是"优秀"这样的评价。

新加坡由于其特殊的历史和文化，是一个典型的多文化和多语言变体的社会。新加坡有四种官方语言，分别是英语、马来语、中文普通话和泰米尔语。作为曾经的英属殖民地，英语一直在新加坡的社会和教育系统中处于最重要的地位。从小学阶段开始一直到大学，英语是新加坡的第一教育语言。在这个多语社会中，英语成了实际的通用语。然而，艾伦和简都深切感受到新加坡人的英语与英音和美音都很不同，其带有非常浓重的新加坡口音，形

①　赖良涛：《教育语言学的社会语言学路径——Spolsky 的理论与启示》，《中国外语》2020 年第 6 期。

成了特有的新加坡英语变体。

根据卡克鲁（Kachru，1992）的同心圆学说（concentric circle），英国和美国属于内圈（inner circle）国家，新加坡属于外圈（outer circle）国家，中国属于扩展圈（expanding circle）国家。在中国英语学习者眼中英国英语和美国英语才是英语的"标准"变体，新加坡英语只是英语的一种变体，却不能成为学习的"标准"。因此，很自然的，艾伦和简最初认为自己所说的英音和美音能赋予他们在新加坡的英语教师的合法地位。但是，艾伦和简在任教过程中发现，新加坡人与中国英语学习者相比具有着完全不同的语言意识。他们接触到的新加坡人，可能是在新加坡、马来西亚或者英国接受的英语教育。但是，他们能够说一口流利的新加坡英语，并且引以为傲。可是，在这样的环境下，艾伦和简一口漂亮的英国英语和美国英语并没有如他们预想的那样理所当然地为他们获得合法教师的身份，反而遭到不同程度的质疑。最终，在这样的背景下，艾伦和简的教师身份在新加坡的大学环境下或被动或主动地在与周围环境的互动中进行了重构。

对话（1）

S1：...Hm，you speak English like an American. Are you from the States?

Allan：Thank you. But actually I don't speak typical American English，as I am from China.

S1：Oh，then why you speak like that ah?

Allan：What do you mean?

S1：It sound a bit odd. As Chinese，you must speak like Chinese mah.

Allan：Oh，but that's been the way I speak all the time as an English teacher.

S1：but that is a bit strange lor.

对话（1）中，新加坡人 S1 说的是新加坡英语，典型的一个表现就是在句尾出现各种语助词"ah""mat""lor"。从对话内容可知，S1 发现艾伦的英语具有很明显的美国英语口音，并对此提出疑问。艾伦回答，他作为一名英语老师一直这样说英语的。可见，艾伦认为能说一口漂亮的美音是他英语能力突出的表现，并试图以此建构优秀英语教师的身份。但是，S1 对此却似乎并不买账。在 S1 看来，艾伦的美式发音只让他听起来像美国人。可艾伦明明是中国人，他的美式发音并不足以在 S1 心中构建起合格英语教师的身份。类似的经历还有很多。在与新加坡人的互动中，艾伦和简自我认同的合格英语教师身份逐渐被解构了。

在认识到新加坡人对新加坡英语的高度自我认同后，为了更好地融入新加坡的大学的职业和社会环境，艾伦和简都不约而同地开始学习和使用新加坡英语。

对话（2）

Jane：The tei (tea) today is quite diluted，too watery and milky. I cannot really feel the taste of tea at all. D can raise the price to sell better tea.

S2：Aiya, it's ok lah; in fact，R already mentioned it to D. R said nicely that D could raise the price for tea so that we can have real tea. But after that D got unhappy and pulled a long face when he saw R next time.

可以看到，对话（2）中，简提到"茶"时使用了新加坡英语"tei"而不是"tea"。简试图以此在她的学生 S2 面前建构一个能够说新加坡英语的更加接地气的教师身份。因为这样有助于简与她的新加坡学生建立更加亲和融洽的关系，最终使她能够赢得学生的信任，进而建构合格的英语使用者和英语教师的身份。

但是，艾伦和简试图通过学习新加坡英语来重构合格的英语教师身份的努力效果并不理想。

对话（3）

Allan：Hey，S3，could I ask you if I used these particles correctly? In my transcription of several segments of recordings of my research project，certain parts were very unclear because they were muffled by the student noise and the fans in the classroom.

S3：Sure. Oh，this is not. You see ah，although you are a new Singaporean now，you have not learned them leh. You still speak like a China person and behave like them，hoh.

Allan：Really? I thought my accent has changed a lot sub-consciously. When I was in China，English professors and colleagues there said that I spoke like a Singaporean. I felt quite bad about it. I'd like to maintain my Chinese accent，meanwhile I also wanted to code switch between the two varieties，because I thought I am quite good at using Singlish now.

对话（3）中可以看到，艾伦与简一样，试图通过学习新加坡英语来更好地融入当地社群，同时建构合法的英语教师身份。他大量使用了新加坡英语中的语助词"lar""lor""meh"和"ah"，说明他在一定程度上已经掌握了新加坡英语。但是，从S3的回应可以看出，艾伦的努力并没有奏效。土生土长的新加坡人S3还是强调艾伦是中国人，拒绝与艾伦共构合法的新加坡英语教师的身份。

通过语言变体这个切入点，张军和张冬梅揭示了全球化时代跨境跨文化语境下非英语母语者英语教师所面临的身份解构、重构和共构的困境。新加坡人说的新加坡英语虽然只是一种英语变体，但是在很大程度上，新加坡人将自己视为英语母语者。因此他们具有一种母语者优越感。即使面对标准的英国英语和美国英语，只要是出自非英语母语者之口，他们就会质疑英语教师身份的合法性。面对身份困境，非英语母语者通过学习和使用新加坡英语来进行身份重构，通过获得新加坡人的认同实现英语教师合法身份的共构，但是效果有时不尽如人意。这个研究一方面展示了非英语母语者在维护其合法教师身份上的能动性，另一方面也揭示了全球化语境下英语的动态性不仅体现在词、句法、语义和语用的变体上，而且体现在那些宣称自己是某种英语变体的群体上。最后，希望非英语母语的英语教师不被"异化"，同时加强全球英语使用者之间的沟通和理解，尊重语言人权。

2. 跨语言实践视角下的多语研究

多语现象（multilinguilsm）是社会语言学研究的传统重要话题。长期以来，社会语言学多从语言接触、语码转换的角度来研究多语现象，并且对多语现象的研究一直包含一个共同的底层逻辑，那就是，研究多语现象是为了更好地保护单语种的完整性和纯洁性。基于此，传统的社会语言学家认为多语现象的产生有两种可能的原因：一是语言学习有缺陷的人无法流利地使用单一语言而必须多语码混用才能完成表达；二是在特定交际情境下说话人策略性地通过语码转换来实现特定的交际意图，例如，获得共情、规避风险、表明态度，或者使某种说话人身份合法化，等等。但无论是何种原因，传统学界普遍持偏悲观否定的观点，那就是多语现象会威胁语言的纯洁性，进而威胁一个人的国家认同和民族认同，以及导致语言帝国主义泛滥，语言濒危甚至死亡等问题。[①] 然而，近十年逐渐获得关注的跨语言实践的实证研究和理论建构，为多语现象的研究带来了开创性的新视角。此类研究认为多语现象

---

① Jacquemet M, "Transidiomatic Practices: Language and Power in the Age of Globalization," *Language and Communication* 25, no.3（2005）: 257—277.

是极富创造力的语言混用，体现了跨国/境者活用语源来重构不同的关系和社会意义的能力。

跨语言实践是一个从教育语言学研究中发展起来的概念，并逐渐发展出较系统的理论论述。跨语言实践这个词的英文是由学者贝克（Baker，2001）从威尔士学者岑·威廉（Cen William，1994）的威尔士术语"trawsieithu"翻译过来的。岑·威廉用这个词来描述他在威尔士观察到的一种教育实践现象：在课堂上教师用威尔士语授课而学生们尽量以英语回答；有时语言选用会倒过来，当学生阅读的内容是威尔士语，教师则用英语进行解释。这种课堂"语码混用"现象并不是威尔士特有的，但是传统观点并不认可这样的课堂实践。然而，岑·威廉持不同的观点。他认为这样的课堂使得师生在问题解决和知识建构的过程中尽可能地扩大了语源（linguistic resources），他称其为跨语言实践。多年的教育语言学研究已经证实了，当学校的语言或者教学语言与学习者的语言不同时，跨语言实践是一种有效的教学法。跨语言实践打破了本地人和移民之间、多数与少数之间、目标语与母语之间的人为划定的意识形态化的界限；进而跨语言实践实现了对教师和学习者的双向赋权，转变了师生间的权力关系，将教与学过程的焦点真正放在了意义建构、提升体验和发展认同上。[1]李嵬（2018）认为跨语言实践这个概念的可贵之处在于，威廉和贝克并没有将其视为一种语言的结构现象，而是将其视为一种实践、一个过程。这个实践包含了对不同语言和不同语言变体的动态的和功能性的融合运用，其本身是一个超越语言的知识建构的过程。

跨语言实践的理念在教育语言学中逐渐获得认可的同时，它也向外语/二语教学中第一语言的角色和功能的传统观点提出了挑战。虽然近年来第一语言在外语/二语学习中的重要性获得了理论上的认可，但是唯目标语和"一次一种语言"的单语意识形态仍然在实践和政策领域占主导地位。跨语言

---

[1] García O，*Bilingual Education in the 21st Century*（Oxford：Blackwell：2009）.

实践逐渐进入人们的视野之后，引发人们对于语言学习目的的再审视。语言学习的目的是要让学习者成为一名双语者甚至多语者，而不是要以新语言来代替第一语言而使学习者成为新语言的单语者。那么，是否可以用双语者和多语者的语言实践来作为语言教学的参照模型呢？

在教育语言学对跨语言实践的研究和探讨的启发下，以李嵬为代表的学者从跨语言实践的视角重新审视和解读传统社会语言学关注的多语现象。李嵬（2018）认为，当我们谈到各种语言，如英语、德语、丹麦语、汉语、泰语等时，这些只是语言学家根据一组一组的语言结构而人为赋予的名字和标签而已。这些语言的名字往往是与"一国/族一语"的意识形态关联起来的文化和政治概念而已。国家概念的形成也好，给语言命名也好，国家单语意识形态的形成也好，在悠长的人类历史中都只是近期才发生的。同时，李嵬还从生物学家和脑神经科学家的研究中获得启发。他认同奥特加·伊·加塞特（José Ortega y Gasset）的观点：语言不应该被理解为"一种已完成的事实，而应该是一个正在被创造的过程"。① 这个过程更准确的用词是"languaging"。它是一个物质的、生物的、符号的和认知的特质的复合过程。② 这个过程产生了具体时空中宣之于口的语言。基于此，李嵬重新思考双语/多语者是如何实施双语和多语实践的这个问题。他认为，很难想象双语/多语者在产出双语/多语的过程中，在短短的一个对话片段中，频繁地在基于不同语言的不同的思维框架之间来回切换，更不用说一句话中出现双语/多语的情况了。因此，如果问双语/多语者"他们以哪一种语言在思考"就毫无意义了。李嵬（2016），奥瑟奇等（Otheguy et al.，2015）学者认为，我们并不会在不同

---

① Ortega Y，Gasset J，What People Say：Language. Toward a New Linguistics. In Trask W R，*Man and People*，*Ch. II*（New York：W. W. Norton, 1957），p.242.

② Thibault P J，"The Reflexivity of Human Languaging and Nigel Love's Two Orders of Language," *Language Sciences* 61（2017）：74—85.

语种之间来回切换着进行割裂的思考；而是每个人都产生各自独有的"个人语言方式"（idiolect），并以此进行思考。"个人语言方式"是超越人为的"语种"限制的，是由说话人的个人"语源"决定的。例如，双语者的"个人语言方式"会包含来自不同语种的词汇和语法的特征，而"所谓的"单语者的"个人语言方式"会包含来自不同地域、社会阶层和风格的语言变体的词汇和语法的特征。

基于以上观点，李嵬（2018）认为"跨语言实践"就是在个人语源的基础上来实践"个人语言方式"；它不受语言的社会政治标签的束缚，跨越语言的地域、社会、阶层、年龄或者性别变体。但是，并不表明说话人没有意识到这些人为划定的界限。相反地，在语言社会化过程中，我们对语言被赋予的民族、国家、社区的标签，以及这些标签上被赋予的语言结构的、社会文化的和意识形态的区别是有充分认识的。而多语者就是这样一群人：他们不仅掌握了不同语言的结构特征，而且充分认识它们的政治内涵；他们拥有"跨语言实践的本能"（translanguaging instinct），能够在需要时驾驭这些区别，使它们一起为一些策略性的目的服务。①

可以看到，李嵬等学者从跨语言实践的角度对多语者做了全新的定义。这为社会语言学传统研究话题的多语现象和多语现象中的身份认同建构问题提供了新的分析视角。李嵬和祝华（2013）的研究将目光放在一群背景各异的英国华裔大学生身上。通过民族志的方法，李嵬和祝华分析发现几位英国华裔少年通过跨语言实践发展了跨国的身份认同和多语人际网络。

李嵬和祝华认为，多语现象在具有不同社会文化和语言背景的人们的相互沟通中起到关键作用，还为他们跨越不同的文化预期和价值观而重新协商相互的关系和身份认同提供了可能。李嵬和祝华观察到的几个在英国的华裔

---

① Li W, "New Chinglish and the Post-multilingualism Challenge: Translanguaging ELF in China," *Journal of English as a Lingua Franca* 5, no.1（2016）: 1—25.

大学生的一段对话完美诠释了以上观点。在英国的华裔学生本身就具有极为复杂多样的背景。他们可能出生于英国、中国大陆、中国台湾、中国香港或其他有华裔聚居的地区，他们可能属于普通话、粤语、闽南语、客家语等华裔族群。李嵬和祝华研究中的 5 位华裔大学生虽然共享"华裔"的大背景，但是他们同时清楚地意识到相互之间的背景和经历的差异，他们选择了创造属于他们的多语人际网络。

这段对话的参与者有罗兰（Roland）、克里斯（Chris)、斯蒂芬（Stephen）和他们的一个朋友 F1。F1 用一种搞怪的澳大利亚口音对着 Stephen 评价了他买的一款饮品："Mmm...that's real good!"，以此开始了这段有趣的对话。

1 F1：Mmm...that's real good!

2 Roland：He's not Aussie!

3 F1：So you are sing-ga-po-ren（新加坡人 /Singaporean）?

4 Roland：No, he's from New Zealand.

5 Chris：他家没坡（ta jia mei po）. Don't buLLY him!（in a mock Singaporean accent）

（Roland and F1 laugh.）

（After a minute or so...）

6 F1：So what are you？

7 Chris：Oi, what's with you？ He's Stephen.

8 Roland：Or Micky.

9 Chris：He's Chinese.

10 F1：Yeah, we all are.So...

11 Chris：So what？ Don't ask silly questions.

12 F1：他可以是新加坡华人啦。（ta keyi shi xinjiapo huaren la）

13 Stephen：I'm a Londoner.

14 Roland：That he loves Camden Town（in tune of the song "Maybe it's because I'm a Londoner"）

15 Chris：Shut up！ Go back to Croydon.

16 Stephen：Yeah，I bet he knows a song about that.

（All laugh.）

（李嵬和祝华，2013：524—525）

这段对话围绕斯蒂芬的身份展开了戏谑式的探讨。斯蒂芬是这几位学生中身份经历最复杂的一位。F1 稍有了解，但不是完全清楚。他先用澳大利亚口音的英语对着斯蒂芬评价了他买的一款饮料，暗指他认为斯蒂芬是来自澳大利亚的。斯蒂芬本人没有回应，倒是罗兰帮他否定了。F1 知道斯蒂芬以前在新加坡待过，于是又问斯蒂芬是不是来自新加坡。这里 F1 以一种像英语又像中文的发音来讲"新加坡人"（sing-ga-po-ren），发音更接近 F1 的母语——粤语。此时，罗兰再一次帮斯蒂芬否定了，并直接说斯蒂芬来自新西兰。几乎同时，克里斯用普通话说"他家没坡"来帮斯蒂芬否定，紧接着又用戏谑的新加坡口音英语"Don't buLLY him"，试图阻止 F1 的追问。这里的"他家没坡"是跨语言实践创意的一个很好的例子。把"他不是来自'新加坡'"直接用"他家没坡"来表示，这个"造梗"是只有了解"新加坡"的中文的这些华裔学生才能理解的，从罗兰和 F1 都笑了可以看出，这个跨语言实践创意效果达到了。

此段对话的第二部分由 F1 对斯蒂芬的身份的再次追问展开"So what are you"。这引发了克里斯和罗兰的直接不满，他们俩分别用斯蒂芬的名字"He's Stephen"，他在朋友中的外号"Micky"，已经众所周知的在场华裔学生共享的背景"He's Chinese"来回答。F1 接着用普通话说"他可以是新加坡华人啦"。此处 F1 和克里斯、罗兰明显对他们的身份认同具有不同的文化和价值认识。

F1 认为光认同 "华裔" 的身份是不够的，还要根据个人经历和成长背景有一个更加具体的身份认同，例如他提到的 "新加坡华人"。而克里斯和罗兰都认为这是不值得讨论的问题。此时，斯蒂芬说出了他对自己的定位和身份认同 "I'm a Londoner"（我是伦敦人），强调了当时当下的身份。斯蒂芬拥有较为复杂的移民经历，他先是移民到新西兰，后来又到了新加坡，最后来到英国的伦敦。他却选择当下、此刻身处的具体的城市来认同自己的身份。从接下来罗兰戏谑的改编歌唱（That he loves Camden Town）和克里斯与斯蒂芬的默契回应可以看出，他们三人具有较一致的身份观。卡姆登（Camden）是大伦敦市的一个区，是斯蒂芬和罗兰合租的房子所在的区。这里，罗兰借用了英国一首脍炙人口的歌曲 *"Maybe it's because I'm a Londoner*（也许因为我是伦敦人）" 的旋律和其中一句歌词，并且把 "London" 改成了 "Camden"。Camden 的地域概念比 London 又更加具体和细化了，就是他们对话当下的所在地。以此，罗兰在幽默戏谑之中充分表达了他认同斯蒂芬的身份观。紧接着，克里斯开罗兰的玩笑，说："Shut up! Go back to Croydon." 其中，卡洛伊登（Croydon）是大伦敦的另一个区，是罗兰之前住的地方。克里斯以此回应了罗兰唱的 Camden，也就是回应了一个共同的身份观：与其追究他们复杂的身份经历，不如就认同当下的身份。

　　这段对话的四位参与者，通过跨语言实践对他们这些华裔英国青年到底应该如何定位他们的身份认同进行了协商。很明显，F1 与罗兰、克里斯和斯蒂芬具有不同认知，但在一系列跨语言实践的嬉笑交谈中，罗兰、克里斯和斯蒂芬将他们的身份认同观传递给了 F1 和在场其他年轻人。这是一个协商的过程，是一个试图建立一个大家一致认可的身份认同观的过程，也是一个建立属于他们的跨国 / 跨文化人际网络的过程。但是，当下的身份并不等同于单一的身份。从四位对话者的跨语言实践可以看到，他们能够灵活自如地运用澳大利亚口音英语、新加坡口音英语、粤语口音的汉语、汉语普通话、英语等，并且在随意切换各种语源中创造出谐音梗、双关、歌曲戏仿等。这正是多语者日常交流的常态。从上例可以清楚地看到，各种语源的运用不是随意的，而是与交际各方的社会文化背景紧密相关的。这说明这些作为多语者的华裔英国学生，他们充分地意识到在当下的社交网络中他们内部存在的多样性和差异性。他们尝试运用跨语言实践来实现和而不同，来表达他们希望能够展现更复杂多样和充满流动性的自我认同的意愿。

跨语言实践视角下的多语研究不仅突破了单语偏见，还突破了语言偏见，因为跨语言实践不仅是多语的还是多模态的。上例中，罗兰通过对歌曲"Maybe it's because I'm a Londoner（'也许因为我是伦敦人'）"的戏仿改编来表达他的身份认同观就是很好的例子。李嵬认为，多模态是人类语言创造不可分割的部分，同时是人类交际的本质构成。作为一种多语现象的分析范式，跨语言实践还强调人类交际的即时性、即兴随机性和瞬时性的本质，而不是止步于传统社会语言学研究关注的那些频繁地、规律性出现的语言现象。①

三、语用学与教育语言学

语用学与教育语言学认同建构研究的融合之处在于：理论视角的引入和研究方法的交叉运用。

（一）理论视角的引入

1.语言教育者的语用身份研究

陈新仁提出的语用身份论，将身份视为交际者的资源，可以运用于各类交际情境中。而教育情境是一种非常重要的交际情境，教师如何在课堂以及与学

---

① Li W，"Multilingual English Users' Linguistic Innovation，"*World Englishes* 39，no.1（2020）：236—248.

生互动时建构特定的语用身份，将会影响教学效果和师生人际关系的发展。[①]

任育新（2013）关注教学 / 研讨场景下的教师 / 专家的建议行为。他发现在传统的研究中，研究者往往将这些教师 / 专家事先具有的、既定的社会身份作为变量来分析会话，而忽略了身份建构的动态性和身份的多样性和变异性，因而就无法了解建议者在建议话语序列中如何通过动态的语用身份建构来实现不同的语用功能，满足各类交际动机。

任育新的研究对象是博士论文开题报告会上专家的建议话语。这是一个典型的教育和研究的机构型互动场景，但是研究发现，专家们不仅建构了符合该机构型互动预期的专家身份和教师身份，他们还建构了许多非预期的偏离性身份，如，建议接收者身份、研究者身份和外行身份。研究还发现，博士论文开题报告会上的专家们在其建议话语序列中建构的各种身份是为了实现不同的交际价值而动态转换的。现以 T5 和 T1 这两位专家的建议话语为例进行说明。

T5 在建议话语一开始先就学生使用的"学术互动"这一表述涉及范围太大的问题作出评价："这个学术互动啊，给我的感觉还是有点大哦，……因为你涉及收集语料的时候，……这个学术研讨、师生面谈、论文研讨。"这里 T5 建构了符合该机构型互动预期的权威专家身份。接下来，T5 在语料处理方面提出建议，但是建构的身份已经发生了微妙的转变。此时，T5 使用了凸显个人观点的表达："我个人感觉哦，……我觉得可能在处理语料方面，……因为就这几类你还要做详尽的……就是鉴别啊，比较啊。……因为每一类的语料都会非常大。"这些表达通过"我个人感觉哦""我觉得可能"弱化了权威感，建构了谦和的专家身份，一定程度上拉近了交际双方的情感距离，使得建议在学生听起来更加易于接受。紧接着，T5 提到了自己最近看到的一篇文献，并对这篇文献的主要内容做了简要说明："因为我看到的《社会语言学》

[①]　陈新仁：《语用身份论：如何用身份话语做事》，北京师范大学出版社，2018，第 218 页。

上前不久发表的一篇就是，类似于你这个，他把一次论文答辩，……论文答辩这个过程……转录下来，然后，……他就评价了每一个答委……他那个就写了一篇很长的论文。所以你如果有这么多的种类的这个……学术互动。……我不知道到时候在那个语料的把握上你会怎样。"这里专家展现了自己对相关研究的了解和对相关文献的掌握，建构了知识渊博的专家身份，以此使得自己的建议更加有分量，希望能实现让学生接受自己的建议的交际效果。以上举例可以看到，在短短一段话中，给建议的专家根据拟实现的交际效果，对专家身份进行了修饰，使其更具体化，以凸显专家身份的某一个方面，动态地建构了三种专家身份：权威专家身份、谦和的专家身份和知识渊博的专家身份。

T1 这位专家在一段建议中同时建构了同行研究者身份和专家身份，并且在这两种身份之间进行动态的切换。具体而言就是，T1 通过使用第一人称代词复数"我们"对学生开题报告中存在的问题从宏观上进行指导："一般我们所提出的假设都是为了我们提出研究问题，……对不对？或当我们有研究问题，我们提出一些假设，这是我们研究的方向。"这里"我们"的使用将专家自己与学生放在了同一个研究者实践社区中，他们都是这个实践社区的成员，从而建构了同行研究者身份。与此同时，T1 在多次使用"我们"的同时，还穿插使用第二人称代词单数"你"，用此明确其建议的对象，强化其建议的内容，从而建构了专家身份。例如："从你的研究问题我们怎么去看我们提出一些假设，那么我们试图去证明这些假设，……就是这两者之间的关系，……否则，你后面这些跟你前面这些什么关系呢，对吧？"在这段建议中，"我们"和"你"作为身份转换的标记交替出现，T1 交替建构了同行研究者身份和专家身份。可以看出 T1 这位专家的良苦用心。通过建构同行研究者身份，T1 展现了与学生的共情，拉近了交际双方的情感距离，进而在以专家身份提出建议时，建议的强加程度得以弱化，使学生更容易接受其建议，达到更好的交际效果和更好的教学科研指导的效果。

2. 二语／外语习得中的语用习得研究

跨文化语用学的发展让二语习得研究者认识到第二语言的学习不能忽视语言的语用层面。语言学习最重要的是培养学习者的交际能力，而决定交际能力的重要一环就是跨文化的语用能力。因此，二语习得研究越来越关注二语语用的习得问题。有学者从二语学习者语用策略使用和身份认同建构的关系出发，探讨了二语语用习得中存在的两难问题。

研究发现，当一语语用与二语语用规则发生冲突时，二语学习者可能会排斥使用二语语用的策略和规则（例如，石原，Ishihara，2006；洛卡斯特罗，LoCastro，2001；诺顿，1995；诺顿，2000）。另一种情况是，二语学习者并没有意识到二语语用与一语语用的区别。可见，二语语用策略的选用与否有两个影响因素：一个是二语学习者是否建立了二语语用的意识；第二个是二语学习者希望在二语交流中构建怎样的身份认同，这使得二语语用与身份认同密切相关。哈夫（Haugh，2007）发现这个问题在日语二语学习者如何处理日语的（不）礼貌的语用策略时特别的突出。因为，当日语二语学习者试图在表达中构建某个特定身份认同时，他们必须同时意识到这种表达以及身份建构可能传递出怎样的（不）礼貌意涵。这对日语学习者特别具有挑战。因为日本社会的"（不）礼貌"和"面子"与在互动交流中动态实现的"身份地位（place）"密切相关。因此，日语学习者在互动中构建的二语身份认同会直接影响日语二语语用中"（不）礼貌"行为的施为。

哈夫（2007）的研究采用了主位视角（emic perspective），关注日语母语者在交际中对礼貌的期待。研究采用交际民族志研究方法，包括民族志观察、记录田野日志，对母语者和二语学习者的采访，以及话语分析。该研究基于身份交际理论（communication theory of identity）（赫克特等，Hecht et al.，2005）。有别于西蒙（2004）将身份分成个体身份和社会身份两类，身份交际理论进一步发展，将身份分为四类：个人身份（personal identity）、展示身份（enacted identity）、关系身份（relational identity）和社会身份（communal identity）。

文中的第一例对话发生在两个日本学生之间，是对日本语言文化中语用策略、身份建构和语用效果之间关系的主位视角的展示。起因是学姐打电话给学妹想借自己错过的一堂课上发的资料。日语通过听话者敬语（addressee honorifics）和指示对象敬语（referent honorifics）的使用与否来展现会话的语体（speech levels of utterances）是礼貌体还是普通体。这段短短的对话中，学姐说的 4 句话都没有使用敬语；学妹说了 4 句话，3 句中都对学姐使用了敬语。而且，学妹的应对方式充分维护了学姐的面子，在学姐正式提出请求之前，就主动帮学姐把借资料的意图说了出来 "Will you make a copy?"（原作者的英译，原文为日语）。这样学姐和学妹就共构了"前后辈"的关系身份。同时，学姐在整个借资料的过程中语言上展现出的犹豫和委婉，而不是理所应当的态度，充分体现了学姐对学妹的尊重，构建了学妹与学姐的"同学"关系身份。学姐虽然知道学妹有那份资料，但还是以询问对方有没有来开启对话 "do you have the handout from the last class?"（原作者的英译，原文为日语）；接着学姐向学妹解释自己错过了那节课 "I missed the class recently."（原作者的英译，原文为日语）；然后，学姐委婉地引出自己想借资料的意图 "and it seems you got a handout but..."（原作者的英译，原文为日语）。可以想象，在那个转折 "but" 之后，学姐可能要说一些客气的话，比如"但是……这可能太麻烦你了"之类的。未免学姐说出这些"伤面子""损地位"的话，正如前面分析的，学妹抢在学姐之前帮她把借资料的话说了出来。以上对话中运用的语用策略（敬语、委婉表达、维护面子的应对）建构了相互尊敬和体谅的前后辈的关系身份，体现了她们对对方"地位"（place）的尊重，因此学姐和学妹都充分展示了礼貌和得体。

接着，研究者将目光聚焦日语二语学习者的语用策略使用和身份建构之间的关系。研究发现，有时人们会为了构建特定身份认同，而在交流中故意制造潜在的"不礼貌"。研究展示的第三例对话中，在日本的美国留学生 Rob 在回答他的日本老师的问题的时候，有意识地不使用敬语。这段对话的起因是 Rob 的日本老师试图纠正他的一个错误日语用词。罗伯（Rob）把 jinkō（population）说成了 jiko（accident）。面对老师的纠错，罗伯进行了辩解，而且在辩解过程中没有使用听话者敬语，而是使用了非正式的普通语体，有意识地施为了一种与他的老师更加平等的关系身份。

在日本的语言文化情境中，学生应该对老师使用听话者敬语来表示对老师所处地位的尊敬。如果根据这个日本传统的语用原则，罗伯使用的非敬语形式是一种潜在的"不礼貌"。但是在实际的交际中，这对因果不是必然发生的（库克，Cook，2006）。罗伯回应老师的方式在他本人和他的老师眼中都没有构成"不礼貌"。这在之后的采访中得到印证。采访中，罗伯明确表示，自己充分了解日语中敬语的使用规则，但是自己是故意在与老师的对话中使用非敬语，因为他喜欢以一种更有主见和更轻松的方式与老师交流。同时，这也反映了罗伯试图构建如美国学生一样的更加"积极主动"的学生的个人身份。在对日语教师的采访中，虽然老师明确表示，如果按照日本师生间对话的语用惯例，学生应该使用敬语而教师使用非敬语，但是实际的交流中这位日语教师并不认为罗伯的辩解行为和没有使用敬语是不礼貌的。这个例子给日语二语学习者的启发是，当学习者希望构建的身份认同与日语文化的"面子"语用规则有冲突时，是存在一定的协商空间的。也就是说，即使学生没有构建日本传统的师生尊卑的关系身份，也不一定就会造成"不礼貌"，这里是有转圜余地的。

很可惜的是，作者并没有能够说出这个"转圜的余地"的"度"在哪里。

在下一个例子中，另一位名叫玛丽（Mary）的日语二语学生就在建构特定个人身份时无意中冒犯了自己的日本导师，导致出现"不礼貌"，进而使交际意图无法达成。

这段对话发生在日本导师的办公室。玛丽本身是一名高中教师，她来到日本的大学跟着一位日本的大学教授学习。对话的起因是，玛丽把自己获知的一场学术研讨会的信息告诉她的日本导师："Um，you know it，right? Um，there will be an interesting international conference there soon."（原作者英译，原文为日语），而且没有使用敬语。此处，通过介绍学术会议的信息，玛丽试图为自己建构专业研究者的个人身份，进而建构一种与导师之间较为平等的学术关系身份。然而，这是一种潜在的"不礼貌"行为，因为有研讨会即将召开本该是作为研究者的教授理应知道的事。而玛丽为了表现平等而主动提及此事，在她的导师看来是对自己"地位"的不尊重，因而是"不礼貌"的。这从导师敷衍的重复"I know about it，I know about it."（原作者英译，原文为日语）可以得到印证。对话的最后，玛丽还预设了导师和自己一样都对这个研讨会感兴趣："Yes，it's interesting isn't it."（原作者英译，原文为日语）。这也构成了潜在的"不礼貌"，因为她预设了导师的态度，这完全超越了作为一个地位较低的学生应该做的事情。玛丽主动提及、介绍研讨会的这些言语行为，在建构专业研究者的个人身份和与导师较为平等的关系身份的同时，却已经严重逾越了在日语语用规范中一名学生对导师说话时该有的角色地位。对话的最后，面对玛丽的兴致勃勃"Yes，it's interesting isn't it."（原作者英译，原文为日语），导师直接以沉默来回应。这足见导师的不悦和不满，在导师眼中玛丽的表现是"不礼貌"的，而玛丽试图建构的专业研究者的个人身份和与导师较为平等的关系身份以失败告终。

虽然正如库克（2006）的研究发现的，在日本大学里研究生和导师之间协商建构一种较为平等的关系身份是可能的，如罗伯的例子。但是从玛丽失败的例子可知，日语二语学习者需要理解如何有策略地使用敬语和在对话中建构对方的尊崇地位来传达"礼貌"的意涵。日语语用中的"（不）礼貌"与对话中"地位"的构建是密切相关的。日语二语学习者在交际中建构身份时要充分考虑这一对关系。当然，作者承认，很多情况下，即使有了充分的认知，日语二语学习者还是会拒绝建构日本社会预期的"地位"，因为这与学习者的个人身份相冲突了。即便如此，"（不）礼貌""地位"和身份建构之间的关系的研究至少让日语二语学习者明确了他们可以有这样的选择，并且在做选择是有语用依据的。

二语习得中的语用习得研究让我们看到了二语语用能力对语言习得成败的影响。掌握了二语语用规则、具备二语语用能力才能实现成功的二语交际。因此，有学者提议将跨文化语用学列为教育语言学的研究内容，交际能力要更关注跨文化语用。[①] 还有学者发现语用身份的建构是实施语用策略的重要手段，因此建议从语用身份的选择与建构来考察二语交际者的语用表现，评估他们的语用能力，阐释他们所犯语用失误的成因。[②]

（二）研究方法的交叉运用

叙事研究为二语习得认同建构研究提供了深入了解研究对象认同心理变化的媒介，但长期以来也受到不少质疑和诟病。[③] 叙事研究中对叙事的解读基于研究者对叙事内容的分析和提炼，这个过程加入了多少研究者的主观认知因素，这点多引发质疑。在米勒和久保田（Miller and Kubota）看来，叙事研究使得二语习得认同建构研究出现理论上建构主义，方法上还停留在结构

---

① 夏侯富生、李玮：《教育语言学学科发展国外理论研究综述》，转引自俞理明主编《教育语言学研究在中国》，华东师范大学出版社，2018，第 10 页。

② 陈新仁：《语用身份论：如何用身份话语做事》，北京师范大学出版社，2018，第 218 页。

③ Pavlenko A，Narrative Analysis in the Study of Bi— and Multilingualism. In Moyer M，Li W（eds.），*The Blackwell Guide to Research Methods in Bilingualism*（Oxford：Blackwell，2008），pp.311—325.

主义的矛盾。[①] 李战子（2007）谷明樾（2009，2010）等研究者尝试在叙事研究中引入话语分析方法，将叙事文本作为话语分析的对象。这样学习者认同直接从话语分析中提炼，而不是跨越分析过程的研究者直接陈述，这在保持叙事研究优势的同时尽量弱化研究者主观因素的干扰；通过话语分析细化叙事文本，能敏锐洞察学习者认同建构的动态过程，避免结构主义的静态视角。这是研究方法交叉运用的绝佳尝试。

接下来，本文首先探讨话语分析与语用学的关系，厘清研究方法交叉运用的学科渊源。话语分析与语用学的关系存在两种说法：（1）话语分析属于语用学；（2）话语分析包括语用学。[②]

"话语分析"（discourse analysis）这个术语最早是 1952 年由美国的语言学家哈里斯（Z.Harris）提出来的。他认为语言不是在零散的词或句子中发生的，而是在连贯的情景性的话语中发生的。因此，研究语言需要对话语进行分析。这里可以看到"话语"有两个特性，一个是超越词句，另一个是情境依赖。因此任何在实践情境中产生的语言现象都可以作为话语分析的对象。而实践情境千变万化，可大可小、可政治可经济、可社会可文化，可以想见话语分析在面对不同话语时势必根据具体情境以及研究的目的，从各种学科中汲取可用的理论和分析工具。1985 年，荷兰语言学家梵·迪克（van Dijk）出版了《话语分析手册》（*Handbook of Discourse Analysis*），以此为标志，从此话语分析打破了语言学的界限，吸纳了符号学、心理学、人类学、哲学和传播学等学科，发展为名副其实的交叉学科。

语用学是 20 世纪 60 年代发展形成起来的。与话语分析一样，语用学也是以实际运用中的语言为研究对象，语境是语用学研究的基础。从 20 世纪 70

---

① Miller E，Kubota R，Second Language Identity Construction. *In The Cambridge Handbook of Second Language Acquisition*（Cambridge：Cambridge University Press，2013），pp 231—250.

② 冉永平：《话语分析的语用学基础》，《外语与外语教学》1997 年第 1 期。

年代开始，语用学研究存在英美和欧洲大陆两种不同的传统，即模块论和视角论。英美研究传统充分体现在霍恩和沃德（Horn and Ward 主编，2006）的《语用学手册》（*The Handbook of Pragmatics*）中，将语用学的核心研究领域限定在含义、言语行为、指称、关联理论等传统的议题上，狭窄但明确。欧陆研究传统的代表人物是维索尔伦。他发展了视角论和语用学顺应论。"语言的语用学可以表述为看待语言问题的新视角，而不是标出与其他学科的边界。"[①]在批评分析了英美语用学理论把语用学作为一个模块和语音学、句法学、语义学并列的观点后，维索尔伦提出了"语用学视角"的观点，即语用学是鸟瞰语言学各个模块，以及心理语言学、神经语言学、社会语言学、人类语言学等所谓复合学科的一种视角，是语言使用的语言学。由于语言使用涉及认知的过程，发生在社会中、受文化的限制，因而语用学视角主要是认知的、社会的、文化的。[②]今天的语用学研究中视角论影响越来越广泛，它使语用学发展成为一门真正意义上的交叉学科。

可以看到，"使用中的语言/实践中的语言""语境/情境""交叉学科"这几个关键词是语用学和话语分析共享的。从话语分析的角度来看，语用学关注实践情境中的话语，而且分析的视角涵盖社会文化认知等方面，与话语分析的研究范式十分相近，话语分析可以涵盖语用学。在视角论的语用学看来，语用学理论是面向所有语言使用的一个宏观视角，是凌驾于所有语言使用研究之上的一种理论视角，那么话语分析自然就应该属于语用学。从以上纯概念式的探讨，话语分析和语用学似乎有些难分你我。这使得二者的关系虽然有些难以界定，但是拥有丰富的沟通基础。针对"使用中的语言"，语用

---

① Harberland H, Jacob M, "Editorial: Linguistics and Pragmatics," *Journal of Pragmatics*, no.1（1977）: 1—13.

② 孙玉:《总序》, In Fried M, Östman J, Verschueren J, *Variation and Change: Pragmatic perspectives*（Amsterdam: J. Benjamins, 2010）.

学研究的是符号与解释者之间的关系；[①] 话语分析以揭示具体交际语境中语句的真实语义为主要目的。[②] 针对"语境"，话语分析深受系统功能语言学理论的影响，常将语境因素分为三大类，即语场、语式和语旨，同时还特别注重语篇的衔接机制、外照应的研究；语用学被称为"利用语境来推断意义的语言学分支学科",[③] 综合研究语境、话语、说话人、听话人等因素相互作用的动态意义。都是"交叉学科"，话语分析汲取各个学科的理论，在具体分析方法上虽常用系统功能语言学作为分析工具，但也会借鉴语用学的会话分析方法；语用学除了本学科传统的理论，在发展视角论语用学的过程中也大量汲取各学科的理论和方法进行语言形式的功能研究，如时体形式的语用功能、情态词的语用功能等。[④] 因此，很多学者都探讨了语用学与话语分析相互借鉴和融合的基础（例如，蒋红柳，2018；冉永平，1997；朱琴琴，2016；等等）。

综上，当教育语言学的叙事研究采用了话语分析的方法，如果追究起研究方法的学科渊源，严格来说，我们不能说话语分析是属于语用学的，这是不严谨的。我们只能说语用学的理论和研究方法与话语分析进行融合，并在叙事研究中得以运用。以下研究充分展示了这一点。

教育语言学中传统的叙事研究主要围绕故事、故事线和其中的观点展开，提炼主题后进行讨论。在叙事研究中引入话语分析方法可以进行更加细致的探索，聚焦话语中的具体用词、情态等，作为体现叙事者的观点的证据，再进行主题提炼和讨论，使话语的建构特征更加凸显。一些对二语习得和认同建构关系感兴趣的学者创造性地在对学习者的个人叙事语篇进行分析时，抓住语篇话语的具体表现形式，作为分析学习者身份的话语建构的最有力的依

---

① Morris C, *Foundations of the Theory of Signs*（Chicago：University of Chicago Press，1938），p.108.

② 蒋红柳：《语用学综观论：话语分析的理论基础与应用》，《四川大学学报（哲学社会科学版）》2018 年第 2 期。

③ Fasold Ralph, *Socioliguistics of Language*（Oxford：Basil Blackwell，1993），p.119.

④ 冉永平：《话语分析的语用学基础》，《外语与外语教学》1997 年第 1 期。

据。因此，他们不仅采用了话语分析的方法，而且运用了系统功能语言学的理论分析工具和情态词的语用分析方法，抓取了叙事文本中的话语形式作为分析的切入点。

谷明樾（2010）的研究聚焦于中国内地的大学生如何用话语来建构自己的英语/二语学习者认同。研究的语料主要来自4位被研究者在两年之中用英文撰写的学习和反思日志，以及访谈和往来的电子邮件。研究的理论基础是菲尔克拉夫（Fairclough，2003）以及拉克劳和莫非（Laclau and Mouffe，1985）的话语理论。菲尔克拉夫的自我认同（intrapersonal identity）理论和批评话语分析（critical discourse analysis）框架为本研究提供了探查话语在学习者身份建构过程中的作用的路径。研究抓住具体的话语策略——"情态"（modality）的使用对身份建构过程进行细致分析。情态的语用功能是表达说话人/作者对某个观点或文本参与者的亲疏程度。也就是说，情态能反映出说话人/作者愿意表达的真实性和必要性的程度。英语中，义务情态（deontic modality）常常通过各类情态词来表达需要、义务和准许，可以是情态助动词，例如"must""may""can"和"should"，或者情态形容词，例如"possible"和"probable"，也可以是情态副词，例如"probably""obviously"和"definitely"。认识情态（epistemic modality）用于表达对观点起支撑作用的知识的来源的真实性和可靠程度判断，通常通过时态、模糊语（hedges）、语调、附加疑问句（tag questions）等来实现。模糊语英文中常用的有"a bit""sort of""it seems"等，表达说话者对其所述观点的真实可靠性持不十分确定的态度。第一和第三人称的运用也可以表达不同的情态语用效果，体现亲疏的程度。评价（evaluation）也是实现情态的手段，体现了说话人/作者对所述对象赞许与否。

谷明樾在对语料进行话语分析时就是抓住了各种表情态语用功能的话语工具，细致入微地展现了中国内地的大学生如何通过叙事话语建构身份的过程。研究发现，无论是在学习社区当中，还是在中国内地的社会语境中，又或者是在全球的想象社区中，学习者们都通过建立"不同""差异"来建构自己的身份认同。下面通过三个例子来说明研究者如何运用话语分析方法进行叙事语料的分析。

例（1）丽莎（Lisa）的一段采访：

I am happy and feel at ease in our department. We don't spend time sitting at our desks and studying English, but as the English saying puts it, "all work and no play makes Jack a dull boy"; we want to be fun and cool. So we play a lot. Those students who focus too much on study are definitely not in our group and we think they are kind of dull.（Interview 2）

（谷明樾，2010：145）

在学习社区当中，英语系学生丽莎通过话语建构了两种截然不同的身份认同。她用情态副词性短语"too much"修饰"focus on study"，用模糊语"kind of"修饰"dull"，传达了否定的评价；并将这些学生称为"them""those students"，传达了与他们的疏远。同时，丽莎用"fun and cool"来描述"we"，传达正面的评价的同时将自己与这类学生归为一类、一个团体。此处，丽莎通过塑造"差异"——一种是过度关注学习的无聊的"他们"，一种是又酷又有趣的"我们"——建构了自己在学习社区中的身份认同：一个不一味死读书，而是玩中学学中玩，生活丰富有趣的大学生。

例（2）简（Jane）的一段日志：

I like the rapidly developing society of China nowadays. We young people have a lot of opportunities. English ability is becoming even more important in

China today. A university graduate cannot find a good job unless she has very good English proficiency. English communicative competence is very important because almost all big companies use English as the medium of email communication and as the language of documentation...It is after I enter university from the countryside that I first realize how important spoken English is and I want to improve it. (Diary 12, original in English)

（谷明樾，2010：147）

研究者发现，在中国内地的社会语境中，学生们的身份认同往往是在与社会主流话语的协调和协商中构建的。生物专业学生简通过第一人称复数"we"将自己与中国青年这个群体放在了一起。通过"like""important"这些正面评价，简表达了对国家发展和英语能力之间的正向关系的肯定。同时，"a university graduate"和"(after)I(enter university)... I(realize)... I(want)..."的并列使用，在泛指和特指之间形成对比，体现了简感受到了自己原来的定位与国家社会广泛认可的大学生之间的差距，但是简表示愿意努力提高自己，建构了一个积极回应社会人才需求、积极自我协商以适应主流社会标准的大学生身份认同。

例（3）乔斯林（Jocelyn）日志中的一段：

Chinese culture is so dazzling and colorful that if we have to spend our whole life studying it，we could only touch a tiny part of it. However，I still believe that only when we Chinese understand and feel proud of Chinese culture，will it gain the full appreciation of Westerners. (Diary 8，original in English)

（谷明樾，2010：148）

　　研究者发现，随着英语能力的提升，学生们对西方文化的了解也加深了，他们逐渐将视野从学校和国家拓展到全球，并在此基础上他们都发展出了更强的民族和国家认同。来自英语系的乔斯林首先使用了"dazzling"和"colorful"对中国文化做了高度的正面评价。接着她又通过情态助动词"have to"表达了强烈的必要性，学习中国文化的必要性。她还用了几处"we"和"we Chinese"，一方面展现了对"中国/中华民族"的高度认同，另一方面形成与"Westerners"的对比和认同上的对立关系。研究者敏锐地从这些话语策略中发现，乔斯林通过建构国家/民族认同，使其拥有了在想象的全球社区中与世界对话的立场和资源，丰富和强大的中国文化能为我们赢得西方和世界的认可。

　　同样是在叙事研究中使用话语分析的方法，接下来本文将介绍的李战子的研究在具体的分析框架上却大不相同。前文介绍的谷明槛的研究主要以情态语用和批评话语分析理论作为分析框架。李战子的研究主要以评价理论和言语行为理论（评价隐喻）作为分析框架。这充分说明了话语分析方法的跨学科特性。但是，李战子对于其研究中用到的评价理论、评价隐喻、言语行为理论之间的关系没有作讨论，本文先尝试厘清这其中的理论关联。

　　"系统功能语言学承认语言形式和功能之间存在着一种复杂的非一对一的关系，但在事实上，却很少注意那些表面上一种意思但实际上是另一种意思，即会话的表面意义与会话含义彼此脱节的语言现象。""韩礼德的理论和方法也并不能对如何发现和确定间接言语行为的会话含义做出揭示。"基于此，朱永生认为，语用学的合作原则、礼貌原则以及（间接）言语行为理论对系统功能语言学一向关心的话语分析能起到补充的作用。①

　　发端于认知语义学的隐喻研究，经历了从静态句子到动态话语的研究转向。研究者越来越关注在言语交际的视角下来进行隐喻分析，进而促进了隐

---

① 朱永生：《系统功能语言学与语用学的互补性》，《外语教学与研究》1996 年第 1 期。

喻的语用研究。萨多克（Sadock，1993）将隐喻视为一种间接言语行为，因为隐喻的突出特点就是言语表达与言语意图之间不一致。福格林（Fogelin）将隐喻解读为一种"直白式的间接"言语行为，因为其语义倾向是直白的，但交际目的是间接的。[①] 笔者认为，将隐喻视为一种间接言语行为，甚至有学者提出"隐喻性言语行为"（metaphorical speech act），[②] 是将话语中隐喻现象的本质揭示了出来。

李战子的叙事研究的对象是赵元任于 1971 年发表的《我的语言学自传》。分析过程主要基于莱姆基（Lemke，1998）提出的评价理论。作为人际意义重要元素的评价传统上被纳入系统功能语言学的范畴。同时，很多学者认为评价理论是对系统功能语言学的发展（王振华，2001；李战子，2002；张德禄，2004；房红梅，2014）。韩礼德也评论说，马丁（Martin）等对评价的研究很重要，对于功能语法中的人际功能研究有很大贡献，因为评价理论把人际系统研究从小句层扩展到语篇层，从语法层拓展到语义层和语用层。[③] 可以想见，当研究进入语篇、话语、交际和语用的层面，评价理论的研究对象会与语用学的出现交叉，那么，理论视角的相互借鉴也就自然发生了。

现在回到李战子研究中引用的莱姆基的评价理论。评价是人际意义在话语中的一个重要方面。评价理论把评价性资源依语义分为三个方面：态度、参与和分级。态度又可进一步分为情感、判定和鉴别。例如：I'm happy（我很高兴）（情感）；He handled it thoughtfully（他处理得很周到）（判定）；It is a beautiful place（那是一个美丽的地方）（鉴别）。同时，评价的维度和语类有较强的关联，不同的语类中评价的维度应该有不同的排列，在食品广告中，有益健康的、美味、方便等鉴别会依次出现；而在叙事中，评价的维度则要

---

① Fogelin R，*Figuratively Speaking*（New Haven：Yale University Press，1986），p.39.

② 张玮：《隐喻性言语行为模式下的话语交际构建机制研究》，《外语教学与研究》2011 年第 5 期。

③ 张德禄、何继红：《韩礼德、哈桑访谈解评》，《外国语（上海外国语大学学报）》2011 年第 5 期。

复杂得多。例如，在赵元任的《我的语言学自传》中，李战子把评价维度排列为：兴趣、能力／才华、困难。其中，"困难"可能是"才能"的评价隐喻。

评价隐喻（evaluative metaphor）这一概念是莱姆基首次提出的，但是他并未给出一个确切的定义，而是通过例句 It is important that John come. 引出这一概念。当说出该句时，我们并非在谈论 John come 这一行为的重要性，而是试图传达其正常性／必要性。此时，"重要性"的评价维度实际上表达的是"正常性／必要性"的评价维度。该句的真实含义是 John really must come，或We need John to come，而非 The fact that John is coming is quite significant. 这就是莱姆基所说的评价隐喻。莱姆基还举了另外一个例子，一段报刊语料：But in an era when candidates are too often marked like toothpaste, campaign discourse can descend to the level of hucksterism.（但在一个候选人经常被打上像牙膏一样的标签的时代，竞选话语可以下降到销售的水平。）这里的 too often 虽然表示"通常性"，但因为是"过度的"，所以隐含的评价是否定的"可欲性"。"通常性"在这里成了"不可欲性"的评价隐喻。[①]

从以上两例分析可以看出，评价隐喻就是，当语境明晰时说话人用一种维度的评价来表达出另一种维度的评价的隐喻性语义转移的过程。这个定义是在系统功能语言学的评价系统框架下做出的。而语用学研究正是将隐喻理解为一种间接言语行为，或称其为隐喻性言语行为。因此，如果从语用交际的角度来看评价隐喻，通过说 A（话语中的评价维度）来表达 B（隐含的隐喻性的评价维度），其本质也可以理解为是一种间接言语行为。[②]

在李战子的研究中，以评价和评价隐喻作为重要的话语分析工具，揭示了赵元任如何在其学术自传叙事（用英文撰写的）中完成身份的建构。下面

---

①   Lemke J L，"Resources for Attitudinal Meaning：Evaluative Orientations in Text Semantics，" *Functions of Language* 5，no.1（1998）：33—56.

②   赵民：《英语社论语篇中的评价隐喻研究》，《外语与外语教学》2014 年第 5 期。

我们来看一下具体的分析过程。

首先，研究者根据赵元任自己划分的学术自传的两个部分，分别是：（1）他学会说的语言和方言，（2）描述他如何学习语言学，找出了主要的被评价对象：accent（口音）、learning and achievement（学习和成就）、environment（环境）和 speaking（说话方式），和一些评价次数不多但很关键的被评价对象：社会语言学态度、学术成就、中国的局势和母亲。然后，研究者在叙事文本中找出针对这些评价对象所作的评价话语并把它们罗列出来（见表 5-1）。

表 5-1　评价对象及评价话语

口音	学习和成就	被选为美国语言学会主席	中国的局势
abrupt Wu type, outlandish, fairly pure Peking accent, an impure form, peculiar combination, effeminate, funny, ...	very quickly, more easily, like...best, very hard, more fun, fear of people's laughing, surprising and amusing, especially interested in, enjoyed learning, most satisfying, be proud of, ...	something for a nativeborn Chinese to be proud of	one misfortune after another

资料来源：李战子.《我的语言学自传》中评价的维度和语类［M］//李战子，等.跨文化自传与英语教学.北京：高等教育出版社，2007：192-193.

从表 5-1 中可以看到，赵元任对方言口音做出了众多评价："突兀的"（abrupt）、"怪异的"（outlandish）、"相当纯正的"（fairly pure）、"女性化的"（effeminate）、"奇特的组合"（peculiar combination）、"不纯的形式"（an impure form）等。"这既是一个方言大师的耳朵，也是一个普通人对方言的感受"（李战子，2007：192）。这些评价建构了一个与我们的一般认知不太一样的方言大师的身份。从表中第二列可以看到，在对于学习和成就的评价中，肯定的情感占了绝大多数：很快（very quickly）、很容易（more easily）、喜欢

（like...best）、惊奇和有趣（surprising and amusing）、满意（most satisfying）、骄傲（be proud of）。可见，他的学习过程很顺利，没有太多情感上的挫折，至少在这个语篇中没有表现出来。研究者认为，这一定程度上可以表明肯定的积极的情感体验在语言学习中的促进作用；而偶发的否定情感体验"害怕别人嘲笑"（fear of people's laughing）表明对人际关系的敏感也会成为学习方言的一个动力，另一个"很难"（very hard）是通过评价困难来引出对自己攻克难题的学习能力的评价，是从侧面体现学习者才能的评价隐喻。表格第三列和第四列的评价对象都是在叙事文本中一带而过的，却是关系赵元任身份建构的关键所在。他在美国语言学学会任职时对自己民族身份的骄傲（something for a native-born Chinese to be proud of）以及他对当时国家局势的担忧（one misfortune after another）。家国情怀和民族自信为赵元任建构了爱国语言学大师的身份。

除了对评价对象的提炼和分析，研究者还将赵元任的语言学自传分成 4 个阶段：（1）孩提时代对方言的态度；（2）作者学习方言的意愿；（3）正式教育开始；（4）美国教师和语言学家生涯的开始。探讨分析了这几个阶段在评价方面的特征。此处本文选取第三阶段的分析进行介绍。在第三阶段，赵元任叙述了父母的才干和他们为他营造的小家庭的学习氛围是他学习成功的关键：

My mother was quite a talented woman. She could write poetry...and sing the Kuencheu style songs very well. I think my later doings with things musical must have been inherited from her. It was my father who taught me to play the Chinese flute, ...We studied poetry in the evening, and found this easier and more fun. ...But although I did not read their books, I gradually learned their poems by heart from overhearing their reading.（p. 6）

赵元任明确地告诉读者他继承了母亲的才华，而他的父亲也有音乐的天赋，全家在晚上一起学习，这种温馨的氛围使学习对他来说既容易又充满乐趣。与此形成对比的是，当他要提及自己的天赋以及天赋对他的学习的助益时，他并没有做直接的明确的判定，而是通过一个"标志"——通过听父母读就记熟了那些诗歌——间接判定了自己的天赋。研究者认为，虽然在语言学自传中，对"才能"的评价应该是一个主要维度，但是也许是因为注重体现谦逊，作者往往通过评价隐喻来间接地判定自己的才能和天赋，以对自己学习过程的判定实施间接言语行为——告诉读者他在语言上的才华与他的成就的关系。从以上分析可以看到，无论是直接的评价还是隐喻评价，正是这些前景化和背景化的评价维度帮助作者完成了自我身份的建构：他是如何成为一名如此成功的语言学家的。

以上两个研究案例充分展现了研究者如何在叙事研究中将话语分析、语用学和系统功能语言学的理论和方法进行糅合运用。通过对语言学习者的自传文本进行话语分析，从细部考察身份建构和认同变化的心路历程，这是研究方法交叉运用的绝佳探索。

参考文献

一、英文参考文献

[1] ALSUP J. *Teacher Identity Discourses*：*Negotiating Personal and Professional Spaces*［M］. Urbana, IL：NCTE, 2006.

[2] AUER P. *The Pragmatics of Code-switching*：*A Sequential Approach*［M］//MILROY L, MUYSKEN P, *One Speaker*，*Two Language*：*Cross-disciplinary Perspectives on Code-switching*. Cambridge：Cambridge University Press, 1995：115—135.

[3] AUER P. *Bilingual Conversation Revisited*［M］//AUER P, *Code-switching in Conversation*：*Language*，*Interaction and Identity*. London：Routledge, 1998：1—24.

[4] BAKER C. *Foundations of Bilingual Education and Bilingualism*（*3rd edn.*）［M］.Bristol：Multilingual Matters, 2001.

[5] BERNSTEIN B. *Pedagogy*，*Symbolic Control and Identity*：*Theory*，*Research*，*Critique*［M］. London：Taylor and Francis, 2000.

[6] BRITTON E R, AUSTIN T Y. "Keeping Words in Context"：Language Policy and Social Identification in an Immigrant Job Training Program［J］. *Journal of Language Identity & Education*, 2020, 22（2）：1—16.

[7] COOH H M. Japanese Politeness as an Interactional Achievement：Academic Consultation Sessions in Japanese Universities［J］. *Multilingua*, 2006, 25（3）：269—291.

[8] DAGENAIS D. Accessing Imagined Communities Through Multilingualism and Immersion

Education [J] . *Journal of Language Identity & Education*, 2009, 2 (4): 269—283.

[9] DAVIN R, NORTON B. Identity and a Model of Investment in Applied Linguistics [J] . *Annual Review of Applied Linguistics*, 2015 (35): 36—56.

[10] ECKERT, P. *Linguistic Variation as Social Practice* [M] . Malden: Blackwell, 2000.

[11] ELLIS C, BOCHNER A P. *Autoethnography, Personal Narrative, Reflexivity-Researcher as Subject* [M] // DENZIN N K, LINCOLN Y S. *Handbook of Qualitative Research (2nd ed.)* . Thousand Oaks: Sage, 2000: 739.

[12] FAIRCLOUGH N. *Analyzing Discourse: Textual Analysis for Social Research* [M] . London: Routledge, 2003.

[13] GILES H. *The Process of Communication Accommodation* [M] //COUPLAND N, JAWORSKI A, *The New Sociolinguistics Reader*. New York: Palgrave Macmillan, 2009.

[14] GOLOMBEK P, JORDON S R. Becoming "Black Lambs" not "Parrots": A Poststructuralist Orientation to Intelligibility and Identity [J] . *TESOL Quarterly*, 2005, 39 (3): 513—533.

[15] GRAHAM S L. Disagreeing to Agree: Conflict, (Im) politeness and Identity in a Computer-mediated Community [J] . *Journal of Pragmatics*, 2007, 39 (4): 742—759.

[16] GU M Y. College English Learners' Discursive Motivation Construction in China [J] . *System*, 2009, 37 (2): 300—312.

[17] GU M Y. Identities Constructed in Difference: English Language Learners in China [J] . *Journal of Pragmatics*, 2010, 42 (1): 139—152.

[18] Gu M Y. Cultural Identity In teaching Across Borders: Mainland Chinese Pre-service Teachers in Hong Kong [J] . *Asia Pacific Journal of Education*, 2013, 33 (4): 407—423.

[19] HATIPOĞLU C. (Im) politeness, National and Professional Identities and Context:

Some Evidence from E-mailed 'Call for Papers' [J]. *Journal of Pragmatics*, 2007, 39 (4): 760—773.

[20] HAUGE M L. Emic Conceptualisations of (Im) politeness and Face in Japanese: Implications for the Discursive Negotiation of Second Language Learner Identities [J] . *Journal of Pragmatics*, 2007, 39 (4): 657—680.

[21] HECHT M, WARREN J, JUNG E et al. *The Communication Theory of Identity* [M] // GUDYKUNST W, *Theorizing about Intercultural Communication*. CA: Sage, Thousand Oaks, 2005: 257—278.

[22] HIGGINS E T. Self-Discrepancy: A Theory Relating Self and Affect [J] . *Psychological Review*, 1987, 94 (3): 319—340.

[23] HIGGINS E T. The "Self-digest": Self-knowledge Serving Self-regulatory functions [J] . *Journal of Personality and Social Psychology*, 1996, 71 (6): 1062—1083.

[24] HORN L R, WARD G. *The Handbook of Pragmatics* [M] . Oxford: Blackwell Publishing, 2006.

[25] HYMES D H. *Models of the Interaction of Language and Social Life* [M] // GUMPERZ J, HYMES D. Directions in Sociolinguistics: The Ethnography of Communication. New York: Holt, Rinehart and Winston, 1972: 35—71.

[26] ISHIHARA N. Centering Second Language (SL) Speakers' Experience: A Study of SL Speakers' Resistance to Pragmatic Norms of the SL Community [D] . Unpublished manuscript, University of Minnesota, 2006.

[27] JAKOBSON R. *Closing Statement: Linguistics and Poetics* [M] //SEBEOK T A, *Style in Language*. New York & London: The Technology Press of MIT and John Wiley & Sons, 1960: 350—377.

[28] KANNO Y. *Negotiating Bilingual and Bicultural Identities: Japanese Returnees between Two Worlds* [M] . Mahwah, N J: Lawrence Erlbaum Associates, 2003.

[29] KANNO Y, STUART C. Learning to Become a Second Language Teacher: Identities-in-Practice [J]. *Modern Language Journal*, 2011 (95): 236—252.

[30] KARIMPOUR S, ZOLEIKANI Z, DELAVAR K A. Teachers' Discourse Identities and Learners' Participation Opportunities in EFL Classroom Interaction: A Conversation Analytic Study [J]. *The Journal of Asia TEFL*, 2020, 17 (4): 1178—1192.

[31] KACHRU B. *The Other Tongue: English Across Cultures (2nd edn)* [M]. Urbana, IL: University of Illinois Press, 1992.

[32] LABOV W. *The social stratification of English in New York City* [M]. Washington D. C.: Center for Applied Linguistics, 1966.

[33] LACLAU E, MOUFFE C. *Hegemony and Socialist Strategy: Towards a Radical Democratic Politics* [M]. London: Verso, 1985.

[34] LANTOLF J P. *Sociocultural Theory and Second Language Learning* [M]. Oxford: Oxford University Press, 2000.

[35] LANTOLF J P, THORNE S L. *Sociocultural Theory and the Genesis of Second Language Development* [M]. Oxford: Oxford University Press, 2006.

[36] LEECH G N. *Principles of Pragmatics* [M]. London and New York: Longman, 1983.

[37] LEMKE J L. Resources for Attitudinal Meaning: Evaluative Orientations in Text Semantics [J]. *Functions of Language*, 1998, 5 (1): 33—56.

[38] LI W. New Chinglish and the Post-Multilingualism challenge: Translanguaging ELF in China [J]. *Journal of English as a Lingua Franca*, 2016, 5 (1): 1—25.

[39] LI W, ZHU H. Translanguaging Identities and Ideologies: Creating Transnational Space Through Flexible Multilingual Practices Amongst Chinese University Students in the UK [J]. *Applied Linguistics*, 2013, 34 (5): 516—535.

[40] LIU Y Y, SHEN Y F. New Women Identity Constructed in Language Learning Narratives in Early-twentieth-century China [J]. *Gender and Language*, 2019, 13 (1): 48—71.

［41］LOCASTRO V. Individual Differences in Second Language Acquisition：Attitudes，Learner Subjectivity, and L2 Pragmatic Norms［J］. *System*, 2001, 29（1）：69—89.

［42］LI W. "How Can You Tell ？" Towards a Common Sense Explanation of Conversational Code-switching［J］. *Journal of Pragmatics*, 2005, 37（3）：375—389.

［43］LI W. Translanguaging as a Practical Theory of Language［J］. *Applied Linguistics*, 2017, 39（1）：9—30.

［44］MILROY L，LI W. A *Social Network Approach to Code-switching*［M］// MILROY L，MUYSKEN P，*One Speaker*，*Two Language*：*Cross-disciplinary Perspectives on Code-switching*. Cambridge：Cambridge University Press, 1995：136—157.

［45］MOTHA S，JAIN R，TECLE T. Translinguistic Identity-as-pedagogy：Implications for Teacher Education［J］. *International Journal of Innovation in English Language Teaching & Research*, 2011, 1（1）：13—28.

［46］NORTON PIERCE B. Social Identity，Investment，and Language Learning［J］. *TESOL Quarterly*, 1995, 29（1）：9—31.

［47］NORTON B. *Identity and Language Learning*：*Gender*，*Ethnicity and Educational Change*［M］. New York：Longman, 2000.

［48］NORTON B. Non-participation，Imagined Communities，and the Language Classroom［M］//BREEN M，*Learner Contributions to Language Learning*：*New Directions in Research*.Harlow：Pearson Education，2001.

［49］OTHEGUY R，GARCÍA O，REID W. Clarifying Translanguaging and Deconstructing Named Languages：A perspective from Linguistics［J］. *Applied Linguistics Review*, 2015, 6（3）：281—308.

［50］PAJARES F. Self-efficacy Beliefs，Motivation and Achievement in Writing：A Review of the Literature［J］. *Reading & Writing Quarterly*, 2003, 19（2）：139—158.

［51］PAVLENKO A. "I never Knew I was a Bilingual"：Reimagining Teacher Identities in

TESOL [J] . *Journal of Language, Identity & Education*, 2003, 2（4）: 251—268.

[52] PRIESTLEY M,BIESTA G,ROBINSON S. *Teacher Agency:An Ecological Approach* [M]. London & New York: Bloomsbury, 2015.

[53] RUOHOTIE-LYHTY M. Struggling for a Professional Identity: Two Newly Qualified Language Teachers' Identity Narratives During the First Years at Work [J] . *Teaching and Teacher Education*, 2013, 30: 120—129.

[54] SADOCK J. *Figurative Speech and Linguistics* [M] //ORTONY A, *Metaphor and Thought.* Cambridge: CUP, 1993: 42—57.

[55] SCHNURR S, MARRA M, HOLMES J. Being（Im）polite in New Zealand Workplaces: Māori and Pākehā Leaders [J] . *Journal of Pragmatics*, 2007, 39（4）: 712—729.

[56] SCHUMANN J H. The Acculturation Model for Second Language Acquisition [M] // GINGRAS R C, *Second Language Acquisition and Foreign Language Teaching.* Washington, D. C: Center for Applied Linguistics, 1978: 27—50.

[57] SIMON B. *Identity in Modern Society: A Social Psychological Perspective* [M] . Oxford: Blackwell, 2004.

[58] SPOLSKY B. Some Sociolinguistic Aspects of the Study of the Vocabulary of Six-year-old Navajo Children [J] . *Dine Bizaad Niniliih: Navajo Language Review*, 1974: 1.

[59] SPOLSKY B, WALTERS J. Jewish Styles of Worship: A Conversational Analysis [J] . *International Journal of the Sociology of Language*, 1985（56）: 51—65.

[60] THEMISTOCLEOUS C. Digital Code-switching Between Cypriot and Standard Greek: Performance and Identity Play Online [J] . *International Journal of Bilingualism*, 2013, 19（3）: 1—45.

[61] VAN DIJK. *Handbook of Discourse Analysis* [M] . New York: Academic Press, 1985.

[62] WILLIAMS C. Arfarniad o Ddulliau Dysgu acAddysgu yng Nghyd-destun Addysg Uwchradd Ddwyieithog [D] . Unpublished doctoral thesis, University of Wales,

Bangor，1994.

［63］ZHANG L，ZHANG D. Identity Matters：An Ethnography of Two Nonnative English-speaking Teachers（NNESTs）Struggling for Legitimate Professional Participation［M］// CHEUNG Y L，SAID S B，PARK K，*Advances and Current Trends in Language Teacher Identity Research*. New York：Routledge/Taylor & Francis，2015：116—132.

［64］ZHENG X. Translingual Identity as Pedagogy：International Teaching Assistants of English in College Composition Classrooms［J］. *The Modern Language Journal*，2017，101：29—44.

二、中文参考文献

［1］曹志耘. 论方言岛的形成和消亡——以吴徽语区为例［J］. 语言研究，2005（4）：28—35.

［2］房红梅. 论评价理论对系统功能语言学的发展［J］. 现代外语，2014，37（3）：303—311.

［3］高雪松，陶坚，龚阳. 课程改革中的教师能动性与教师身份认同——社会文化理论视野［J］. 外语与外语教学，2018（1）：19—28.

［4］李战子. 话语的人际意义研究［M］. 上海：上海外语教育出版社，2002.

［5］李战子.《我的语言学自传》中评价的维度和语类［M］// 李战子，等. 跨文化自传与英语教学. 北京：高等教育出版社，2007.

［6］刘海涛. 语言规划和语言政策——从定义变迁看学科发展［A］// 陈章太. 语言规划的理论和实践. 北京：语文出版社，2006：55—60.

［7］刘媛媛，邓飞，赵蓉晖. 改革开放以来中国英语教育"文化认同"规划研究［J］. 语言战略研究，2019，4（2）：74—82.

［8］任育新. 学术口语互动中专家建议者的身份建构策略［M］// 陈新仁，等. 语用学视角下的身份与交际研究. 北京：高等教育出版社，2013：118—153.

［9］莎伦·K.德克特，卡罗琳·H.维克斯.社会语言学导论：社会与身份［M］.何丽，
宿宇瑾，译.北京：中国书籍出版社，2015：85—89.

［10］沈一凡.语言塑造身份——以 Anita Hill 的听证会辩论为例［J］.辽宁工程技术大学
学报（社会科学版），2013，15（3）：310—316.

［11］沈一凡，刘媛媛.大学生思维风格与二语文化认同的关系［J］.教育评论，2018（11）：
124—127.

［12］王初明.自我概念与外语语音学习假设［J］.外语教学与研究，2004（1）：56—63.

［13］王振华.评价系统及其运作：系统功能语言学的新发展［J］.外国语（上海外国语大
学学报），2001（6）：13—20.

［14］夏丹，廖美珍.民事审判话语中人称指示语的变异与身份建构［J］.华中师范大学学
报（人文社会科学版），2012，51（2）：119—124.

［15］阎锂，贾琼.义务教育阶段农村英语教师职业身份认同研究——以湖北省恩施州为例
［J］.黄冈师范学院学报，2020，40（4）：101—106

［16］游汝杰.方言和普通话的社会功能与和谐发展［J］修辞学习，2006（6）：1—8.

［17］张德禄.系统功能语言学的新发展［J］.当代语言学，2004（1）：57—65.

［18］张焱.语言变异建构社会身份［M］.北京：社会科学文献出版社，2013.

［19］钟兰凤.教育博客、自我认同与教师发展［J］.安庆师范学院学报（社会科学版），
2008（7）：122—125.

［20］钟兰凤.话语与身份：赛博空间的教师形象［M］.南京：南京大学出版社，2010.

［21］周振鹤.从方言认同、民族语言认同到共通语认同［M］// 郑培，鄢秀.香港城市大
学·文化认同语语言焦虑，桂林：广西师范大学出版社，2009.

［22］朱琴琴.论话语分析与语用学的关联［J］.濮阳职业技术学院学报，2016，29（5）：
82—90.